高等职业教育精品教材
旅游大类

旅游经济学

（第三版）

张立生 等 编著

中国人民大学出版社
·北京·

作者简介

　　张立生，男，河南信阳人，中共党员，上海旅游高等专科学校/上海师范大学旅游学院教授，博士，硕士生导师，旅游规划与标准化研究中心主任；文化与旅游规划评审专家，文化和旅游部首批青年旅游业培养专家，日本中央大学、北京交通大学访问学者；出版专著5部，在《旅游学刊》《地理研究》《地理科学》《人文地理》等刊物发表学术论文50余篇；主持包括国家社科基金项目在内的各种纵向科研项目10余项，主持编制各类旅游规划策划近百项，评审论证各类旅游规划600余项，被多地政府、旅游投资与规划公司、旅游区聘为顾问。

党的二十大报告指出："教育、科技、人才是全面建设社会主义现代化国家的基础性、战略性支撑。"高等职业教育是我国教育体系的重要组成部分，肩负着"为党育人、为国育才"的神圣使命。

"旅游经济学"是旅游管理专业的必修课程，它研究的旅游经济问题也是政府和旅游企业十分关心的问题之一。我国自 20 世纪 90 年代以来，旅游经济进入高速发展时期，旅游业在国民经济中的作用越来越重要，旅游经济的科学研究也不断深入，进入一个新的研究阶段。

旅游经济的高速发展对旅游专业人才培养提出了更高的要求，也对教材的编写提出了更高的要求。然而，现有旅游经济学教材普遍存在理论比较滞后、体系不够健全、观点非主流、与旅游学和经济学主流观点脱节、与实践脱节等问题。针对这一现状，自 2006 年起，笔者历经 17 年的教学与研究，在本书第一版、第二版的基础上，广泛吸纳旅游管理专业学生、广大同人等意见，充分吸纳旅游经济学最前沿理论成果和现有教材优点，并结合经济学和旅游学前沿理论，主要进行了主流观点修正、前沿理论成果吸纳、案例和阅读材料更新，并在提高可读性、实战性等方面做了系统的修订，现推出第三版，争取使本书更加完善。

在修订的过程中，本书沿袭第一版、第二版的特征并进行了发展：

1. 前沿性。本书注重吸纳旅游经济学最新科研成果。

2. 理论性。本书注重吸纳当前旅游学、经济学研究中主流理论成果，并系统修订非主流观点。

3. 系统性。本书与经济学的理论体系接轨，使教材自成体系，知识结构相对完整。

4. 可读性。在修订的过程中增加了一些案例和阅读材料。

5. 应用性。旅游经济学属于应用学科，在理论讲解的同时，本书通过案例、阅读材料和思考问题等，提高教材解决知识和理论应用性的问题。

受编者水平、编写时间、旅游经济研究阶段等诸因素的制约，本书在修订的过程中一定还存在不少不足之处，请广大同人和读者不吝赐教！

编　者

目　录

绪 论

 **导入案例**

推动旅游发展迈上新台阶

习近平主席出席俄罗斯"中国旅游年"开幕式时指出："旅游是修身养性之道，中华民族自古就把旅游和读书结合在一起，崇尚'读万卷书，行万里路'。"党的十八大以来，我国旅游业驶入高质量发展快车道。从拿起手机订机票、订酒店，到刷脸入园参观、自助语音讲解……旅游市场日新月异的变化，汇聚成我国旅游业发展壮大、转型升级的壮美图景。

旅游是现代服务业的重要组成部分，涉及吃、住、行、游、购、娱等多个行业。随着旅游逐步成为越来越多百姓的日常消费，人们更加追求个性化、多样化、有文化味的旅游产品和便捷周到的旅游服务。相关部门和市场主体围绕人民群众的旅游消费需求新趋势，以质量改进、标准引领、品牌培育为着力点，发布一系列质量标准，推出一大批优质旅游产品和服务，不断增强人民群众的获得感、幸福感、安全感。

进入新时代，我国社会主要矛盾发生变化，对旅游发展提出了新要求，也为旅游业发展拓展了新空间。人民群众日益增长的美好生活需要，带动旅游需求逐步由注重观光向兼顾观光与休闲体验转变。旅游业发展"有没有"的问题已经基本解决，"好不好"

成为更加重要的考量。要针对不同群体、不同层次需求，推出更多定制化旅游产品、旅游线路，大力推进"旅游＋""＋旅游"，进一步激发旅游消费活力、做大经济新增长点。

"十四五"时期，我国进入新发展阶段，国内外环境的深刻变化，给旅游业发展带来一系列新机遇新挑战。国家"十四五"规划要求推动文化和旅游融合发展，明确提出坚持以文塑旅、以旅彰文，打造独具魅力的中华文化旅游体验。相关部门和地方要引导企业深入发展大众旅游、智慧旅游，创新旅游产品体系，改善旅游消费体验，推动文化和旅游融合发展，让人们在领略自然之美中进一步感悟文化之美、陶冶心灵之美。

踏上旅途，感受美好。展望未来，要牢固树立以人民为中心的发展思想，努力提供更加丰富、更加优质的旅游产品和服务。同时，提升旅游的思想内涵、文化品质，让旅游成为难忘的精神之旅、文化之旅。这样，既能为经济增长添动力，又能更好满足人民群众旅游消费需求，推动旅游发展迈上新台阶。

资料来源：推动旅游发展迈上新台阶. 人民网，2021－06－25.

旅游经济学是伴随着旅游经济活动的产生和发展而形成的一门学科，是对旅游经济活动的理论概括和总结。虽然这门学科建立的时间不长，但随着研究的逐步深入逐渐成熟。

第一节　旅游经济学的产生及发展

旅游经济学是随着旅游经济活动的兴起而产生的。社会经济发展到一定程度之后便产生了旅游经济活动，旅游经济活动是旅游需求者和旅游供给者之间所发生的经济联系，以及由此而产生的经济现象和经济关系的运动、变化和发展的总和。随着世界旅游经济的蓬勃发展，人们对旅游经济的研究也在迅速发展和不断深入。

一、迅速发展的世界旅游经济

旅游、旅行以及迁徙是相关而又不同的概念。在生产力不发达的原始社会，人类迫于生存的需要，常常由一地迁徙至另一地；直至近代，地球上依然有一些游牧民族，他们仍然没有固定的居住地区，随着季节的变化和牧草的生长情况，他们年年被迫迁往他地，这种空间上的转移就是一种迁徙活动。

随着社会经济的发展，人类从事探险、科学考察与商业旅行的活动逐渐发展起来。虽然这些旅行活动包含某些游览的内容，但其主要是从事各种不同目的的旅行。只有少数帝王和贵族，他们进行了以游览为目的的消遣旅游活动。因此，在这个时期，旅游活动是少数特权阶级享乐的代名词。在这种旅游活动中，虽然也包括了吃、住、行、游几个方面，也支付了一定的货币，有经济活动的成分，但那只是极少数人的行为，并未形成社会的经济活动，并不具有普遍的社会意义，也很少有人以谋取经济利益为目的来组织或经营这种活动。在这一历史时期，由于旅游需求与供给的水平很低，尚未出现从事旅游经济活动的专门机构，因此这个阶段旅游经济活动还没有真正出现。

到了19世纪以后，旅游活动大规模开展起来，旅游活动逐渐同社会经济活动结合了起来。1841年，英国人托马斯·库克包租了一列火车，第一次组织了540人到路夫鲍洛夫参加禁酒大会，当时每人报价1先令。尽管他没有赚到任何利润，但从组织这次活动中，他看到了组织这类活动的意义和潜力。1845年，在他组织的从利物浦至苏格兰的旅游活动中，为了使旅游者更为方便，他第一次印发了旅行证，作为旅游者住旅馆结账的凭证，并从中部县城铁路公司得到了5％的佣金，库克便成了历史上第一个职业性的旅游组织者。后来他把旅游活动的组织进一步扩展到英国以外的地区，先后组织人们到美洲、欧洲、亚洲、北非以至环球旅游。由于他组织的旅游活动很成功，人们深受启发，美国与欧洲其他国家也先后成立了旅行社，专门从事旅游活动的组织和经营。这个时期参加旅游活动的除皇室、贵族和大商人之外，也有一部分有时间和金钱的中产阶级，旅游活动开始具有了以谋取经济利益为目的的性质，它不再仅仅是一种社会的、文化的活动，同时也成为一种经济活动。

旅游业务经营的专业化使旅游经济活动发生了一次质的飞跃，人们一般认为托马斯·库克是世界上最早创办旅行代理处的人。他在1841年初夏，同米德兰铁路公司签订的包租火车专列的合同，是现代旅游经济活动发展的标志。此后，库克又在1845年开设了包括食、住、行业务在内的旅行社。在当时，托马斯·库克父子公司已经成为世界上最大一家专门经营旅游供给业务的企业，它在美洲、非洲、亚洲都设有分公司。之后，在法国、德国、美国等一些资本主义较发达的国家也相继出现了一些名称不同、内容相似的旅行社，旅游经济活动有了新的起点。托马斯·库克父子公司成立，标志着旅游产业的产生，此后旅游经济活动迅速发展。到1992年，旅游业的产值已经超越了钢铁、石油、汽车等传统产业，成为世界第一大产业。旅游业作为一个新兴的产业部门，在第二次世界大战后得到了迅速的发展，呈现出如下主要特征：

（一）旅游经济规模迅速扩大

旅游经济的规模包括国内旅游和国际旅游两部分，其衡量指标是旅游总收入或旅游总产值、旅游行业规模。在旅游总收入方面，第二次世界大战后的新技术革命及其在生产中的运用，促使国际贸易大规模发展，商务旅游活动空前发展，居民可支配收入大幅度增加，各国纷纷制定了带薪度假制度，以及便捷、廉价的交通运输，促使旅游总产值的规模不断扩大。世界旅游城市联合会和中国社会科学院旅游研究中心联合发布的《世界旅游经济趋势报告（2020）》显示，2019年全球旅游总人次（包括国内旅游人次和出入境旅游人次）为123.1亿人次，同比增长4.6％；全球旅游总收入（包括国内旅游收入和国际旅游收入）为5.8万亿美元，相当于全球GDP的6.7％。

在旅游行业规模方面，旅游产业为了满足游客行、游、住、食、购、娱等多方面的需要，各行业规模也逐渐扩大。以我国饭店业为例，在改革开放初期，全国涉外饭店仅有200多家，经过40年的发展，中国饭店业已经成为一个具有相当规模的产业，文化和旅游部发布的《2019年度全国星级饭店统计报告》显示，截至2019年底，全国星级饭店管理系统中共有星级饭店10 003家，其中一星级62家，二星级1 658家，三星级4 888家，四星级2 550家，五星级845家。

（二）旅游业增长速度快于世界经济的增长率

旅游业的增长率大大快于世界经济的增长率，从而使旅游业对全球国内生产总值的贡献在不断增大。例如，1981 年世界国际国内旅游总产值为 9 510 亿美元，至 1996 年达到 42 390 亿美元，年平均增长 10.5%，而世界国内生产总值在 1981 年至 1996 年的年均增长率为 3.5%。因而它在世界经济中所占比重也由 1981 年的 8.1% 上升至 1996 年的 10.73%。世界旅游业持续快速增长的势头在 20 世纪 90 年代已经很明显。1999 年全世界入境过夜旅游者人数达 6.57 亿人次，比上年增长 3.2%，旅游外汇收入 4 550 亿美元，也比上年增长 3.2%。这两项数字均创历史最高纪录。进入 21 世纪，世界旅游业仍保持着旺盛的发展势头，2007 年全球共接待国际旅游者 9.03 亿人次，比上年增长 6.6%，旅游外汇收入 8 560 亿美元，比上年增长 5.6%。当前，旅游业已成为世界上增长最快、最重要的行业之一。旅游业的发展惠及全球各旅游目的地和所在社区。2019 年，旅游业为全球贡献了约 10% 的 GDP 和 10% 的就业机会。

（三）旅游人均花费额不断提高

据世界旅游组织统计，20 世纪 90 年代世界国际旅游接待人数的增长要小于世界旅游总收入的增长。1991—1998 年 8 年间，前者增长了 38%，后者则增长了 68%，世界国际旅游收入的增长率明显高于世界国际旅游接待人数的增长率。国际旅游人均花费逐渐增加的趋势也在 21 世纪继续延续，到 2018 年，国际旅游人均花费超过 1 200 美元。

（四）提供了大量的就业机会

旅游业是劳动密集型产业，和其他行业相比，同样的投入能够提供更多的就业机会。据世界旅游业理事会和亚太经社理事会的数据，自 1996 年始，旅游业已经成为世界上提供就业岗位最多的产业。1997 年世界旅游业就业人数 23 700 万人，旅游业就业人数占全球各行业就业总人数的比重为 9.7%。2019 年国内旅游人数 60.06 亿人次，旅游相关就业超 1 亿人。

二、旅游经济研究的深入

随着旅游经济的发展和对社会经济生活影响的不断扩大，对旅游经济的研究也越来越受到重视。1899 年意大利统计局局长博迪奥发表了《关于在意大利的外国人的流动及其消耗费用》，这是最早研究旅游活动的文章；1927 年罗马大学讲师马里奥蒂出版了《旅游经济讲义》，从对旅游活动的形态、结构和活动要素的研究中，提出了旅游活动是属于经济性质的一种社会现象；1935 年德国柏林大学附属旅游研究所所长格吕克斯曼发表了《一般旅游论》，该书不仅论述了旅游的社会经济作用，而且论述了促进旅游业发展的政策措施和手段；1942 年瑞士的克拉蒲·芬扎伊卡著有《一般旅游论概要》，从经济学和社会学两方面对旅游进行了研究。这些研究成果的问世，标志着旅游研究的逐步展开。

第二次世界大战后，旅游活动迅速发展，成为世界经济发展的一个亮点，许多国家政府将旅游业列为支持和鼓励发展的产业，不仅许多学者参加了对旅游经济的研究，而且不少企业集团、协会和政府有关部门分别从不同角度开展了对旅游经济的研究。20

世纪 80 年代，美国夏威夷大学开设了旅游经济学课程，旅游经济学逐渐丰富和完善。这个时期，旅游研究逐步深入，研究的领域逐步扩大，有些已经涉及旅游经济活动的本质和规律。主要的研究成果有：

（1）旅游业的性质和旅游经济活动运行的特点。不少专家和学者提出了旅游业是一个新兴的产业，它的发展以旅游活动的发展为前提，同时旅游活动的发展又推动了旅游业的发展。旅游业的经济活动不同于制造业，有自己的特点。旅游业的发展不仅刺激了相关行业的发展，而且对整个社会经济产生促进作用。这方面的代表作有 1974 年英国伯卡特的《旅游业的过去、现在和未来》，1980 年美国唐纳德·伦德伯格的《旅游业》，1984 年美国夏威夷大学教授朱卓任的《旅游业》等。

（2）旅游供求关系与市场营销。一些专家学者分别论述了旅游需求与旅游供给原理，阐述了旅游需求预测方法，探索了旅游市场营销的战略、策略以及旅游产品的定价方法，宣传推销的手段和方法。这方面的代表作有布赖恩·阿切尔的《旅游需求预测》，瓦汉·克拉蓬的《旅游市场营销》等。

（3）旅游业的经济效益。这方面的研究主要集中在旅游投资和收益的比较，旅游宏观经济效益和旅游微观经济效益分析，游客开支对旅游目的地国家或地区的经济和社会产生的作用。代表作有 1955 年意大利特罗伊西的《旅游及旅游收入的经济理论》，1978 年布赖恩·阿切尔的《发展中国家的旅游业：某些经济考虑》《旅游增值：目前水平研究》，1974 年澳大利亚工业局的《澳大利亚旅游业的经济意义》，1983 年亚太经社理事会政府间旅游发展会议文件中的《亚太经社理事会地区旅游业的经济作用研究回顾》与《旅游经济作用分析：方法论》等。

（4）旅游规划与资源开发。各国政府有关部门和一些学者都比较重视旅游规划和资源开发的研究。如论述旅游业发展规划的内容、制定规划所需要的信息、对旅游资源的测量与评价以及规划的实施、旅游工程建设项目优先顺序选择与方法等。代表作有 1978 年凯泽·赫尔伯的《旅游规划与发展》，世界旅游组织特约顾问爱德华·因斯克普和马克·科伦伯格的《旅游度假区的综合开发模式》，加拿大斯蒂芬·史密斯的《旅游决策与分析方法》等。

我国对旅游经济的研究起步较晚，从 20 世纪 20 年代开始，我国有学者对旅游经济的性质、作用等问题进行探讨，但未做深入研究。20 世纪 70 年代末，随着中国实行改革开放的方针政策和旅游业的迅速发展，我国对旅游经济的研究有了很大的发展。目前，旅游经济学有了相对比较成熟的教材，旅游经济研究也取得了一定的成绩，许多高校都在积极深入地开展旅游经济方面的研究。

三、旅游经济学的学科特点

旅游经济学是现代经济学的分支，是以现代经济学的理论为指导，研究旅游活动中的经济问题或者说是站在经济的角度来研究旅游问题的学科。旅游经济学的学科特点表现为应用性和边缘性。

（一）应用性

旅游经济学是把经济学的基本理论、基本知识和一般原理应用于旅游经济的研究，揭示旅游经济活动的规律及其作用的条件、范围及表现形式，从而指导旅游经济活动健康发展的学科。因此，旅游经济学具有较强的应用性，属于应用经济学。

（二）边缘性

由于旅游经济活动的综合性特征，对旅游经济的研究也需要多学科的跨学科研究。如要利用经济学、旅游学、心理学、地理学、社会学、统计学、市场学等学科的理论和方法，来综合考察旅游活动在经济领域中的各种现象，才能加深对旅游经济内在规律及其运行机制的认识，更好地把握旅游经济的理论和方法。

第二节　旅游经济学的研究对象及内容

旅游经济学是从经济角度来研究旅游活动的，它的研究对象是旅游经济活动中的经济现象、经济关系和经济规律，以及旅游经济活动中的各种矛盾。

一、旅游经济活动所反映的经济关系

旅游经济活动是由旅游需求者和旅游供给者构成的，旅游需求和旅游供给之间的矛盾贯穿旅游经济活动的始终，决定了旅游经济学的内容和特色。旅游经济活动是旅游需求者和旅游供给者发生经济关系的过程，这种关系主要反映在以下三方面。

（一）旅游者同旅游企业之间的经济关系

旅游者与旅游企业之间经常发生各种关系，这种经济关系突出的表现在包价旅游中体现的旅游者与旅行社之间的关系上。在包价旅游中，旅游者支付一定的费用，旅行社给旅游者提供各方面的服务，双方是一种经济利益关系。如何既满足旅游者的需求，又实现旅行社的利润是其经济利益关系的焦点。

（二）旅游企业之间的经济关系

各旅游企业之间既有相互依赖关系，又有竞争关系。在旅游活动过程中，旅游者的食、住、行、游、娱、购都需要得到旅游企业的服务，为了获得更好的经济利益，各旅游企业之间往往展开竞争，体现为竞争关系。但是，由于它们要同时服务于旅游者，为了获得更为长远和更大的经济利益，旅游企业之间往往需要合作。因此，旅游企业之间表现的关系主要是竞合关系。

（三）旅游者同当地居民之间的经济关系

旅游者到一地旅游，旅游者的旅游消费会直接和间接地与当地居民产生各种经济关系和经济联系。如外地旅游者的涌入可能导致当地的物价上涨，进而影响当地居民的生活。

二、旅游经济活动中的矛盾

贯穿在旅游经济领域的主要矛盾是旅游需求与旅游供给间的矛盾，它决定了旅游经济领域中其他一切矛盾。旅游经济领域中的矛盾主要表现在以下三方面。

（一）旅游者方面的矛盾

（1）旅游者的需求欲望与可自由支配收入之间的矛盾。旅游消费的支出是居民个人可支配收入的一部分，个人可支配收入是个人收入减去直接负担的各项税款（如所得税等）和非税性负担（如会费、交通罚款等）之后的余额，可用于消费或储蓄。个人可自由支配收入是个人可支配收入，减去维持生活所必需的支出（如食品、服装、住房等）和社会消费（健康人寿保险、老年退休金和失业补贴的预支等）所剩下的那部分。由于做了层层扣除，人们的可自由支配收入的多少往往成了出游的重要制约因素。

（2）旅游者需求欲望与余暇时间的矛盾。余暇时间指在工作时间、生理需要的生活时间和社会活动时间以外的个人可自由支配时间。余暇时间是人们实现旅游活动的又一个必要条件。旅游需要消耗时间，在其他条件既定的情况下，余暇时间往往是人们出游最重要的制约因素之一。如我国在各长假期间，国内旅游都会呈现出大幅度增长的情况，便是这一矛盾得到释放的具体体现。但是，随着社会的发展、科技的进步和劳动生产率的不断提高，人们拥有的余暇时间也在逐渐增多，特别是带薪假期制度的逐步实施，闲暇时间将会进一步增加。

（3）旅游者的需求欲望与旅游者自身文化、身体素质之间的矛盾。例如，一般来说，老年人进行探险、狩猎等特种旅游要受到身体素质等方面的条件限制。

（4）旅游者之间争夺"热线""热点"的矛盾。由于不同地区、不同旅游点和不同线路的旅游资源和设施存在着差异性，故而会形成旅游热线和热点，造成了旺季时旅游者争夺热点、热线的矛盾。例如，每年一、二月去海南旅游人数很多，致使当地这两个月房价涨幅很大。

（5）旅游者的需求与一个国家或地区的政治制度、现行政策以及经济发展水平之间的矛盾。

（二）旅游经营者方面的矛盾

（1）各类旅游企业之间的矛盾。我国旅游业处在买方市场条件下，各企业之间争夺客源的矛盾很激烈，旅行社与其他旅游企业在争夺客源和收入分配上也存在着矛盾。

（2）旅游部门与非旅游部门之间的矛盾。旅游部门包括旅行社、饭店、景区等，非旅游部门包括商业部门、交通运输部门、文物部门、宗教部门，在旅游发展的过程中会产生各种各样的矛盾。

（3）旅游企业收益与成本、劳动消耗与劳动成果之间的矛盾。作为经营者，要考虑如何用最少的劳动消耗取得最大的经济效益，而旅游者考虑的是如何用最少的支出，获得最大的满足，两者之间会产生一定的矛盾。

（4）旅游业宏观效益与微观效益之间的矛盾。这实际上是整体与局部利益的关系问题。例如：有些企业为了自身的利益，会破坏生态环境，影响了整个社会的利益。

（三）旅游者与旅游经营者之间的矛盾

（1）旅游者的支付能力与旅游价格之间的矛盾。旅游价格制定过高，会影响消费者的购买；而价格太低，经营者便无利可图。

（2）旅游者的旅游需求内容与旅游经营者提供的旅游服务项目质和量之间的矛盾。

如有些旅游项目中存在旅游观光项目多、参与项目少的问题；走马观花项目多、深入了解项目少、服务质量偏低等问题。

（3）旅游需求的高度灵活性与旅游供给的相对稳定性之间存在的矛盾。旅游者的需求是在不断变化的，而旅游供给则具有相对的稳定性。如在团队游的过程中，旅游者灵活性有限。

（4）旅游需求与旅游供给同一国国民经济乃至世界政治经济形势之间的矛盾。如战争爆发、社会政治动乱对旅游需求与供给会产生很大的抑制作用，而和平环境则会促进旅游需求与供给的增长。

旅游经济活动就是由这许许多多的矛盾运动变化推动的，旅游经济学的任务就是对这些矛盾进行深入的研究，以便更好地解决这些矛盾。

三、旅游经济学研究的主要任务

旅游经济学的研究任务在于揭示影响旅游经济活动的基本经济因素和经济关系，并在此基础上揭示旅游经济活动中存在的各种各样的经济规律，以便人们利用规律，促进旅游经济协调、稳定、持续发展。

在旅游经济活动中发挥作用的客观经济规律主要有：

（一）价值规律

价值规律是市场经济的必然规律，也是旅游经济的必然规律。在旅游经济活动中，必然存在着价格围绕价值上下波动问题，存在着价格与供求关系相互影响问题。研究价值规律就是要探讨价格的波动规律和价格与供求的相互影响的规律，以便在旅游经济活动中能够认识价值规律，充分利用价值规律的作用，调节和促进旅游经济的发展。

（二）供求规律

供求规律是市场经济的一般规律，也是旅游经济活动中的重要规律。了解供求规律的内容及其在旅游经济活动的作用，有利于我们充分利用供求规律，调节旅游经济的发展。

（三）竞争规律

竞争规律也是市场经济的一般规律，在旅游经济活动中也发挥着重要的作用。特别是近些年我国旅游市场的激烈竞争，反映了竞争规律的作用与特点。了解竞争规律，可以使我们更好地引导旅游经济中的竞争，使其朝着健康的方向发展。

（四）协调发展规律

协调发展规律是社会化大生产的一般规律，在旅游经济活动中必然要发挥作用，并且要求旅游经济活动按照按比例协调发展规律的要求来安排旅游业各方面的发展速度，使旅游各要素之间结构合理，相互促进。

在研究旅游经济活动规律的基础上，寻找获取最佳经济效益和社会效益的途径。作为经济活动，旅游业的发展既要重视经济效益又要讲究社会效益，经济效益和社会效益有矛盾又有统一。讲究经济效益还要处理好微观经济效益和宏观经济效益的关系，这二者也是既有矛盾又有统一。如何调节各种因素，协调和处理好各方面的关系，是旅游经济学研究的重要任务。

为制定旅游经济发展的政策方针提供理论指导。旅游经济发展的方针、政策是指导旅游业发展的基本准则，是协调旅游业内部各方面关系的行为规范。旅游经济学是旅游经济运行的科学总结，它揭示旅游经济活动运行过程中的经济规律，对旅游业的发展必将起到指导作用。

四、旅游经济学研究的主要内容

旅游经济学的研究是围绕旅游经济活动的进行而展开的，通过分析旅游经济活动的各个侧面、旅游经济活动进行的条件、影响旅游经济活动进行的因素、旅游经济活动同社会经济活动乃至世界经济活动的关系等，揭示旅游经济活动过程中各种经济现象、经济关系的本质，探索旅游经济活动的规律性。概括地说，旅游经济学研究的内容包括旅游经济活动运行的各个主要环节及其相互关系。

(一) 旅游产品的生产与供给

旅游产品主要表现为无形的服务，而服务的提供（或生产）又有其自身的特点。因此，研究旅游产品供给问题，必须研究旅游产品的概念、构成及特点，旅游活动商品化，旅游产品组合等，把握旅游产品生命周期，从影响旅游供求的诸因素中，揭示旅游供求矛盾的规律性。根据旅游供求规律制定合理的旅游产品开发策略，向旅游者提供适销对路、使其能获得最大满足的旅游产品，实现旅游产品的供求平衡。

(二) 旅游产品的价格

分析旅游价格的影响因素、旅游价格体系以及掌握各种科学的定价方法和策略，促进旅游产品的销售。

(三) 旅游消费

旅游消费不同于日常生活的消费，而是在生产活动进程中的现场消费。因此必须研究旅游者消费行为、消费结构和消费倾向，研究旅游产品消费与供给的关系，以实现旅游者消费的最大满足。

(四) 旅游效益与效应

旅游经济效益是旅游产业及企业所追求的经营目标，旅游经济效应是指旅游业的发展对社会经济产生的影响和作用，它们是判断旅游业对国民经济贡献大小的主要标志。因此，旅游经济学在这部分内容中主要研究的是旅游收入与效益指标，旅游收入分配与再分配，旅游收入的乘数作用，介绍衡量旅游经济效益的指标体系，旅游对社会经济的影响，并通过对旅游业宏观效益与微观效益的分析，对旅游经济效益进行评价。

(五) 旅游投资与决策

研究旅游投资项目的可行性、旅游投资项目决策的程序和方法，以及我国旅游投资管理体制，为我国旅游项目投资提供经济评价的方法和选择标准。

(六) 旅游经济结构与旅游经济发展战略

旅游经济结构是影响旅游经济发展的重要因素，同时也是旅游经济研究的重要方面，这些结构主要包括行业结构、组织结构、地区结构等。经济发展战略则是关系到国家（区域）旅游经济发展长远问题的课题，旅游经济发展模式和战略的选择，也是旅游经济研究的重要课题。

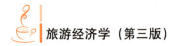

旅游经济学（第三版）

（七）政府对旅游经济的管理

主要研究市场经济条件下，政府对旅游经济管理的必要性、职能、手段，以及国际上旅游发达国家对旅游经济的管理模式，为我国旅游经济管理体制的改革提供借鉴。

阅读资料 1-1

福州实施强省会战略　做好旅游大文章

福建省政府办公厅下发《关于支持福州实施强省会战略的若干意见》（以下简称《意见》）。《意见》提出，推动福州加快建设现代化国际城市，做好数字经济、海洋经济、绿色经济、旅游经济等大文章，在全方位推进高质量发展超越中当龙头、走前列、作示范。《意见》提出，支持福州加快建设国家海洋经济示范区和海洋经济创新发展示范城市，深入挖掘船政文化、海洋文化，发展海洋文化旅游、滨海旅游、海岛旅游，加快建设福州邮轮旅游发展实验区；支持福州海洋生态保护修复项目建设，推广福州鱼丸特色品牌。

《意见》明确，支持福州创建国际消费中心城市，推进国家文化和旅游消费试点城市建设，促进文化和旅游深度融合发展，争创国家文化和旅游消费示范城市；推动知名大型展会、企业在福州举办、入驻，省级主办或承办的大型展会活动优先在福州举办，支持福州创办本土展会；支持福州打造一批商业步行街、夜色经济街区、大众消费场所、高端文旅项目、高端度假酒店等消费载体，建设一批现代生活性服务业功能示范区；支持福州创建国家全域旅游示范区，推动鼓山旅游景区、中国船政文化景区创建5A级景区，指导福州高A级景区创建工作；支持福州举办海上丝绸之路（福州）国际旅游节，打造有影响力的海上丝绸之路人文交流和旅游合作平台。

《意见》还提出，支持福州深化行政管理体制改革，选取若干个符合条件的中心城镇、文化和旅游名镇等，按法定程序赋予部分县级经济社会管理权限；积极打响闽都文化和国家历史文化名城品牌，推动三坊七巷申遗，加快福建船政文化城建设，支持福州开展历史文化保护利用行动，加强修缮保护、推动活化利用、强化传承发展。

资料来源：福州实施强省会战略　做好旅游大文章. 中国旅游报，2021-10-19.

第三节　旅游经济学与其他学科的关系

旅游经济学是一门具有独立性的专门学科，有独立的研究内容和特点，同时，旅游经济学又是一门边缘学科，与其他学科有着密切的联系。研究旅游经济学必须借助各相关学科的研究成果，综合考察旅游活动在经济领域中的各种表现，以加深对旅游经济活动规律的认识。

一、旅游经济学与经济学的关系

经济学是研究经济发展过程中的经济现象、经济关系以及经济规律的学科，它把社会经济关系作为一个整体，在生产、分配、交换和消费诸环节的内在联系及其矛盾运动中阐述了经济发展的重要特征和经济规律。它是建立部门经济学的基础，也是旅游经济学的基础。

旅游经济学是研究旅游经济活动的运行及其运行过程中所产生的经济现象、经济关系和经济规律的一门学科。由于它研究的领域是整个社会经济系统中的一个子系统，因此，旅游经济活动的运行必然要遵循社会经济发展的一般规律，如价值规律、竞争规律和供求规律等。由此可见，旅游经济学的研究必须用经济学的基本原理作指导。但是，社会经济发展的一般规律在旅游经济中是以特殊的形式表现出来的，旅游经济学对一般规律的研究，着眼点在于这种特殊的表现形式。另外，旅游经济作为国民经济中的一种特殊类型，具有矛盾的特殊性，这就决定了旅游经济内部具有其固有的特殊规律。如旅游业的产业结构、旅游消费和旅游市场等方面都有自己的特殊规律。

二、旅游经济学与旅游学的关系

旅游学是研究旅游活动的各要素及各要素之间的相互关系，研究其产生、发展及活动的一般规律的科学，它涉及社会心理、文化和身体等方面因素，也涉及自然的、经济的、法律的诸因素。因此，旅游学研究的范围较广，涉及多种学科，如经济学、管理学、心理学、法学、社会学、历史学、美学等。其中每一门学科的理论同旅游的结合便形成了旅游经济学、旅游管理学、旅游心理学、旅游法学、旅游社会学、旅游史学、旅游美学等。

旅游学是旅游经济学的基础，旅游经济学是以经济学的观点研究旅游活动中各要素之间的相互关系，研究旅游发展的经济规律。旅游经济学使对旅游活动的研究进一步深化。

三、旅游经济学与其他旅游学科的关系

旅游作为一种综合性的社会经济现象，从不同侧面在理论上反映和概括这种现象的学科甚多，除上面提到的有关学科之外，还有旅游市场营销学、旅游地理学、旅游文化学、旅游资源学、旅游统计、旅游会计、旅游饭店管理、旅行社管理、旅游交通管理等，旅游经济学和这些学科的关系可分为两类。

一是与旅游经济学具有平行关系的学科。如旅游心理学、旅游社会学、旅游法学、旅游地理学、旅游美学等，它们分别从旅游活动的不同侧面探讨旅游与有关学科边缘结合的特点和不同规律，都比较专门地担当了旅游活动某一方面或同一层次的研究，与旅游学有着内在联系，都属于旅游学的分支学科。例如旅游地理学把旅游作为一种地理现象进行科学研究，探讨旅游学必须遵循的地理规律；又如旅游心理学研究的是旅游活动中有关人的心理、行为和人与人之间的关系。因此，旅游经济学同它们的关系是平行的，是相互联系、相互渗透和相辅相成的。这些边缘学科的产生来自旅游活动这个复杂的社会现象的多面性。

二是与旅游经济学具有纵向关系的学科。如旅游市场营销学、旅游饭店管理、旅行社管理、旅游交通管理、旅游统计等。其中，旅游市场营销学是旅游经济学的延伸，即以旅游经济学的原理为基础，从宏观和微观的角度出发分别在旅游市场和旅游管理方面对旅游经济活动进行进一步分析和研究；旅游饭店管理、旅行社管理、旅游交通管理均属于旅游企业管理，它们以旅游经济学的基本原理作指导，仅从微观角度探讨旅游行业中这类企业经营与管理的思想、原则、方法和技术。由此可见，旅游经济学同这些学科的关系是抽象与具体的关系，它们都是旅游经济学的基本理论在各具体领域的应用和具体化。

第四节　旅游经济学的研究方法

旅游经济学是一门部门经济学，它的研究必须以经济理论为指导，结合社会科学的特点，运用相应的科学方法。

一、坚持理论与实际相结合的方法

旅游经济学是在长期旅游实践活动基础上产生的，反过来又服务于旅游实践。因此，理论与实际相结合是研究旅游经济学的一个重要方法。坚持理论与实际相结合的观点，要求一切研究必须从旅游经济活动的客观实际出发，解决旅游经济发展中的实际问题。即从我国国情出发，根据目前和今后一段时期社会经济发展状况，揭示旅游经济发展变化的客观规律，并将其上升为理论，用以指导旅游经济的实际工作，如用来规划旅游产品等。同时坚持实践是检验真理的唯一标准的原则，把旅游经济理论应用于实践，用实践来检验、充实和丰富旅游经济理论。运用理论与实际相结合的方法研究旅游经济学，还必须建立在旅游经济活动全局的基础上，探索旅游经济活动的运行及各个环节的特点和规律性；另外，必须立足于我国旅游业的实际，并掌握世界旅游发展的大势。因为我国旅游业只是世界旅游业的一部分，国际旅游的活动领域是一个世界范围的大旅游市场，它同世界其他国家的旅游业有着千丝万缕的联系。所以，在旅游经济学的研究中，还必须放眼于世界旅游活动这个更大舞台上的旅游实际。

二、实证分析与规范分析相结合的方法

实证分析和规范分析是经济学研究的基本方法，也是旅游经济学研究的基本方法。实证分析主要是研究经济现象"是什么"，即只考虑经济活动的实际运作而不考虑运作效果的好坏。实证分析有理论研究和经验研究两种。其理论研究是通过对实际经济运行状况的考察，归纳出可能存在的规律，然后从一定的假设出发，以严密的逻辑推理演绎证明这些规律，并推导可能存在的规律。其经验研究是将理论分析中得到的经济规律还原到经济实践中去，从而考证规律的正确性。规范分析是研究经济活动"应该怎么样"，如如何改善旅游企业之间的恶性竞争，旅游企业的竞争怎样公平、有效和进一步促进效率的提高。

实证研究有利于我们认识经济现象的本来面目，而规范分析则有利于人们判断经济现象应该什么样，两种研究方法的有效结合，有利于我们全面认识旅游经济现象及其本质。

三、定性分析与定量分析相结合的方法

旅游经济活动中的各种经济现象不仅具有质和量的规定性，而且处于不断变化的过程中。因此，在研究旅游经济学时，对各种经济现象和经济关系必须在关注质的同时研究量的变化。旅游经济学中的许多范畴，如旅游产品、旅游需求和旅游价格等都具有质的规定性，同时又具有量的规定性。我们除了确定其性质和特点外，还应对旅游经济现象进行定量分析，从它们之间量的变动关系中分析旅游经济现象的发展变动趋势，揭示其规律性。因此，只有把定量分析和定性分析结合起来，才有利于理论研究，达到事物质与量的统一。

目前，旅游经济的研究在重视定性分析的同时，越来越重视定量分析。如经济效益分析、旅游收入分析、投资分析等都要进行大量的定量分析。为了在旅游经济学研究中更好地进行定量分析，学习统计学、数学的方法和计算机技术是非常重要的。

四、运用多学科知识综合分析的方法

旅游经济活动是一项综合性的社会经济活动，其研究涉及经济学、旅游学、心理学、社会学、统计学、会计学等。因此，在研究旅游经济学中应注意学习这些学科的理论，借鉴这些学科的研究方法及最新研究成果，不断丰富旅游经济学的内容，提高旅游经济学的研究水平和对实践的指导性。

【本章小结】

1. 旅游经济学是伴随着旅游经济活动的产生和发展而形成的一门学科，是对旅游经济活动的理论概括和总结。随着旅游经济的发展和对社会经济生活影响的不断扩大，对旅游经济的研究也越来越受到重视。

2. 旅游经济学是现代经济学的分支，是以现代经济学的理论为指导的应用性学科，但由于旅游经济活动的综合性特征，对旅游经济的研究也需要多学科的跨学科研究。

3. 旅游经济学是从经济角度来研究旅游活动的，它的研究对象是旅游经济活动中的经济现象、经济关系和经济规律，以及旅游经济活动中的各种矛盾。

4. 研究旅游经济学需要坚持理论与实际相结合、实证分析与规范分析相结合、定性分析与定量分析相结合、多学科知识综合分析等方法，综合考察旅游活动在经济领域中的各种表现，以加深对旅游经济活动规律的认识。

【复习思考题】

1. 旅游经济活动产生的条件是什么？
2. 旅游经济学的研究对象是什么？
3. 旅游经济学与旅游学、经济学是什么关系？

4. 旅游经济学研究的主要任务是什么？

5. 旅游经济学的研究方法有哪些？

 案例分析

乡村旅游为乡村振兴赋能

在通化市太王镇钱湾村，山上别致的木屋民宿与蓝天、绿树相映成画。近年来，通化市着力做好山水文章，将自然风光、劳动力等要素激活，守好发展和生态两条底线，在市场拉动、政策推动、创新驱动、政府带动下，全市休闲农业与乡村旅游蓬勃发展，为乡村振兴增活力、添动力。

农旅融合是激发乡村旅游新活力、助力乡村振兴的新引擎。地处鸭绿江河谷地带的钱湾村春风早度，秋霜晚至，日照时间长，沙壤土层厚，生态环境好，特别适合果树生长，这里的农民从 20 世纪 60 年代就开始种植果树。"看到山上一个个红色的果子了吗？那都是村民种的寒富苹果，来这儿的游客可以上山摘苹果，体验采摘的乐趣。我们这儿还有梨、李子、杏、葡萄等 20 余种水果，采摘项目深受游客喜爱。"太王镇钱湾村党支部书记、村委会主任介绍，目前，果树种植面积达 4 000 多亩，年总产量超过 800 万斤，产值 1 000 多万元，2020 年，农村经济总收入 6 069 万元，农村人均纯收入 21 682 元。

近年来，通化市依托得天独厚的历史文化旅游资源优势和地域特色，启动通化市乡村旅游发展三年行动计划，推动西夹荒生态旅游度假区、西江贡米小镇等创建 5A 级乡村旅游经营单位。村屯环境好了，村民收入提高了，"旅游饭"越吃越香，村民日子越过越甜。

资料来源：王海跃. 通化：风光秀美百姓富足　乡村旅游为乡村振兴赋能. 人民网，2021 - 10 - 18.

案例思考：

1. 太王镇是如何发展乡村旅游促进乡村振兴的？

2. 乡村旅游经济发展的类型有哪些？

第二章

旅游产品

导 言

本章学习目标:通过本章的学习,要求学生了解旅游产品的概念、特征和主要类型,熟悉旅游产品的经济性质和基本特征,充分认识旅游产品和旅游商品开发的意义,掌握旅游产品的生命周期和开发策略。

本章难点:旅游产品与旅游商品的区别;旅游产品生命周期;旅游产品的开发策略

关键术语:旅游产品;旅游产品生命周期;旅游商品

二次元文化让景区再现繁华

涂山城在哪里?如果你问的是一个"80后",即便他是资深的旅游达人,可能也不清楚。但如果你问的是"90后""00后",大多会滔滔不绝地说起来:涂山城是国漫剧《狐妖小红娘》中"在近人大陆之中位于边陲的南国,是永远最让人畏惧的地方"……这部腾讯动漫旗下以爱情故事为主题的国漫,自2015年播出后便引发广泛关注,全网点击量近百亿次,豆瓣和B站评分分别为9.0和9.5,日文版剧集于2017年在日本播出,收获全球粉丝过亿。如今,二次元冲破次元壁,剧迷们心心念念的涂山城"来到"现实中,可观、可游、可体验。从一票难售到一票难求。5月1日,以国漫为主题的数字景区——杭州狐妖小红娘景区在杭州市临安区河桥镇正式开业。夜幕降临,城门缓缓打开,礼乐响起,城墙上的8K投影辅以立体环绕声效,一众"小妖"、巡逻差役、卖货小二们跟着游客一起走进涂山城。

热闹非凡的景象,让人难以想象这里曾经的冷清。景区所在的河桥古镇,历史上因河而兴、因商发达,是中国很早的移民古镇,是"百姓百行百店百匠"汇聚之地,曾有

"小上海""浙西秦淮"的美誉，凭借其"天赋"和历史积淀，成了国家4A级旅游景区。然而，江南多古镇。与乌镇、西塘、周庄、南浔等古镇相比，体量上、影响力上的差距，使河桥镇逐渐冷清，鲜有人再光顾此地，旅游纪念品小店几乎全部闭店歇业。河桥古镇4A级旅游景区于2016年被原国家旅游局摘牌。

2019年，新公司接手古镇管理，考虑通过与互联网公司联手的方式吸引更多年轻人，并在联系多家互联网巨头后，选择与腾讯牵手。公司管理人员介绍："狐妖小红娘景区是国漫IP落地实景景区的一次试水，也是传统古镇景区的创新探索，不仅可以让漫迷们体验现实生活中的'涂山世界'，更能让众多普通游客感受到国漫与文化和旅游碰撞产生的独特魅力。开业至今，周末、节假日演出上座率经常是100%，演出门票一票难求，不少游客从全国各地慕名而来。"

资料来源："狐妖小红娘"景区爆红，国漫IP落地景区的逻辑你看懂了吗. 中国旅游报，2021-07-27.

旅游产品是旅游经济活动的主要对象，是现代旅游业存在和发展的重要基础，旅游产品的种类、数量和质量直接关系到现代旅游业的兴衰和旅游经济的可持续发展。

第一节　旅游产品的概念及特征

旅游产品是旅游经济活动的核心。此外，作为一种特殊的服务性产品，旅游产品既具备大多数服务产品的共性，也有不同于一般商品或其他服务产品之处。因此，正确地理解旅游产品的概念和特征是学习本门课程的基础。

一、旅游产品的概念

对旅游产品的概念一直存在较大的分歧，不同的文献对旅游产品概念的概括往往都是从不同的角度入手，由此提出各种各样的观点。

在有关旅游产品概念的界定中，许多中西方学者都对其做了详细的研究。研究者将旅游产品的概念归纳为经历说、组合说、交换说和综合说四种（张卫红，2006）。经历说即把旅游产品界定为旅游者在旅游活动中的全部经历和感受；组合说即把旅游产品界定为有旅游经营者提供的旅游资源、旅游设施、旅游服务和旅游购物品等多种要素组合的综合性产品；交换说即从市场角度出发，把旅游产品界定为旅游者和旅游经营者双方交换的一次旅游活动所消费的物质产品和服务的总和；综合说即由于现代产品概念实际上是建立在以消费者为中心的基础之上，为满足消费者需求，而通过市场交换的包括有形的物质产品和无形服务的总和。

有些学者将旅游产品概括为4AS，即用4个以英文字母A开头的词语来表示旅游产品：Attractions，即当地的旅游资源；Access，即当地的交通运输设施和交通运输服务；Amenities，即当地的住宿、餐饮、娱乐、零售以及其他旅游生活设施和相应的服务；Ancillary Services，即当地的旅游组织提供的相关服务（如旅游问讯中心）。

从上面可以看出，旅游产品是一个内涵相当广泛的概念，旅游产品的供给囊括了许多社会部门，上述说法从不同角度来界定旅游产品的概念，有助于人们从不同角度理解旅游产品的内涵。

一般来说，旅游产品是指旅游经营者为旅游者开发，用于满足其在旅游活动中所需的各种物品和服务的总和。它主要包括两点内涵：一是旅游产品是专门为旅游者开发的，这样就和一般产品区别开来；二是旅游产品包括的种类很多，既包括各种实物，如各种旅游纪念品等，又包括各种无形服务，如导游服务等。

二、旅游产品的特征

旅游产品作为一种以服务为主的综合性产品，同一般的物质产品相比，具有许多自身的特点。此外，作为一种特殊的服务产品，旅游产品也有其不同于一般或其他服务产品之处，具体表现在：

（一）效用性

人们之所以购买旅游产品是由于其具有满足旅游者欲望的能力，或者说，旅游者在消费旅游产品时能感受到某种程度的满足。旅游产品的这一功能和音乐、绘画、影视节目等其他产品没有什么不同。人们在消费旅游产品的过程中，通过游览秀美的山水、体验悠久的文化等来追求心理和生理的享受，这种感受与普通的居家休闲在强度和广度上则有着明显的不同，这种不同就是促使人们离开自己熟悉的环境去外地旅游的根本动力。

（二）不可转移性

旅游产品在空间上是不可转移的，其不可转移性主要表现在两个方面：一方面，由于旅游服务所凭借的旅游资源和设施是固定的，因此旅游产品在地点上具有不可转移的特点。旅游产品进入流通领域后，其本身仍固定于原定的地点方位上，旅游者只能到旅游产品的生产地点进行消费，即发生运动的是旅游者，而不是旅游产品。在这里，即使旅游产品发生了流动，那也只是旅游产品信息，而非旅游产品。另一方面，旅游产品在销售后，产品的所有权并不发生转移。有形产品通过交换带来所有权的转移，而旅游产品通过交换带来的是旅游者在一个特定时间和地点上对旅游产品的暂时使用权，却不是永久的所有权。旅游产品的所有权在任何时候都属于旅游目的地和旅游经营企业。

由于旅游产品的不可转移性，旅游产品的流通不能通过运输而只能以旅游产品信息的传递，以及由此而引起的旅游者的流动表现出来，旅游产品信息的传播效率和速度直接影响到旅游需求的大小。因此，旅游经营企业要在竞争中取胜，尽快实现旅游产品的价值，就必须拓宽旅游产品信息流通渠道，尽量缩短信息传递时间和销售周期。

（三）生产与消费的同步性

旅游产品一般都是在旅游者来到生产地点时，旅游企业才进行生产并交付其使用权的。服务活动的完成需要由生产者和消费者双方共同参与。在这个意义上，旅游产品的生产和消费是在同一时间和同一地点发生的。在同一时间内，旅游者消费旅游产品的过程，也就是旅游企业生产和交付旅游产品的过程。旅游产品生产和消费的同步性使旅游者和服务人员一起直接参与了产品的生产过程，二者的互动行为严重影响着服务的质量及旅游企业和旅游者的关系，这对旅游企业的经营管理提出了严峻的挑战。

（四）不可储存性

由于旅游服务和旅游消费在时空上的同一性，当没有游客购买和消费时，以服务为核心的旅游产品就不会生产出来，也就无法像其他有形产品那样，在暂时销售不出去时可以贮存起来，留待以后销售。如果随着时间的推移，旅游产品没有实现对应时间上的交换价值，就会造成人力、财力、物力和资源的浪费，并且损失的价值永远也得不到补偿，因为机会已经丧失，设施、人员已经闲置，资金已经占用。无论是航空公司的舱位还是饭店的客房，只要有一天闲置，所造成的损失将永远无法追补回来。旅游产品的这一特点要求旅游企业对其产品实行差别定价以及运用各种营销手段来驾驭市场需求，以解决缺乏库存所导致的产品供求不平衡问题。

（五）综合性

现代旅游活动是一种综合性的社会、经济、文化活动，它要满足旅游者物质、精神等多方面的需求，从而要求旅游产品的内涵也必须是丰富多样的。

因此，旅游经营者出售给旅游者的旅游产品，通常是包括食、住、行、游、购、娱在内的综合性产品。这种综合性既体现为物质产品与服务产品的综合，又体现为旅游资源、基础设施和接待设施的结合。此外，旅游产品的综合性还因为涉及众多的相关部门和行业，如直接向旅游者提供产品和服务的旅馆业、餐饮业、交通业、游览点、文化娱乐场所，以及间接向旅游者提供产品和服务的工农业、商业、建筑业、轻工业、纺织业、食品业、金融、海关、邮电、文化、教育、园林、科技、卫生、公安等。

第二节　旅游产品的类型

对旅游产品的分类，可以从不同的角度进行分析和划分，常见的分类方法主要有以下几个方面。

一、按旅游产品的特点分类

根据旅游产品的特点，可将其划分为观光旅游产品、文化旅游产品、度假旅游产品、公商务旅游产品和生态旅游产品。

（一）观光旅游产品

观光旅游产品是指旅游者以观赏和游览自然风光、名胜古迹等为主的旅游产品。这类旅游产品在世界上许多国家又被称为景观旅游产品，主要有山水风光、城市景观、名胜古迹、国家公园及森林、海洋等旅游产品。观光旅游产品是一种传统旅游产品，它构成了世界旅游产品的主体部分。这些旅游产品共同的特征是旅游活动中参与性的内容较少。不过随着现代旅游的发展，也有部分观光旅游产品融入了更多的文化内涵和休闲度假内容，使观光旅游产品的内容更加丰富多彩和富有吸引力。

（二）文化旅游产品

文化旅游产品是指能够满足旅游者了解和学习某种文化需求的旅游产品。文化旅游产品种类繁多、内容丰富，主要有修学旅游、博物馆旅游、艺术欣赏旅游、民俗风情旅游、饮食文化旅游、寻根旅游、宗教旅游等。随着现代社会经济的发展，文化旅游产品通常蕴含着较为深刻而丰富的文化内容，吸引的旅游者一般也都具有较高的文化素养和消费能力。

（三）度假旅游产品

度假旅游产品是指旅游者利用公休假期或奖励假期等进行休闲和消遣而购买的旅游产品。主要有海滨度假旅游、野营度假旅游、避暑度假旅游、避寒度假旅游、滑雪度假旅游等产品。度假旅游一般具有停留时间相对较长、消费档次较高、休闲娱乐性强等特点，要求自然环境优美、气候良好适宜、住宿设施令人满意，并且有较为完善的文体娱乐设施及便捷的交通、通信条件。随着现代社会经济的发展、公休假日的增加，度假旅游产品已成为国内外旅游者所喜爱的旅游产品，具有较好的发展态势和潜力。

（四）公商务旅游产品

公商务旅游产品作为一种新兴的旅游产品，是以公商务为主要目的，以旅行为基本手段，以游览观光、休闲度假为辅助活动的旅游产品。公商务旅游主要有会议旅游、各种展览、订货会以及其他大型商业性活动等。公商务旅游产品通常具有下述特点：一是目的地一般不能根据旅游者的兴趣和爱好而随意改变；二是消费能力和档次较高；三是产品档次较高，有较好的获利潜力；四是随着现代经济的一体化发展，公商务旅游的增长越来越强，而且设施和服务也向现代化方向迅速发展。

（五）生态旅游产品

生态旅游产品是指以注重生态环境保护为基础的旅游活动，旅游者在旅游过程中关心环境保护、追求回归自然，并希望了解旅游目的地的生态状况。作为国际旅游的新潮流，生态旅游主要包括农业旅游、探险旅游、观鸟旅游、科普旅游等类型。

二、按旅游产品的功能分类

根据旅游产品的功能，可将其划分为康体旅游产品、享受旅游产品、探险旅游产品和特种旅游产品等。

（一）康体旅游产品

康体旅游产品是指能够使旅游者身体素质和体能得到不同程度提高和改善的旅游活动，通常需要借助一定的设施、器材和场地等条件。任何一种旅游活动都有益于旅游者的身心健康，康体旅游产品更是如此。康体旅游产品主要包括体育旅游和保健旅游两类。体育旅游有高尔夫球、滑雪、滑水、漂流、冲浪、蹦极等；保健旅游主要有健身旅游、温泉旅游、森林浴、沙疗等。

（二）享受旅游产品

享受旅游产品是为满足人们物质和精神的享受而提供的旅游产品，也是目前许多国家积极发展的新兴旅游产品。享受旅游产品主要有豪华列车旅游、豪华游船旅游、美食旅游、新婚旅游和奖励旅游等，其特点是设施豪华、旅游服务专业、娱乐项目多、旅游活动自由度大和旅游产品价格高。随着现代经济的发展和收入水平的提高，享受旅游产品的发展潜力越来越大。

（三）探险旅游产品

探险旅游产品是指旅游者过去从未见过、听过或经历过，既标新立异又使人特别兴奋、刺激和惊心动魄的旅游产品。探险旅游产品的突出特点是惊险、刺激，能充分满足旅游者的好奇心，主要有原始森林探秘、火山旅游、沙漠旅游、极地旅游、惊险游艺旅游等形式。

（四）特种旅游产品

特种旅游产品主要是指满足旅游者学习和探求专业知识、技能需要的旅游产品。包括修学旅游、工业旅游、科技旅游、园艺旅游、考古旅游等多种形式。特种旅游产品具有较强的业务性和教育功能，因而是一种积极有益的旅游活动，在现代旅游中具有较好的发展态势和潜力。

三、按旅游产品的开发程度分类

按旅游产品的开发程度一般可分为全新旅游产品、换代旅游产品和改进旅游产品。

（一）全新旅游产品

全新旅游产品是指为了满足旅游者的新需求，运用新技术、新方法或对新的旅游资源进行创新开发而形成的旅游产品。包括新的旅游景点、旅游饭店、旅游项目和旅游线路等。全新旅游产品一般研制开发时间较长，投资较多并且技术创新的要求较高，因此开发的风险较大。

（二）换代旅游产品

换代旅游产品是指对现有旅游产品进行较大改造后的旅游产品。如：旅行社重新设计原来的旅游线路，把一日游改为二日游、三日游；饭店对原有的硬件设施进行更换，提高服务档次和质量；对旅游景点进行改造而丰富游览内容；把一般公园改造为主题公园等。换代旅游产品的开发周期相对较短、风险也较小，但创新不够。对原有旅游产品的较大改造必须针对旅游者的需求变化趋势和旅游目的地的特点来进行。

（三）改进旅游产品

改进旅游产品是指在原来旅游产品的基础上，通过局部改变或添加部分内容来提高旅游服务质量，增强吸引力，巩固和拓展客源市场。如在旅游饭店增加旅游服务内容，在旅游景区增加新的生活和旅游活动项目，在旅游线路产品中增加新的生活或活动内容等。改进旅游产品投入少、风险小，但在改进过程中应注意突出特色、提高品位、增加文化科技含量，这样才能达到增加旅游产品的吸引力和竞争力的目的。

四、按旅游产品的销售方式分类

按照旅游产品的销售方式，可将其分为团体包价旅游产品、散客旅游产品、自助旅游产品和分时度假旅游产品。

（一）团体包价旅游产品

团体包价旅游产品是指旅行社根据旅游市场需求，经过事先计划、组织和编排活动项目，向旅游者推出的包揽一切有关服务工作的旅游形式。一般规定统一的行程、统一的旅游内容，并且按照统一的价格收取费用。团体包价旅游是一种大众化旅游产品，在国际旅游市场中占有十分重要的地位。在团体包价旅游中，旅行社成批购买单项旅游产品，并向旅游者提供全程活动安排，所以这种旅游产品具有价格便宜、方便安全的优点。但是，由于一切旅游活动均由旅行社安排，旅游者的活动受到一定的限制，不可能充分地经历和感受旅游产品的特色和内涵。

（二）散客旅游产品

散客旅游产品是指旅游者不参加旅游团体，通常只委托旅行社购买单项旅游产品或旅游线路产品的部分项目。同团体包价旅游产品相比，散客旅游产品在内容选择上余地较大，游客活动比较自由，能满足旅游者的个性化需求，因此受到旅游者的广泛欢迎，在国际国内旅游市场上发展很快，也是现代旅游产品发展的重要趋势。但是，散客旅游产品一般不能更多地享受团体包价旅游的优惠，因而其价格通常高于团体包价旅游产品。

（三）自助旅游产品

自助旅游产品是指旅游者不通过旅行社组织，而是自己直接向旅游交通部门、旅游饭店、景区景点等旅游企业预订或购买单项旅游产品，按照个人需求及偏好所进行的旅游活动。购买这种旅游产品的好处是自由，可根据自己的需要灵活购买旅游经营商的服务，不足之处在于旅游途中较为费事、花费较高、安全性差，另外这种旅游产品的购买形式多见于较为成熟的旅游者。

经济全球化发展、现代信息技术尤其是国际互联网的迅速普及，以及各国加快对外开放的步伐，为自助旅游提供了极为方便有利的条件，因此自助旅游产品越来越成为人们青睐的新兴旅游产品，并呈现出良好的发展态势和潜力。

（四）分时度假旅游产品

分时度假旅游产品是指由分时度假经营商向分时度假会员销售的旅游产品。购买这种旅游产品的好处是由于住宿提前解决，可根据自己的喜好选择度假地，不必赶场般的从一个景点到另一个景点；旅途较为省心，选择度假地比较自由、相对经济且安全。不足之处是需要旅游者提前支付十年乃至几十年的旅行住宿费，一次性投入过大，存在一定的风险。

中国旅游业兴起"微度假"

中国旅游韧性强劲，活力涌动，在跌宕起伏中旅游消费呈现新趋势：时间短、路程短、体验性强的"微度假"改变着旅游业传统的发展格局，开辟出一条新路径。

何为"微度假"？相较于疫情前较长时间的旅游度假模式，微度假以本地为中心，基于兴趣爱好或某种体验，在周末或假日进行短期休闲度假。虽然目前出境游和国内长线游受限，但却不能阻挡人们出行的渴望。微度假应运而兴，恰逢其时。与其说微度假是新的旅游产品，不如说是新的生活方式。

"住宿＋"带动微度假。比起以前旅游需求的"我看过、我来过"，现在的游客更在意"我体验、我喜欢"。马蜂窝旅游近日发布的《2021"微度假"风行报告》指出，"80后""90后"是微度假主力人群，占比超过80%。越来越多的微度假游客愿意为高品质的服务与体验买单。剧本杀、野餐、游乐园等是年轻人与朋友微度假时喜欢的玩法，而沉浸式体验艺术节、观赏建筑等文化活动，则是一人行微度假的偏好。伴随着"宅酒店"度假模式的日益盛行，住宿对于微度假不再意味着满足"一屋一床"的居住需求，在马蜂窝旅游平台上，多达49.8%的用户对住宿所附加的特色体验抱有极大期待。以温泉、乐园、亲子、浪漫为主题的度假型酒店深受游客喜爱。"千店千面"的民宿也趁势而为，发挥其非标特性，通过民宿＋采摘、民宿＋宠物、民宿＋剧本杀等"民宿＋"体验，将自身打造成为微度假场景。

多样休闲悦动生活。中国的旅游休闲正在发生着深刻的变化。中国旅游研究院发布的《中国旅行服务业发展报告2021》指出，疫情之下的旅游休闲需求，呈现从国际向国内、由远程至近程的显性"内"化特征，从多点打卡到多元玩法，从追求形式到探究内涵的隐性"内"化特征。寻找身边的美好，向生活场景要资源，发现并满足那些过去被忽视的需求，成为新的市场机会。旅游活动正在从体验一条完整的路线，细化为随时随地可展开的碎片式休闲。持续一两个小时，集主题、社交、审美、文化于一体的新产品已经为市场所验证，既能满足外地游客的碎片化需求，也能成为当地人的日常休闲选择。求新、求异、会玩始终是旅游爱好者的需求。露营成为今年最热门的微度假玩法之一。截至2021年10月，马蜂窝旅游平台上关于露营的新增内容同比增长215%。由露营衍生的露营＋飞钓、露营＋桨板、露营＋洞穴探险等是流行的体验。

体育运动对年轻人的吸引力不断增强。周末用一场体育运动来释放工作压力，结交同好，甚至"为一项运动，赴一座城"在年轻人当中已蔚然成风。疫情之后，人们重视健康的生活方式，徒步、爬山、马拉松等成为微度假的热门选择。

资料来源：赵珊. 中国旅游业兴起"微度假". 中国侨网，2021-12-10.

第三节　旅游产品的构成

一、旅游产品的一般构成

现代市场营销理论认为，一切产品都是由核心部分、形式部分和延伸部分所组成。核心部分是产品满足消费者需求的基本效用和核心价值；形式部分是构成产品的实体和外形，包括款式、质量、商标、包装等；延伸部分是随产品销售和使用而给消费者带来的附加利益（如图2-1所示）。

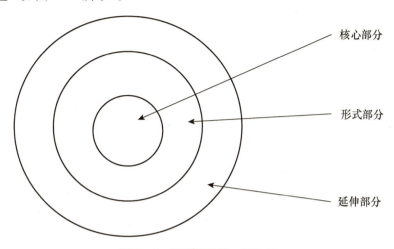

图2-1 旅游产品的一般构成

（一）旅游产品的核心部分

旅游产品的核心部分是指旅游资源和旅游服务，它们能满足旅游者从事旅游活动最基本的需要，是整个旅游产品的基本部分。旅游资源是指自然界和人类社会中能对旅游者产生吸引力，可以为旅游业开发利用，并可产生经济效益、社会效益和环境效益的各种事物和因素。它可以是自然的，也可以是人文的；可以是历史的，也可以是当代的；可以是有形的，也可以是无形的。作为旅游产品的基本要素，旅游资源是旅游者选择旅游目的地的决定性因素，也是一个地区能否进行旅游开发的先决条件。

（二）旅游产品的形式部分

形式部分主要是指旅游产品的载体、质量、特色、风格、声誉及组合方式等，是促进旅游产品核心部分向生理或心理效应转化的部分，属于旅游经营者向旅游者提供的实体和劳务的具体内容。

旅游产品的载体是物化形式反映出来的实体部分，主要指各种旅游接待设施、景区景点、娱乐项目等。旅游产品的形象、品牌、特色和声誉，是旅游产品依托各种旅游资源、旅游设施反映出来的外在价值，是激发旅游者旅游动机，吸引旅游者进行旅游活动的具体形式。由于旅游资源和旅游接待设施等方面的差别，从而形成了旅游产品不同的品位、质量、特色、风格和声誉，即旅游产品的差异性，甚至形成某些旅游产品的垄断价值。各种功能和类型互异的旅游产品有各自特殊的组合方式，但组合的目的是要把产品要素有机的组织起来，形成不同的旅游线路和旅游活动，满足旅游者多样化和个性化的需求。因此，旅游产品的组合方式也是旅游产品的形式部分之一。

（三）旅游产品的延伸部分

旅游产品的延伸部分是指旅游者购买旅游产品时获得的优惠条件、付款条件及旅游产品的推销方式等，是旅游者进行旅游活动时所得到的附加利益的总和。延伸部分虽然不是旅游产品的主要组成部分，对旅游产品的生产和经营也没有举足轻重的作用，但是，由于旅游者购买的是整体旅游产品，在旅游产品的核心部分和形式部分存在较强替代性的情况下，延伸部分往往成为旅游者对旅游产品进行选择和决策的重要因素和有效的竞争手段之一。因此，在旅游经济活动的分析和研究中，要对旅游产品的延伸部分给予足够的重视。

二、旅游产品的需求构成

旅游产品是一种直接面向旅游者的最终消费品，因此还必须从消费需求的角度出发，从旅游者消费内容和需求程度两方面来分析旅游产品的构成。

（一）按旅游者的消费内容划分

按旅游者的消费内容，可将旅游产品划分为饮食、住宿、交通、游览、购物、娱乐等组成部分。饮食和住宿是向旅游者提供基本生活条件的消费；交通是向旅游者提供实现空间位移的主要手段；游览是向旅游者提供旅游活动的核心内容；购物是向旅游者提供辅助性消费的内容和形式；娱乐则向旅游者提供一些愉悦的参与性的体验和感受。从旅游消费结构来说，旅游产品食、住、行、游、购、娱六个要素的消费潜力是不同的。通常，饮食、住宿和交通存在着一定的消费极限，增加消费的途径是提高饮食质量、增加服务内容和多档次经营。游览、购物和娱乐的需求价格弹性较大，增加消费的方式是尽可能增加游乐项目，丰富游乐内容和大力发展适销对路、品种多样的旅游商品。

（二）按旅游者的需求程度划分

按旅游者的需求程度，旅游产品可分为基本旅游产品和非基本旅游产品。基本旅游产品是指旅游者在旅游活动中必需的且需求弹性较小的旅游产品，如住宿、饮食、交通等；非基本旅游产品是指并非旅游活动必需的且需求弹性较大的旅游产品，如旅游购物、娱乐等。基本旅游产品和非基本旅游产品的划分，有助于旅游目的地国家或地区的旅游经营者针对不同的旅游市场，提供不同内容的旅游产品，使旅游产品更好地满足旅游者的消费需求；同时，也有助于旅游者在选择和消费旅游产品过程中，有计划地调整自己的消费结构和档次水平，使旅游活动更轻松舒适，以达到有益身心的目的。

三、旅游产品的供给构成

从旅游经营者的角度看，旅游产品一般是由旅游资源、旅游设施、旅游服务、旅游商品和旅游便捷性等多种要素所构成。

（一）旅游资源

旅游资源是指自然界和人类社会中能对旅游者产生吸引力，可以为旅游业开发利用，并可产生经济效益、社会效益和环境效益的各种事物和因素。它既是一个地区能否进行旅游开发的前提条件，也是吸引旅游者的决定性因素。旅游资源按其属性可分为自然旅游资源和人文旅游资源两个部分。自然旅游资源是指以大自然为吸引力本源的旅游资源，包括气候天象、地理文化景观、水域风光、生物景观等。人文旅游资源是指以文化事物为吸引力本源的旅游资源，包括有形的和无形的两种，主要有历史文物古迹、民族民俗、园林建筑、文化娱乐活动等。

与其他资源相比，旅游资源最显著的特征是具有吸引功能。根据不同旅游资源的特点，通过开发和组合可以为旅游者提供各种观光、度假、科学考察、探险寻密、文化交流等旅游活动，以满足人们丰富生活、增长知识、陶冶情操等多方面的需求。旅游资源是旅游业赖以存在和发展的基础，旅游资源的合理开发，会使旅游资源得到永续的利用，并产生良好的经济效益、社会效益和生态效益，从而促进旅游业的可持续发展。

（二）旅游设施

旅游设施是指直接或间接向旅游者提供服务所凭借的各种设施、设备和相关的物质条件，是构成旅游产品的必备要素。旅游设施一般分为专门设施和基础设施两大类。

专门设施是旅游经营者用来直接服务于旅游者的凭借物，通常包括游览设施、餐饮设施、住宿设施、娱乐设施等。游览设施指旅游景区和景点中供人们登临、游览、休憩的各种设施和设备，如凉亭、扶杆、栈道、指示牌等。餐饮设施是向旅游者提供餐饮服务的场所和设备，包括各种餐馆、冷饮店、咖啡厅、饮食店等。住宿设施是旅游者在旅行途中的"家"，如饭店、度假别墅、汽车旅馆等。娱乐设施是指各种歌舞厅、音乐厅、健身器械、游乐园等。旅游地拥有专门设施的规模、质量和水平直接反映了旅游产品的数量、质量和水平。

基础设施是指旅游目的地城镇建设的公共设施，包括交通、通信系统，水、热、电、气供应系统，废水、废气、废物排污处理系统，环境卫生系统，安全保卫系统，城镇标识系统，绿化系统等。基础设施虽然不是专门为旅游者提供服务，但在旅游经营中它是保证旅游部门和企业正常运转的前提条件。上述专门设施都是建立在这些基础设施上面的，如果没有这些方面的设施和设备，上述专门设施的功能就不可能得到有效地发挥。

（三）旅游服务

旅游服务是旅游产品的核心。旅游经营者除了向旅游者提供少量旅游产品外，大量提供的是各种各样的旅游服务。旅游服务的内容可以从不同角度进行划分。

（1）从旅游服务的经营阶段划分，可分为售前服务、售中服务和售后服务三个阶段。售前服务是旅游经营者为旅游者提供旅游活动前的各种准备性服务，包括旅游产品设计、旅游线路安排、各种咨询、出入境手续、货币兑换等；售中服务是旅游经营者在旅游活动过程中直接向旅游者提供的食、住、行、游、娱、购等服务；售后服务是当旅游者结束旅游后离开目的地时，旅游经营者提供包括手续办理、托运行李、代办保险等服务。

（2）从服务产品的产生过程划分，可分为服务观念、服务技术和服务态度三部分。服务观念是旅游从业人员的价值观。服务所表现的是一种人与人的关系，因而服务观念是从事服务工作的前提。只有建立完整的合乎实际的服务观念，达到社会认知、自我认知和工作认知的协调一致，才可能具有积极主动的服务精神和服务态度。服务技术是从事服务工作的基础，高超而娴熟的服务技术会成为一种艺术表演，使表演者和欣赏者从中获得享受，因而服务技术水平的高低就成为评判服务质量的标准。服务态度是服务工作的外在集中表现，不仅表现出服务人员对旅游者的尊重和理解，而且也表现出服务人员的气度修养和文明素质，因此是旅游者关注的焦点，也是提高旅游服务质量的重要内容。

（四）旅游商品

旅游商品是指有实用性、纪念性、礼品性的各种物质形态的商品。旅游商品反映了目的地国家或地区的文化、艺术和工艺水平，能够使旅游者更好地了解旅游目的地国家或地区的文化传统，并留下美好的回忆。旅游商品主要包括旅游工艺品、旅游纪念品、金银玉器、土特产品、书法绘画等。它们大多数价格较高，消费潜力较大，只要为旅游者所喜爱，他们就可以反复花钱购买，因此是旅游产品的重要组成内容，也是旅游创汇的重要来源。

（五）旅游便捷性

旅游便捷性主要表现为进入旅游目的地的难易程度和时效标准，是旅游产品构成中的基本因素之一。它不仅是连接旅游组成部分的中心线索，而且是旅游产品能够组合起来的前提条件。旅游便捷性的具体内容一般包括以下几个方面：

（1）良好的交通便利条件。如现代化的交通工具和方式，国际和国内交通运输网络衔接与联系的方便程度等。

（2）通信的方便条件。包括通信设施具备与否，其配套状况、规模、能力以及线路布置等是否方便、快捷。

（3）出入境签证手续的难易、出入境验关程序、服务效率和咨询信息等。这不仅影响到旅游目的地的客流量大小，而且对旅游产品的成本、质量、吸引力等都有重要的影响作用。

（4）旅游目的地社会的承受能力。主要指当地社会公众对旅游开发的态度、社会公众舆论、社会治安状况、社会管理水平、人口密度、交通管理等状况。

第四节　旅游产品的开发

一、旅游产品的开发原则

在旅游产品开发中，无论是对景区景点、餐饮住宿等单项旅游产品的开发，还是对旅游线路等整体旅游产品的开发，都必须遵循下列原则。

（一）市场导向原则

树立市场观念、以市场为导向开发旅游产品是市场经济的内在要求，是确保旅游产品生命力经久不衰的重要条件。没有市场需求的旅游产品开发，不仅不能形成有吸引力的旅游产品，而且还会造成对旅游资源的浪费和对生态环境、历史文化和民族风情的破坏。

以市场为导向的原则具体包括两层含义：一是旅游市场定位；二是目标市场需求状况分析。任何旅游产品的开发不可能迎合所有旅游者的需求，因此，对产品开发者而言，结合当地的社会经济发展情况和当前旅游业的发展趋势，确定当地的主要客源市场是十分必要的，这样可以明确旅游产品开发的方向，使旅游产品的开发具有较强的针对性。同时，要根据旅游市场定位，调查和分析旅游市场需求和供给，把握目标客源市场的需求特点、需求规模、需求水平及变化规律和趋势，从而开发出适销对路、物美价廉、具有市场竞争力的旅游产品，使之在推向旅游市场后具有长久的生命力。

（二）综合效益原则

旅游业是一项经济产业，因此必须始终把提高经济效益作为旅游产品开发的主要目标。这就要求在产品开发前一定要进行可行性研究，认真进行投资效益分析，从而保证企业获得良好的经济效益。旅游产品不是一般的物质产品，具有文化属性，因此，在保证旅游企业获得较好经济效益的同时，还要强调旅游产品开发所带来的社会效益和环境效益，努力提高旅游地的综合效益。讲求社会效益，要求在旅游产品开发中充分考虑当地社会经济发展水平，充分考虑社会文化及地方习惯，充分考虑人民群众的心理承受能力，形成健康文明的旅游活动并促进地方精神文明的发展。讲求环境效益，要求在旅游产品开发中按照旅游产品开发的规律和自然环境的可承载力，以开发促进环境保护，以环境保护提高开发的综合效益，形成保护—开发—保护的良性循环，创造出和谐的生态环境和优美的旅游环境。

（三）开发与保护并重原则

旅游产品的开发必然意味着对旅游资源所在地的原始状态造成一定程度的影响。这种影响包括对当地生态环境的影响、文化的影响及当地经济结构的影响。因此，在旅游产品开发的过程中必须加强旅游资源的保护与管理，处理好开发与保护的矛盾，协调好当地环境、经济与文化之间的关系。同时要利用科学的方法、合理的手段促进当地生态环境的持续改善、悠久文化的传承和当地经济的不断发展。

（四）突出特色原则

旅游产品的开发必须依照当地旅游资源的特色来进行，突出当地资源的特色。做到人无我有，人有我特，即做到旅游产品特色化，包括旅游吸引物特色化、旅游产品组合特色化、旅游交通方式特色化、旅游服务特色化、旅游活动组织特色化等。开发中要注重产品的个性，不能盲目机械地模仿其他旅游地的做法。

二、旅游产品开发的内容

旅游产品的开发主要是根据旅游市场上人们的旅游需求及变化，按照旅游产品的生命周期规律，对旅游资源进行开发和建设，并且与旅游设施、旅游服务及其他相关服务进行科学的设计和组合，形成可以提供给旅游者消费的旅游产品。它主要包括三个方面的内容：线路旅游产品的开发、专项旅游产品的开发和旅游目的地产品的开发。

（一）线路旅游产品的开发

线路旅游产品的开发就是根据消费者的需求与偏好，把各种单项旅游产品与旅游设施、旅游服务有机地结合起来。旅游产品开发是否成功，通常与线路旅游产品能否为旅游者所接受密切相关，因为线路旅游产品是旅游者购买和消费最多的旅游产品，是满足旅游者消费需求的具体形式。

线路旅游产品的开发必须要考虑五个方面的因素：旅游资源、旅游专门设施、旅游基础设施、旅游成本因子（即费用、时间和距离）和旅游服务。旅游线路产品的开发大致可以分为四个阶段：第一个阶段是分析目标市场的旅游成本，确定旅游线路的性质和类型；第二阶段是根据旅游市场需求组织相关的旅游资源，确定旅游资源的基本空间格局；第三阶段是结合上述背景材料，分析相关的旅游设施，设计出若干可供选择的线路；第四阶段是选择最优的旅游线路。

通常，线路旅游产品开发的种类可以从不同角度进行划分。按线路旅游产品的性质，可以划分为普通观光线路旅游产品和专项线路旅游产品两大类；按线路旅游产品的游程时间，可以分为一日游线路旅游产品与多日游线路旅游产品；按线路旅游产品使用对象的不同，可以分为团体线路旅游产品、散客线路旅游产品和自助线路旅游产品。

（二）专项旅游产品的开发

专项旅游产品又称专题旅游产品，是指依托特殊的资源条件，抛开大众旅游产品，只向市场的某一小部分群体提供的特殊产品。常见的专项旅游产品主要包括：研学旅游、教育旅游、科学考察旅游、探险旅游、生态旅游、工业旅游、红色旅游、康养旅游等十分丰富的种类。

从上面的概念可以看出，专项旅游产品是为了满足人们特定旅游需求而开发的旅游产品，此类旅游产品的需求者一般都具有某方面的专业特长。因此，在专项旅游产品的开发中要注重不同旅游者对不同旅游产品的偏好、市场需求规模和本地资源特色等方面的内容，然后根据不同旅游者的不同需求开发出适销对路的旅游产品，以满足其对于特定旅游产品的需求。例如，深圳市在旅游产品开发上，坚持高标准、高档次和可持续发展的原则，推出了大批环保、新、奇、特的旅游产品。如把宝安区的福永海鲜渔村、万丰村，龙岗区的客家村寨、南岭村，南山区的新安故城等串成"城乡游线路"；把股票交易市场、有色金属联合交易所、书城、地王大厦、工业展览馆、高科技企业等一批能反映特区经济建设与发展成就的场所串成"都市游风景线"；以金威啤酒厂三期工程为重点的"工业旅游线"；"购物旅游线路"则是在商业高度集中的罗湖区和福田区兴建旅游商品步行街，把"娱、购、游"融为一体，突出新、奇、特的购物环境。

（三）旅游目的地产品的开发

旅游目的地是旅游产品的地域载体，旅游者对旅游产品满意与否，主要取决于旅游者在旅游地所能参加的一系列旅游活动，以及能够得到的一切旅游服务。这些都需要对旅游景区景点的建设、接待设施的完善、人力资源的培养、环保措施的制定等做出统一的安排和部署。由于开发历史和开发程度的不同，旅游目的地在开发的重点和方向上也不相同。

1. 新兴旅游目的地的开发

对一个新兴旅游目的地来说，其旅游开发是一种系统开发。首先，要了解自己的旅游资源基础，查明旅游资源的总量、种类、密度、丰度、品位等，对资源基础的优劣做出判断。其次，要分析潜在的竞争对手，并根据当前旅游市场的状况，确定合适的旅游目标市场，制定出明确的旅游发展目标。然后，具体考虑建设哪些景区景点，开发哪些旅游项目，挖掘哪些旅游商品，增加多少旅游车船、宾馆、饭店等。最后，还要对旅游从业人员的需求总量做出预测，加强职业培训，培养、引进高层次人才，使人力资源的增长与旅游业发展的速度相匹配。

2. 发展中的旅游目的地的开发

对发展中的旅游目的地来说，旅游产品的开发已有一定的基础，开发的重点是利用原有旅游产品的声誉和开发优势，进一步扩大和增添新的旅游项目和活动内容，以达到突出旅游产品特色，丰富旅游产品内容，提高旅游目的地的形象，增强旅游目的地吸引力和市场竞争力的目的。

3. 发达旅游地的开发

主要是继续巩固和提升旅游目的地的市场形象，不断提高旅游目的地的管理水平和服务水平，积极创新，充分运用现代科学技术所取得的一切成就，改造和改进原有的老产品，提高原有产品的科学含量。

三、旅游产品开发的策略

为了最有效地利用旅游资源和设施，最大限度地满足旅游者的消费需求，必须制定正确的旅游产品开发策略，指导旅游产品的合理开发。常用的旅游产品开发策略有以下几种：

（一）市场型组合策略

这种开发是针对某一特定的旅游市场而提供其所需要的旅游产品。如某旅行社专门以青年市场为目标开发的新婚旅游、探险旅游、修学旅游等多种旅游产品。市场型组合策略有利于旅游企业集中力量对特定的目标市场进行调研，充分了解其各种旅游需求，开发满足这些旅游需求的多样化、多层次的旅游产品。但是，由于市场型组合策略所选择的目标市场单一，市场规模有限，会使旅游企业的产品销售受到一定的限制。

（二）产品型组合策略

产品型组合策略是指以某一种类型的旅游产品来满足多个目标市场的同一类需求。如漂流旅游公司主要开发漂流旅游产品来满足各种各样的旅游者。采取这一策略，开发和经营的成本较少，利润率较高且易于管理，并且可以集中旅游企业的资金不断完善旅游产品，进行旅游产品的深度加工，加强对旅游产品的促销宣传，有利于树立鲜明的旅游企业形象。但是，产品型组合策略会使旅游企业产品类型单一，增大了旅游企业的经营风险。

（三）市场-产品型组合策略

市场-产品型组合策略是指旅游企业或旅游目的地开发和经营多种旅游产品推向多个不同的旅游客源市场。如某旅行社同时经营观光旅游、度假旅游、购物旅游、会议旅游等多种产品，并以欧美市场、日本市场、东南亚市场等多个旅游市场为目标市场。采取市场-产品型组合策略，可以满足不同游客的需要，扩大旅游企业或旅游目的地的旅游市场份额，减少产品经营风险。但是，由于同时开发和经营多种旅游产品，会造成旅游经营成本较高。因此，要求旅游企业必须具备较强的实力，才能有效地采用该策略。

 阅读资料 2-2

景区该如何"适老化"改造？

我们常说：家有一老，如有一宝。老年人的生活可不像我们以为的那样平淡乏味，他们有丰富的休闲生活，有喜爱的消费项目，甚至还有紧跟潮流的理财观念。我国已经进入老龄化社会，且在"十四五"期间还将从轻度老龄化迈入中度老龄化。从旅游业发展角度讲，"银发旅游"是一个不可忽视的旅游客源。资料显示，2018年，我国老年游客的平均出游时间为5天、人均消费3 600元。中国老龄产业协会预测，到2040年，老年旅游市场将占全国旅游市场的50%左右。

因此，旅游景区应转变观念、补齐短板，加快对现有旅游设施进行"适老化"改造，使景区里多一些"适老化"设施，旅游活动多一些"适老化"特色，以更加适应老年游客的实际需要。譬如，在景区基础设施建设上，除公厕的设计要"适老化"外，还要适应老年游客的实际需要，考虑老年人容易疲劳的特点，多在景区内设立休息设施，多一些休息区；老年人大多腿脚不方便，在游客步道的修建时，要考虑尽量平整宽敞、坡度尽可能降缓。此外，在景区区域划分上，可以辟出针对老年人的游览区。针对老人爱问、喜静、注重历史文化内涵等特点，可组织休息休闲、养生养心为主的文化活动，如地方戏演出、书画、健身、国学讲座等。针对老年人对智能设备操作不够熟悉的特点，保留一些人工服务很有必要。老年人带来的"银发经济"已成为社会经济发展中不可忽视的一大领域。所以，无论在旅游景区基础设施建设上，还是在旅游产品的设计上，都应该加强考虑。

资料来源：周荣光. 老年人最舍得花钱旅游！景区该如何"适老化"改造?. 中国旅游报，2021-10-14，有删减.

第五节　旅游产品生命周期

旅游产品和其他产品类似，也有自己的生命周期。旅游产品从进入市场开始，也会经历一个从推出到发展、由盛而衰到最后退出市场的过程。所谓旅游产品生命周期是指旅游产品从进入市场到最后被淘汰而退出市场的过程。

一、巴特勒的旅游地生命周期理论

旅游生命周期理论最早是德国学者克里斯特勒（Christaller W.）于1963年在研究欧洲旅游发展时提出来的。在此基础上，巴特勒（Butler）于1980年提出了旅游地生命周期理论，并被广泛应用到旅游产品生命周期的解释中。巴特勒根据产品周期的概念，提出旅游地的演化一般经过6个阶段：探索阶段、参与阶段、发展阶段、巩固阶段、停滞阶段以及衰落或复兴阶段（见图2-2）。

他对旅游地生命周期模型的描述是，旅游地的生命周期始于一小部分具有冒险精神、不喜欢商业化旅游地的旅游者的"早期探索"。在"参与阶段"，由于当地人们积极参与向消费者提供休闲设施以及随后的广告宣传，使旅游者数量进一步增加。在"发展阶段"，旅游者数量增加更快，而且对旅游经营实施控制的权力也大部分从当地人手中转到外来公司的手中。在"巩固阶段"，尽管旅游者总人数仍在增长，但增长的速度已经放慢。至于"停滞阶段"，旅游者人数已经达到高峰，旅游地本身也不再让旅游者感

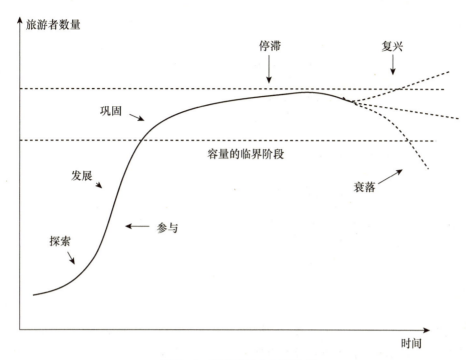

图 2 - 2　旅游地生命周期曲线

到是一个特别时髦的去处了。而到了"衰落或复兴阶段"，因旅游者被新的度假地所吸引，致使这一行将衰亡的旅游地只有依赖短距离的一日旅游者和周末旅游者的造访来维持其生存。

在衰落或复苏阶段有可能发生四种情况：（1）深度开发卓有成效，可促使游客再增加和市场扩大；（2）较小规模的改造和调整，持续对资源吸引力的保护，游客量可以较小幅度地增长；（3）再调整满足各种容量水平，可遏制游客量下滑的趋势，使之保持在一个稳定的水平；（4）战争、瘟疫或其他灾难性事件的发生会导致游客量急剧下降，这时要想游客量再恢复到原有水平极其困难。如果衰落时间持续太久，旅游地在难题解决之后对多数旅游者都不会再有吸引力。各阶段的特征如表 2 - 1 所示。

表 2 - 1　旅游地的阶段划分及阶段特征

阶段	特征
探索阶段	少量的探险者偶然地光顾，没有公共设施 到访者被旅游地的自然特色所吸引
参与阶段	当地居民提供旅游基本设施 确定的客源市场开始出现 开始有了旅游季节，广告也开始出现
发展阶段	旅游设施得到发展，促销力度加大 外地对旅游业的控制加大 旺季的旅游人数远远超过了当地人口数量

续表

阶段	特征
巩固阶段	旅游业成为当地经济的主要组成部分 成熟的客源市场已经形成 本地的一些陈旧老化设施已降为次等设施 当地做出努力来延长旅游季节
停滞阶段	旅游者数量及旅游容量达到顶峰 旅游地形象已定型并广为人知，但不再时兴 旅游设施的供应逐渐减少，其转手率较高
衰落或复兴阶段	旅游者被吸引至新的旅游地 旅游设施逐渐被非旅游设施所取代 旅游地变成了旅游贫民区或是完全没有了旅游活动 采取适当的措施，如重新定义旅游吸引物，改善环境等，则可能出现不同程度的复兴

二、旅游地双周期模型

不同的旅游地及旅游景区，其生命周期的表现形式往往会有所不同，不同性质的旅游目的地的生命周期往往在各阶段的表现形式会有所差异。有的甚至还会有起伏的现象出现。在诸多的生命周期理论中，双周期模型提出了长周期和短周期的概念（余书炜，1997），长周期是指旅游地从起步到最终衰落及消亡的漫长的周期，短周期是指旅游地在旅游吸引力环境保持不变的一段时期内所历经的周期。在短周期内，旅游地的演进只表现为旅游接待状况的变化。

双周期模型（见图 2-3）的意义在于：短周期将告诫人们旅游地若不作出复兴努力，那么它终将会"中途"衰落下去；长周期则是预示在未到最终衰落及消亡之前，旅游地永远存在着复兴的可能性。

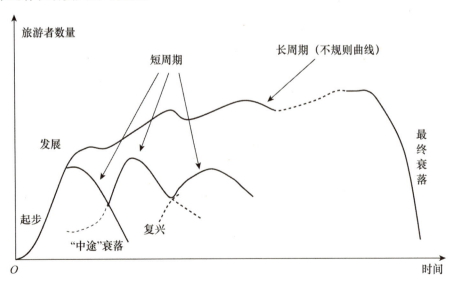

图 2-3　双周期曲线

浅析旅游产品"玻璃栈道"的生命周期

近年来,全国都在风靡一款旅游产品,许多知名旅游景区陆续跟风推出了这一产品,它就是大家所熟知的"玻璃栈道"。玻璃栈道作为旅游产品,其生命周期主要是针对营销领域而言。

导入期:国内最早的玻璃栈道修建于 2001 年,修建景区为江西三清山。

成长期:自三清山修建玻璃栈道后很长时间,玻璃栈道在国内知名度都较低,其发展十分缓慢。直到 2007 年,建于美国大峡谷的玻璃走廊向公众开放,这座被誉为"21世纪世界奇观"的空中走廊迅速引起世界的关注。随后在 2009 年,江西抚州大决山修建了国内第一条玻璃栈道太空步廊。2015 年是玻璃栈道成长最关键的一年,这一年张家界大峡谷玻璃桥震动了旅游界。那时玻璃吊桥还处于争议阶段,张家界通过现场抡起大锤砸玻璃、汽车驶过玻璃吊桥且安稳无事这两个重大逆差事件营销来宣传玻璃吊桥的安全性,使得张家界玻璃吊桥一炮而红。这不仅促成了张家界的红,也实实在在地带动了玻璃吊桥在全国红红火火的修建。此后玻璃栈道经过近 7 年的成长,从模仿美国大峡谷的玻璃走廊起始,到江西抚州大决山玻璃栈道、天门山玻璃栈道、白石山玻璃栈道的陆续修建,直到张家界玻璃吊桥的事件营销炒作后,玻璃栈道才开始快速地被市场接受。

成熟期:张家界玻璃吊桥轰动全国,随后各地景区如火如荼大力修建玻璃栈道,之后玻璃栈道逐渐成为中国游客最喜欢的旅游项目之一。玻璃栈道这款旅游产品也开始走向成熟,不论是技术层面的安全性,抑或是游客接收量,都有了质的飞跃。以至于像北京平谷区京东石林峡景区,2016 年景区建成 415 平方米玻璃观景台,随后游客量激增,从过去的全年不到 10 万人增加到目前年游客量 70 万人。同时,近年来抖音、快手等 App 的大火,也带动了景区玻璃栈道的持续火爆。2019 年博看文旅工作室发布的《旅游发展与投资趋势报告》谈道:"2018 年是网红景区年,在诸多的网红景区中有一大批是依靠网红项目带火的,其中最火的就是玻璃桥项目。"

衰退期:2019 年博看文旅工作室发布的《旅游发展与投资趋势报告》指出:诸多玻璃桥项目的上马,使得人们对于这个项目习以为常。网红项目是以精准市场、快速引爆、大量聚集、迅速兑现为基本投资原则的,一旦项目不能够迅速兑现,那么它的衰落就是必然了。一些学者对玻璃栈道进行了冷静思考,认为千篇一律的玻璃栈道将导致游客审美疲劳,降低游客的游玩兴趣,最终影响景区的游客数量和收入。这种现象早有前车之鉴,当热潮褪去,巨大的运维费用将成为景区最大的负担,景区将何去何从?同质化的背后,依然是尴尬的市场局面。

玻璃栈道旅游产品启示:玻璃栈道这种跟风而上的旅游产品,虽然吸引了不少游客,带来了可观的经济收益,但随着大量玻璃栈道的修建,旅游体验也在下降。当前基于玻璃栈道的体验,主要有高空行走体验,有的伴有玻璃"炸裂"等特效,体验方式较为单一,体验内容大同小异。一个景区旅游产品的开发,需要综合本地资源特色、人文背景等各种因素，切勿盲目跟风。旅游产品具有本土性、特色性和不可复制性，方能长时间具有生命力，更深层次激发景区旅游活力。

资料来源：邦宁创旅. 浅析旅游产品"玻璃栈道"的生命周期. 搜狐网，2019－07－16，有删减.

第六节　旅游商品

一、旅游商品的概念

旅游商品是旅游产业的重要组成部分，旅游购物也是旅游活动的一个重要环节。目前，人们对旅游商品概念存在着三个意义上的理解：一是泛义的理解。这种理解将旅游商品等同于旅游产品，认为旅游商品包含了旅游者在旅游活动中一切的有形物品和无形服务。二是广义的理解。认为旅游商品指旅游者在旅游活动中所购买的实物用品（苗学玲，2004；马治鸾、高辉，2003）。目前，持这种观点的研究者在数量上占有优势。三是狭义的理解。认为旅游商品就是指旅游纪念品（唐建宁，2002）。

一般认为所谓的旅游商品（张立生，2009），是指那些主要基于满足外来旅游者的需要而开发、销售并且主要为旅游者所购买的有形物品。它包括三点内涵：（1）旅游商品是有形物品，这就将旅游商品与旅游服务区别开来；（2）旅游商品的开发和销售主要是基于满足外来旅游者的需要；（3）旅游商品的购买主体是外来旅游者。

二、旅游商品的特征

旅游商品的特征可以从两个方面来理解：本质属性和外在特征。

本质属性反映的是旅游商品区别于其他商品和产品的内在属性，主要体现在以下三个方面（张立生，2009）：一是其有形性。这是所有商品共同的特征，使得其有别于服务。二是其开发和销售的价值取向性。旅游商品开发和销售的目的主要是基于满足外来旅游者的需要。三是购买主体的特定性。购买旅游商品的主体主要是外来旅游者。

外在特征是指旅游商品由于其服务于特殊的群体而表现出来的外在表象。综合来说，这些外在特征主要包括：一是纪念性。旅游商品往往可以作为旅游活动或者某种旅游事件的见证和标志。二是地域性。很多旅游商品由于具有强烈的当地文化和自然背景，而有着显著的地域性，甚至成为一个地域的标志。三是文化性。旅游商品本身往往是某种特定的历史文化、民俗文化的重要载体。四是艺术性。是指旅游商品本身所具有的艺术内涵，在艺术性旅游商品中表现尤为突出。五是便携性。旅游商品往往小巧玲珑，便于携带。六是愉悦性。旅游商品的愉悦性是指其能给旅游者带来愉悦的感受。如旅游者消费当地的特色菜或风味小吃，就是为了享受这种佳肴或小吃给他们带来的感官愉悦。七是广告宣传性。由于旅游商品往往代表了旅游地的地方特色，通过旅游商品能使旅游者和旅游者的亲人、朋友对旅游地的某些特色有更加鲜明和生动的认识。旅游商品所携带的信息使人们对旅游目的地更加熟悉，并引起人们对旅游目的地出游的欲望，因此旅游商品还充当着广告宣传的角色。

三、旅游商品的分类

旅游商品丰富多样、种类繁多，不同的文献有不同的分类方法。这里介绍一种较为常用的分类。

（一）文化艺术品

包括书画、古玩、碑刻、拓片、仿古书画、古董复制品、古籍影印本，以及文房四宝、乐器等。

（二）工艺美术品

通常分为两类，即日用工艺品和陈设工艺品。前者是经过装饰加工的生活实用品，后者是供欣赏的各类摆设。

（三）风味土特产

包括各种有地方特色的名酒、名茶、风味小吃、药材和其他农副产品。

（四）名贵饰品

包括珠宝、金银、玉石等首饰。

（五）特色服装

包括有地方特色的丝绸制品、棉毛制品、呢绒制品和皮革制品，旅游接待地款式别致的民族服装和民族装饰品，也包括滑冰、滑雪、登山、游泳等康体活动所需的服装鞋帽。

（六）旅游纪念品

各种各样的旅游商品，凡标上产地地名，或用产地的人、地、事物特征做商标的，都属于有纪念性的商品。此外，还包括专门为纪念著名旅游景点、文物或特定事件而生产的旅游纪念品。

（七）其他商品

如机场里的免税商店出售的来自世界各国的特色商品，如日本的家用电器，法国的名酒、香水，意大利的皮革制品等。

以上分类没有严格的界限，有的纪念品既是旅游纪念品又是工艺品，如陕西的兵马俑复制品。

四、旅游商品的开发

（一）旅游商品开发的意义

旅游商品是旅游产业的重要组成部分，旅游商品开发成功与否，直接关系到旅游产业经济效益的大小。我国旅游商品收入只占到旅游业总收入的 25% 左右，远低于世界旅游发达国家 40%～60% 的水平。因此，旅游商品的开发对于我国旅游业的发展来说意义重大。

（二）旅游商品开发的原则

目前，由于人们对旅游商品概念及内涵的理解不统一，直接导致了人们对旅游商品开发原则理解的混乱。据不完全统计，国内学者提出的旅游商品开发原则多达几十种，其中比较公认的开发原则主要包括：

（1）地域性原则。首先，带有浓厚地域色彩的旅游商品以其特有的地域暗示，往往能够勾起旅游者对旅游经历的美好回忆，因而为广大旅游者喜好。再则，地域性的旅游商品往往具有地域垄断的特点，如果错过该地域而购买这种商品就会比较困难，在旅游者特殊消费心理的作用下，旅游者一般对这种旅游商品具有浓厚的兴趣。

（2）文化性与艺术性原则。旅游者消费群体相对于普通居民而言，一般具有较好的经济能力和较高的文化艺术品位。因此，具有较高文化和艺术含量的旅游商品往往能够引起他们更大的兴趣。

（3）便携性原则。在一般情况下，旅游者不可能也不太方便携带体积过大的旅游商品。因此，便携的旅游商品会受到旅游者的欢迎。

（4）精品原则。精致而富有艺术、生态、文化等内涵的旅游商品，往往更容易为旅游者接受。

（5）特色原则。特色旅游商品可能由于其特有的地域、文化、生态、艺术等特色，能够更好地满足旅游者某种特有的好奇心，因而广泛受到旅游者的欢迎。

【本章小结】

1. 旅游产品是指旅游经营者为旅游者开发的，用于满足其在旅游活动中所需的各种物品和服务的总和。同一般的物质产品相比，旅游产品具有功能上的效用性、不可转移性、生产和消费同步性、不可储存性和综合性的特点。

2. 按照旅游产品的特点、功能、开发程度、销售方式的不同可以对旅游产品进行不同的分类。

3. 一般认为，旅游产品是由核心部分、形式部分和延伸部分构成的，但是从旅游消费需求和旅游经营供给的角度，旅游产品又有不同的构成。

4. 旅游产品的开发包括线路旅游产品、专项旅游产品和旅游目的地产品等内容，开发时应遵循市场导向、综合效益、开发与保护并重和突出特色的原则，可以采取的开发策略有市场型组合、产品型组合和市场-产品型组合。

5. 旅游产品从进入市场开始，会经历一个从推出到发展、由盛而衰到最后退出市场的生命周期。

6. 旅游商品是指那些主要基于满足外来旅游者的需要而开发、销售并且主要为旅游者所购买的有形物品。旅游商品有着与其他商品和产品不同的本质特征和外在特征，并且种类繁多，常见的有文化艺术品、工艺美术品、风味土特产、名贵饰品、旅游纪念品等。

【复习思考题】

1. 怎样理解旅游产品的概念？

2. 旅游产品有哪些特征？据此，你认为在旅游产品的经营管理中应注意些什么？

3. 什么是旅游产品的价值和使用价值，怎样认识它们与一般物质产品价值和使用价值的不同？

4. 旅游产品有哪些类型？

5. 旅游产品的供给构成包含哪些内容？

6. 旅游产品开发的内容是什么？应当遵循哪些基本原则？

 **案例分析**

实景剧本杀拓展景区运营新思路

继狼人杀、密室逃脱、VR 体验之后，悬疑丛生、环环相扣、互动性强的剧本杀成为社交娱乐新热门，也成为文旅产业沉浸式体验项目发展的重要方向。目前，全国有多家景区推出实景剧本杀产品，与旅游场景融合，换装、搜集证据、逻辑推理、情节体验……景区丰富的资源为演绎剧本杀提供了广阔的想象空间，"景区＋剧本杀"这一产品形态和经营模式为景区运营拓展了新思路。

成都安仁古镇，浓缩了川西近代史的百年风云，中西合璧、保存完好的 27 座公馆是其最大特色，其中以全国重点文物保护单位、国家 4A 级旅游景区刘氏庄园最为知名。古镇主打的文旅产品是公馆实景体验剧《今时今日安仁》，集公馆实境、沉浸式演艺、高科技艺术舞美于一身。因为民国建筑众多，安仁古镇得到众多影视剧的青睐，是《伪装者》《一双绣花鞋》等电视剧的取景地。在实景体验剧的基础上衍生创新，沉浸式剧本杀《今时今日安仁·乐境印象》（以下简称《乐境印象》）诞生，运用了公馆内部的多个小微博物馆，打造出了 20 世纪 30 年代真实的生活场景。玩家身处其中，会感觉是在拍民国风的电影，也像是进入一场沉浸式戏剧游戏。《乐境印象》中，每位玩家一进入公馆，就根据选择的角色换装，与剧中人融为一体，装扮后的玩家们陆续根据任务线索穿梭在西洋宴会厅、传统大戏台、麻将室、神秘书房等场景。大到衣柜门窗、唱片陈列室，小到杯子钥匙等配件，从场景布置到非玩家角色（NPC）们的出演，真实的场景设计完全脱离了原先剧本杀桌游的空间限制，丰富了戏剧体验和通关难度，也让玩家们沉浸其中完全入戏。

国家《"十四五"文化产业发展规划》中明确提出：鼓励沉浸式体验与城市综合体、公共空间、旅游景区等相结合。作为沉浸式体验的重要类型，实景剧本杀的制作者和运营者在场景搭建、氛围营造上，注重细节的丰富性，力图在视觉、听觉、味觉、温度的交织中构建出真实感更强的景区演出空间。

游客为什么会喜欢在景区体验剧本杀？"因为它能让我暂时抽离现实生活，完全进入另一个世界体验。在这个过程中，我不是一个游客，而是一个角色，我会很入戏。"安仁古镇上演的剧本杀肯定是一个民国故事，这也是属于安仁古镇的故事。景区成为故事发生的地方，剧本杀玩家是故事中的人物，互相交融，密不可分。正如一位剧本杀从业者所言，沉浸式文旅产品是一种思维，它改变的是用户和产品的关系。剧本杀产品带来的沉浸式旅游体验，在于其本身自带的大众性、社交性、体验性和分享性等特征。景区的实景剧本杀产品要强化自身沉浸式旅游的特质，并通过融入 IP 主题，扩展内容的深度和广度，提升游客体验，增加与游客之间的情感链接。而不是说抛开景区本身的特质和本地属性，重新去做一个剧本杀产品。

资料来源：曹燕. 实景剧本杀拓展景区运营新思路. 中国旅游报，2021-09-07，有删减.

案例思考：

1. "旅游＋"模式是旅游景区发展到成熟期后的新思路吗？应该怎么去运用？

2. 沉浸式体验是旅游发展的终极版本吗？为什么？

3. 在互联网时代，旅游企业应该采取哪些策略去开发新的旅游产品？

第三章

旅游需求与供给

导　言

　　本章学习目标：通过本章的学习，要求学生了解旅游需求和旅游供给的基本概念和特征，熟悉影响旅游需求和旅游供给变化的各种因素，充分认识旅游需求和旅游供给的内在规律和衡量指标，掌握旅游供求的矛盾运动及旅游供求的静态均衡和动态均衡表现。

　　本章难点：旅游供求弹性；旅游供求均衡

　　关键术语：旅游需求；旅游供给；旅游供求均衡

旅游定制师这个新职业为何受追捧？

　　近年来，定制化成为市场新需求，与之联系紧密的旅游定制师也成为一个备受追捧的风口职业。为了满足市场需求，企业越来越重视旅游定制师的培养，进行了一系列探索。"近年来，旅游定制需求快速增长，定制游已经从一开始的小众需求转变为行业增速第一的打包产品品类，旅游定制师备受追捧。"途牛定制游负责人说，定制需求的快速增长，在途牛近期发布的二季度财报上也有体现。财报显示，2021年二季度，定制游需求继续上扬，环比增长200％。尤其是暑期伊始，定制游表现亮眼。同时，红色旅游定制游、精品团需求上升明显，二季度环比上涨116％。有从业者表示，伴随着国内旅游恢复，满足客户个性化、品质化需求的专业人才成为各大旅游企业争抢的对象，其中，旅游定制师需求上涨最为明显。

　　驴妈妈商旅定制部大客户总监表示，随着文化和旅游消费不断升级，游客更重视出游品质和幸福指数，希望有更专业、更人性化的专属服务。"传统旅游的转型升级必然带动与之相关的旅游职业的转型和细分。小众、私密的旅行方式正在成为游客的一种习惯，满足这一需求的定制师一定会成为热门，其入门门槛也会不断提高。"游客对旅游定制师的要求越来越专业。对目的地知识了解的广度和深度、对玩法的理解与更新、对产品资源的分析梳理能力等，已经属于基本层面的要求。"飞猪相关负责人表示，目前，旅游定制师水平参差不齐，尤其是对目的地的熟悉程度、对行业的探索、玩法的掌握方面差异较大。由于缺乏比较专业的培训，规划整体出行解决方案的能力和意识较差，无法将自身的专业优势发挥出来。

除资源端的业务要求，很多从业者还提到旅游定制师对客户端的管理能力，主要涵盖沟通能力、共情能力、责任意识、服务等。实践中，很多客人的旅游需求是比较宽泛的，甚至只有一个大概的目的地方向和预期效果。这就要求旅游定制师具备一定的沟通能力和共情能力，能够迅速抓住客户的核心需求。

资料来源：张宇. 旅游定制师——一个新兴的风口职业. 中国旅游报，2021-09-10，有删减.

旅游需求和旅游供给是旅游经济活动中的一对重要经济范畴，二者之间的矛盾运动构成了旅游经济活动的主要内容。研究旅游需求和旅游供给的主要影响因素以及其内在变化规律和运行机制，可以有效地调节旅游供求矛盾，促进旅游经济活动的顺利开展。

第一节　旅游需求

一、旅游需求的概念及特点

（一）旅游需求的概念

心理学和经济学对需求的概念有两种不同的解释。心理学意义上的需求是指人们在一定条件下对某一事物的欲望，是人类产生一切行为的原动力。而经济学意义上的需求是指在一定时期内，在各种可能的价格下消费者愿意而且能够购买的产品或劳务的数量，这里强调了愿意而且能够购买，即有效需求。这种解释相对于心理学角度的需求来说更具有指导和实际意义。因此，我们一般倾向于从经济学角度来理解需求。当人们的有效需求为旅游产品时，这种需求便成为旅游需求，即在一定时期内，在各种可能的价格下，有一定支付能力和足够闲暇时间的旅游者愿意而且能够购买的旅游产品的数量。这个概念强调了旅游者的购买意愿、实际支付能力和拥有的闲暇时间三个要素，也体现了旅游需求产生的约束条件，主要包括以下几个方面：

1. 旅游需求产生的基本前提是人们对旅游产品的购买意愿

旅游需求作为人们的一种主观愿望，是人们对旅游活动渴求满足的一种欲望和需要。人们对旅游产品的购买欲望和需要，是激发人们的旅游动机和旅游行为的内在根本动因，也是旅游需求产生的主观条件。但这并不是旅游需求得以实现的决定性因素。它只反映了人们主观上对旅游产品的购买欲望大小或需求的强度，而这种购买欲望和需求能否有效实现，即转化为旅游市场上的实际需求，则主要取决于人们的个人可支付能力大小和闲暇时间的多少，取决于旅游经营者可能提供旅游产品的数量和质量，以及其他可能影响旅游需求变化的因素和条件等。

2. 旅游需求产生的经济条件是人们的旅游支付能力

旅游支付能力是指在人们的全部收入中，扣除必须缴纳的税金和必需的生活及社会消费支出后的余额中可能用于旅游消费的货币量。旅游产品作为一种高层次的精神消费产品，其需求受到个人旅游支付能力的影响。在其他条件不变的情况下，个人的旅游支付能力越强，人们对旅游产品的需求就越大。因此，人们的旅游支付能力不仅表现为消费旅游产品的能力和水平，也是人们的旅游购买欲望转化为有效需求的重要经济条件。

3. 旅游需求产生的支撑条件是人们的闲暇时间

旅游活动的一个重要特征是生产与消费的同一性，即消费空间的位移。这使得旅游消费具有不同于一般产品的消费异地性和时限性，这些特点使得旅游需求的实现除了要有旅游动机和实际支付能力之外，还必须有足够的闲暇时间作为支撑。

4. 旅游需求表现为旅游市场中的一种有效需求

有效旅游需求是指具有旅游动机、足够的闲暇时间和一定支付能力的需求，三者缺一不可。它反映了旅游市场中的现实旅游需求状况，是分析和预测旅游市场变化和发展趋势的重要依据，也是旅游经营者制定营销策略的出发点。凡是缺乏三个要素中的任何一个都被称为潜在的旅游需求。

(二) 旅游需求的特点

旅游需求是人们消费需求中的一种特殊需求，具有区别于其他需求的重要特点。

1. 旅游需求具有综合性

旅游活动涉及旅游者的食、住、行、游、购、娱等各个方面，在整个旅游过程中，每一项活动都是一次旅游体验，大多数旅游者在决定旅游时，不是仅仅考虑某一方面的旅游产品或服务，而是将有关的产品或服务结合起来进行综合考虑。因此，旅游需求是一种综合性的需求。这就需要对旅游业进行科学规划和宏观调控，保证整个旅游活动过程各环节的衔接和配合，才能给旅游者留下美好的旅游体验。

2. 旅游需求具有多样性

旅游活动是人们为了满足需求，而暂时外出以改变日常生活方式和通常环境的一种形式。由于人们个性上的差异、生活环境的不同、经济收入的差别、工作条件的差异，以及受所处社会环境不同的影响，都会使人们产生各种各样的旅游需求。如有的旅游者为了好奇、冒险而进行刺激、体验式旅游；有的旅游者为了放松、缓解工作压力而进行休闲旅游、疗养度假、观光型旅游；有的旅游者因公务、经商、洽谈业务而进行文化型、考察学习型旅游等。过去，旅游主要是对自然景观和文物古迹的观光游览，旅游目的地集中在一些大的风景名胜区；现代旅游者除了对山水风光、文物古迹感兴趣外，对生态旅游、乡村旅游、民族风情旅游等表现出极大的兴趣，旅游需求也呈现出多样化的发展趋势。

3. 旅游需求具有波动性

旅游需求的波动性原因主要来自两个方面：一方面，旅游需求受自然条件的影响。

旅游需求容易受旅游地的自然环境、气候条件、自然景观等特有的季节性或者某种规律性变化而影响。如地震等灾害自然事件、季节性优美景观都会影响旅游需求。另一方面，旅游需求受人文条件的影响。旅游需求容易受到社会政治状况、社会时尚、节假制度、旅游活动、旅游经营策略等的变化及偶然事件的发生而产生波动。如2022年北京冬季奥运会的成功举办给北京和张家口的旅游业带来新的发展机遇等。由于假期分布和人们外出旅游的传统习惯等因素的影响，使旅游需求出现旺季和淡季特征。

二、旅游需求的影响因素

旅游需求的产生和发展，受到各种因素的影响，总体上可以分为两个方面：一方面关系到旅游客源地，包括客源地的人口特征、经济发展水平、政治制度以及旅游者的个人收入、带薪假期、文化教育水平、个人偏好等；另一方面关系到旅游目的地的供给状况，包括旅游资源的吸引力、交通条件、旅游价格、旅游服务质量、接待设施条件、货币汇率等。其主要影响因素如下。

（一）客源地的人口特征

人口的数量、素质、分布及构成对旅游需求有着重要的影响，从而形成不同的旅游需求规模和结构。

从人口的数量和素质看，一个国家人口数量大，则参与旅游的人数就多，从而对旅游产品的需求也相应增加。人口素质即旅游者的文化素养及受教育程度，也直接影响着旅游需求的变化，通常受过教育而且文化素养较高的人，旅游需求也较多。

从人口分布的城乡状况来看，由于城市居民收入水平一般比乡村居民要高，具有产生旅游需求的经济基础，再加上城市发达的交通条件、灵敏的信息及其他条件，使得城市居民的出游率通常要比农村高得多。

从人口的年龄看，青年时期，对新地方和新体验充满好奇和憧憬，旅游需求较多，但由于经济上尚未独立，靠家长给予，旅游消费能力低。婚后可分为几个阶段，孩子出生之前，收入高，限制因素少，旅游需求多；孩子出生后，在时间和金钱上都受到限制，短途旅行是主要的出游方式；当孩子长大成年独立后，时间和金钱的限制降低，旅游需求增多。退休之后，既有钱又有时间，只要身体适应旅游，旅游需求就会增多，因此，老年人是一个非常值得关注的旅游群体。

从人口性别和职业构成来看，由于男性比女性有更多的公务外出机会，因而男性旅游者人数比女性旅游者要多。一般而言，金融家、企业主、企业高级职员以及律师、会计师、教师等职业产生旅游的需求较多。

（二）客源地人均可支配收入和闲暇时间

客源地人均可支配收入状况的变化是影响旅游需求的重要因素之一。一般来说，当人们的收入提高时，对任何商品都愿意多消费一些，而当其收入下降时，则要紧缩其需求量。但是，由于各种商品的性质不同，对收入的反应也不尽相同。一般来说，生活必需品对收入变化的反应不大，无论收入情况如何，人们总是首先保证对生活必需品的购买。收入提高时，人们不会大幅度增加生活必需品的消费，而会增加非商品性消费的支出。特别是对用于文化娱乐、旅游休闲活动的支出比例增加的幅度更大。

除了可支配收入以外，旅游活动的进行还必须花费一定的时间，没有时间就不能产生旅游行为。随着社会生产力发展和劳动生产率的提高，人们用于工作的时间相对减少，而用于闲暇的时间则不断增多。特别是许多国家和企业推行"每周五日工作制"和"带薪假日"，使人们的闲暇时间越来越多。闲暇时间的增多大大地推动了旅游需求的产生。人们不但产生了短期休闲旅游的需求，而且逐渐增加了远程旅游乃至国际旅游，以便到世界各地去观光、度假、游览等。因此，闲暇时间也是影响旅游需求的重要因素之一。

（三）旅游产品的价格水平

价格是影响旅游需求最重要、最灵敏的因素。旅游产品价格变化不仅影响旅游者的购买能力，产生收入效应，还会产生替代效应。通常情况下，旅游需求量随价格的变化而作相反方向的变化，即价格上涨，旅游需求量就会减少；价格下降，旅游需求量就会增加。因此，旅游产品价格对旅游需求量和需求结构产生直接的影响。

（四）目的地的旅游产品和服务质量

旅游产品是旅游者直接的消费对象，旅游产品的特色对旅游者具有独特的吸引力，如果能够充分挖掘其潜在价值，打造出有竞争力的旅游产品，会刺激旅游者产生旅游需求。因而，旅游产品与旅游需求是相辅相成的，旅游产品刺激旅游需求的产生，而旅游需求则促使旅游产品优势转换成经济优势，二者相互影响、相互促进。此外，由于旅游产品的核心是无形的服务，旅游目的地提供的旅游服务质量的高低也会影响旅游者的旅游需求。良好的旅游服务会提高旅游目的地的美誉度，进而对旅游者形成吸引，刺激其产生旅游需求；反之，低劣的旅游服务不仅会破坏旅游地的形象，更无法促使旅游者产生旅游需求。

（五）货币汇率

在国际旅游中，汇率变化会影响旅游客源地与目的地的相对价格，当旅游目的地所在国家的货币升值时，实际价格上升，前往该国的旅游者及其停留时间就减少；反之，当旅游目的地所在国家的货币贬值时，实际价格下降，就会促使前往该国的旅游需求增加。可见，汇率变化不一定会引起国际旅游总量的增加或减少，但是会引起货币升值国家的旅游需求减少，而货币贬值国家的旅游需求增加。

三、旅游需求规律

旅游需求不仅受多种因素的制约和影响，而且旅游需求的变化是有规律可循的，其规律性主要表现在影响旅游需求的因素变化所引起的需求量的变化和需求水平的变化。

（一）旅游需求量变化的规律

旅游需求量的变化是指需求量沿着一条需求曲线的变化。对旅游需求量具有决定性影响的因素主要是旅游产品的价格、人们的收入水平及拥有的闲暇时间。因此，旅游需求量变化的规律性主要反映了旅游需求与价格、收入及闲暇时间的相关性和变动关系。

1. 旅游需求量与旅游产品价格呈负相关关系

旅游产品价格是影响旅游需求量的基本因素，在影响旅游需求量的其他因素均保持不变的情况下，旅游需求量总是随着旅游产品价格的变化成反方向变化，即当旅游产品价格上升时，旅游需求量就会减少；当旅游产品价格下降时，旅游需求量则会增加。旅游需求量与旅游产品价格之间的反向变化关系也是一种函数关系，称为旅游需求函数。用函数式可以表示为：

$$Q = f(P) \tag{3-1}$$

式中：Q 表示旅游需求量；

$\quad\quad P$ 表示旅游产品价格；

$\quad\quad f$ 表示两者之间的函数关系。

旅游需求量与旅游产品价格之间的关系反映到坐标图上叫旅游需求价格曲线图（见图3-1），表示随着旅游产品价格变化而变化的旅游需求曲线，即在其他因素不变的条件下，旅游产品价格的升降导致旅游需求量沿着这条曲线增减。

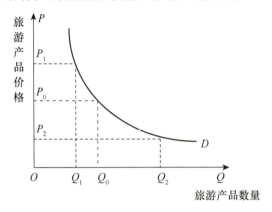

图3-1　旅游需求价格曲线

在图3-1中，纵坐标代表旅游产品价格，横坐标代表旅游产品数量，坐标图中旅游产品价格的任一变动，都有一个与之相对应的旅游需求量，从而形成了旅游需求价格曲线 D。该曲线表示：旅游需求量与旅游产品价格呈负相关变化的关系。即当某种旅游产品价格为 P_0 时，旅游需求量为 Q_0；当旅游产品价格从 P_0 上涨到 P_1 时，旅游需求量从 Q_0 减少到 Q_1；当旅游产品价格从 P_0 下降到 P_2 时，旅游需求量从 Q_0 增加到 Q_2。因而旅游需求价格曲线是一条自左上向右下倾斜的曲线。

旅游需求价格曲线总是一条自左上向右下倾斜的曲线（斜率为负），即旅游需求量与旅游产品价格之间呈负相关关系，其原因是：

第一，价格变化所产生的收入效应而引起的需求量变化。旅游价格降低后，人们用同样多的钱可以消费较多的旅游产品，这意味着旅游者实际收入的提高，因而使旅游需求量有所增加。旅游价格提高后，人们用同样多的钱却只能消费较少的旅游产品，这意味着旅游者实际收入的减少，因而使旅游需求量有所下降。

第二，价格变化所产生的替代效应而引起的需求量变化。旅游价格降低后，人们会把对替代产品和服务的需求转移到旅游需求上来，因而使旅游需求量有所增加。旅游价格提高后，人们会增加对替代产品和服务的需求，减少对旅游的需求，因而使旅游需求量有所下降。

旅游需求量与旅游产品价格的关系符合一般的需求规律，即价格上升，需求量减少；反之，需求量则增加。但在旅游经济中，却有着例外。美国社会经济学家范伯伦（Veblen）提出，在旅游业中，存在着"挥霍消费"，即指某些游客为了显示自己的财富和地位，会对奢侈型旅游产品产生需求，称为范伯伦效应（Veblen Effect），其需求规律是：当旅游产品或服务价格上升时，被认为是提高质量，其需求量也随之上升。这类消费者大多数为有钱阶层，他们很少考虑时间和收入，而更侧重于消费和享受。如对一些特别有吸引力的旅游名胜、豪华饭店、豪华旅行团来说，经常出现范伯伦效应。

2. 旅游需求量与人们的收入呈正相关关系

人们的可支配收入与旅游需求量也有着相关关系。因为旅游需求是一种有效需求，而有效需求必须是具有支付能力的需求。如果人们仅有旅游欲望而无支付能力，是不可能形成有效需求的。通常，人们可支配收入越多，对旅游产品的需求量也就越大；反之，则越小。因此，人们可支配收入同旅游需求量之间存在着正相关变化的关系，如图 3-2 所示的旅游需求收入曲线就反映了旅游需求量与人们可支配收入成同方向变化的客观规律性。

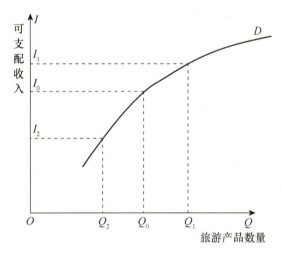

图 3-2　旅游需求收入曲线

在图 3-2 中，纵坐标代表人们的可支配收入，横坐标代表旅游产品数量，人们的可支配收入任意变化，都有一个与之相对应的旅游需求量，从而形成了旅游需求收入曲线 D。该曲线表示旅游需求量与人们的可支配收入成正方向变化的客观规律性。当人们可支配收入为 I_0 时，旅游需求量为 Q_0；当可支配收入由 I_0 上升到 I_1 时，则旅游需求由 Q_0 增加到 Q_1；反之，当可支配收入由 I_0 下降到 I_2 时，则旅游需求由 Q_0 减少到 Q_2。因此，旅游需求收入曲线是一条自左下方向右上方倾斜的曲线。

3. 旅游需求量与人们的闲暇时间呈正相关关系

闲暇时间不仅对旅游需求的产生具有决定性作用，而且直接影响旅游需求量的变化。当人们的闲暇时间增多时，旅游需求量就相应增加；反之亦然。因而旅游需求量与闲暇时间的关系也呈现为正向变化的规律性。用坐标图来反映，则旅游需求闲暇时间曲线如图 3-3 所示。

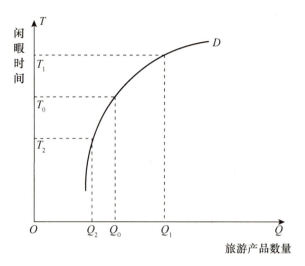

图 3 - 3　旅游需求闲暇时间曲线

在图 3 - 3 中，纵坐标代表人们的闲暇时间，横坐标代表旅游产品数量，人们的闲暇时间增加，必然有与之相对应的旅游需求量的增加，从而形成旅游需求闲暇时间曲线 D。该曲线表示：当人们的闲暇时间为 T_0 时，旅游需求为 Q_0；当人们的闲暇时间增加到 T_1 时，对旅游的需求也相应增加到 Q_1；而当人们的闲暇时间减少到 T_2 时，旅游需求量随时间的减少而减少为 Q_2。因此，旅游需求闲暇时间曲线是一条自左下方向右上方倾斜的曲线。

（二）旅游需求水平变化的规律

旅游需求除了受旅游产品价格、人们的收入水平和闲暇时间的影响，呈现出需求量变化外，还受其他各种因素的影响而引起需求水平的变化。在旅游产品价格既定条件下，由于其他因素的变动而引起的旅游需求变化，称为旅游需求水平的变化（见图 3 - 4）。

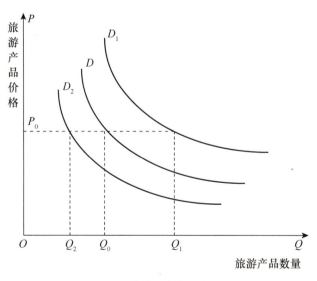

图 3 - 4　旅游需求曲线的变动

即使旅游产品价格不变，其他影响因素的变化也会使旅游需求水平发生变化，从而引起需求曲线 D 右移到 D_1 或者左移到 D_2。例如，当人们可支配收入增加时，在旅游产品价格 P_0 不变的情况下，就会增加旅游需求，从而引起旅游需求曲线 D 右移到 D_1，并使旅游需求量由 Q_0 增加到 Q_1；反之，当人们可支配收入减少时，在旅游产品价格 P_0 不变的情况下，就会减少旅游需求，从而引起旅游需求曲线 D 左移到 D_2，并使旅游需求量由 Q_0 减少到 Q_2。在实际中，旅游需求水平的变化会因各种影响因素的不同而呈现出不同的规律性，我们在研究旅游需求变化的规律时，要综合考虑各种因素的共同影响。

四、旅游需求弹性

在经济学中，弹性主要用来表明两个经济变量变化的关系。旅游需求弹性是指旅游需求对影响因素变化的敏感性，即旅游需求量随其影响因素的变化而相应变化的状况。根据旅游需求的影响因素，旅游需求弹性一般可分为旅游需求价格弹性、旅游需求收入弹性和旅游需求交叉弹性。

（一）旅游需求价格弹性

旅游需求价格弹性是指旅游需求量对旅游产品价格变动的反应程度，或者说是旅游产品价格变动百分之一使旅游需求量变化的百分值。其计算公式如下：

$$Ed_P = \frac{\Delta Q/Q}{\Delta P/P} \qquad (3-2)$$

在具体计算时，旅游需求价格弹性分为点弹性和弧弹性。

点弹性：

$$Ed_P = \frac{(Q_1 - Q_0)/Q_0}{(P_1 - P_0)/P_0} \qquad (3-3)$$

弧弹性：

$$Ed_P = \frac{Q_1 - Q_0}{(Q_1 + Q_0)/2} \div \frac{P_1 - P_0}{(P_1 + P_0)/2} \qquad (3-4)$$

式中：Ed_P 是旅游需求价格弹性系数；

P_0、P_1 是变化前后的旅游产品价格；

Q_0、Q_1 是变化前后的旅游需求量。

式（3-3）反映的是旅游产品价格变动引起旅游需求量的直接变化程度，即需求曲线上某一点的弹性系数。式（3-4）表示的是旅游产品价格变动引起旅游需求量的平均变化程度，即需求曲线上某一段的弹性系数。

由于旅游需求量与旅游产品价格呈负相关关系，因此计算出来的旅游价格弹性为负值，但通常用绝对值来比较弹性的大小，旅游需求的价格弹性可以分为以下三种情况：

（1）$|Ed_P| > 1$，表明旅游需求富有弹性，旅游需求量的变化大于旅游产品价格的变化。也就是说旅游价格每变动 1%，旅游需求量的变动幅度要大于 1%，旅游价格变动对旅游需求的影响较大。由于旅游收入是旅游价格与游客量的乘积，此时，提价便会

引起旅游需求量较大幅度的减少，从而减少总收入，降价则可以刺激旅游需求量的剧增从而增加总收入。

（2）$|Ed_P|<1$，表明旅游需求缺乏弹性，旅游需求量的变化小于旅游产品价格的变化。也就是说，旅游价格每变动 1%，旅游需求量的变动幅度要小于 1%，旅游价格变动对旅游需求的影响较小。此时，旅游价格若发生变化，只会引起旅游需求量较小幅度的变化。因此在旅游需求弹性系数小于 1 的情况下，适度的提价可以增加总收入，降价则会在一定程度上减少总收入。

（3）$|Ed_P|=1$，表明旅游需求具有单位弹性，旅游需求量与旅游产品价格发生同比例的变化。曲线表现为一条正双曲线。此时，旅游产品价格若有所变化，旅游需求则发生相同比率幅度的变化。因此，在旅游需求价格弹性系数等于 1 的情况下，提价不会增加总收入，降价也不会减少总收入。

需要指出的是，不同等级或档次的旅游产品，其需求的价格弹性系数不同。一般说来，经济型旅游产品的弹性系数较小，豪华型旅游产品的弹性系数较大。由于某项旅游产品多是各种类型产品的综合体，其需求弹性系数不尽相同，因此，不能盲目采取降价策略来刺激需求量。

以上研究是在假定价值不变的条件下进行的，在通货膨胀的情况下，旅游产品价格的上调则另当别论，需要强调的是，这种现象并不影响上述结论。

（二）旅游需求收入弹性

旅游需求收入弹性是指旅游需求量对人们可自由支配收入变动的反映程度。旅游需求收入弹性系数是指人们可支配收入变化的百分数与旅游需求量变化的百分数的比值，其计算公式如下：

$$Ed_i=\frac{Q_1-Q_0}{Q_0}\div\frac{I_1-I_0}{I_0} \tag{3-5}$$

式中：Ed_i 是旅游需求收入弹性系数；

Q_0、Q_1 是变化前后的旅游需求量；

I_0、I_1 是变化前后的可自由支配收入。

一般来说，旅游需求量与人们可自由支配收入的变化方向相同，所以旅游需求收入弹性一般为正值，旅游需求的收入弹性也会出现以下三种情况：

（1）$|Ed_i|>1$，表明某种旅游产品的需求量受可自由支配收入的影响程度大，人们的可自由支配收入若发生一定程度的变化，旅游需求量将会发生更大程度的变化，旅游需求曲线表现得比较平缓。

（2）$|Ed_i|<1$，表明某种旅游产品的需求量受可自由支配收入的影响程度小，人们的可自由支配收入若发生一定程度的变化，旅游需求量只会发生较小程度的变化，旅游需求曲线表现得较为陡峭。

（3）$|Ed_i|=1$ 时，表明某种旅游产品的需求量受可自由支配收入的影响程度适中，人们的可自由支配收入若发生一定程度的变化，旅游需求量则按相同比例变化。

从经济学的角度看，高层次消费品的需求收入弹性比较大。由于旅游活动是满足人们高层次的生活需求，因此，旅游需求收入弹性系数一般都大于 1。但不同形式的旅游,其旅游需求收入弹性也会有所差别。商务旅游与豪华旅游相比缺乏收入弹性;与一般度假旅游需求相比,探亲访友旅游也缺乏收入弹性。此外,随着社会生产力的发展和人民生活水平的提高,有些旅游项目的收入弹性是负值,这说明在某些市场上其旅游产品可能是低档品,比如大众市场的旅游、长途公共汽车旅游等。

(三) 旅游需求交叉弹性

旅游产品是一种由食、住、行、游、购、娱等所组成的综合性产品,具有替代性和互补性的特点,因而某种旅游产品的需求量不仅对其自身的价格变化有反应,而且对其他旅游产品的价格变化也有反应。旅游需求交叉弹性是指某一旅游产品价格的变化对另一旅游产品需求量变化的影响程度,是反映某种旅游产品的需求量与互补产品以及替代产品的价格之间依存程度的指标。计算公式为:

$$Ed_C = \frac{(Q_{X1} - Q_{X0})/Q_{X0}}{(P_{Y1} - P_{Y0})/P_{Y0}} \tag{3-6}$$

式中:Ed_C 是旅游需求交叉弹性系数;

Q_{X0}、Q_{X1} 是变化前后 X 旅游产品的需求量;

P_{Y0}、P_{Y1} 是变化前后 Y 旅游产品的价格。

旅游需求交叉弹性有正负之分,所以通常也用绝对值来比较弹性的大小。

若 $Ed_C > 0$,即一种旅游产品的价格上涨会引起对另一种旅游产品需求量增加,说明两种旅游产品之间是一种替代关系。旅游产品的替代性,就是指相同性质而不同类型的旅游产品,在满足旅游消费需求之间具有相互替代的关系。比如对于经营同一线路的客运公司和航空公司的选择,对于本地一日游旅游经营商的选择。

若 $Ed_C < 0$,即一种旅游产品的价格上涨会引起对另一种旅游产品需求量减少,说明两种旅游产品之间是一种互补关系。旅游产品的互补性,就是指旅游产品各部分的构成中,即某一部分的存在和发展必须以其他部分的存在和发展为前提,或者某一部分旅游产品作用的有效发挥,必须以其他部分的存在及配合为条件。比如航空公司机票降价,出国旅游产品需求明显上升。

若 $Ed_C = 0$,说明两种旅游产品之间相互独立。

在实际中,旅游产品的替代性与互补性并不是绝对的。在一定条件下,两者之间可能出现互相转化,即原来是相互替代的旅游产品转化为互补;原来是互补的旅游产品转化为替代。例如,航空、铁路、公路运输本是替代的,但为了开拓国内外旅游市场而把三者有机配套起来,于是就从替代关系转化为互补关系;同样,旅游汽车公司与宾馆原来提供的服务是互补的,但如果宾馆建立相应的附属车队以扩大服务内容,则旅游汽车公司与宾馆车队就由互补关系转化为替代关系。因此,旅游产品的替代性及互补性,不仅对旅游需求产生一定的影响,同时也是旅游经营者拓宽经营范围,实行资源优化配置,提高经济效益的重要途径。

五、旅游需求的衡量

旅游需求的变化状况及水平,一般可以通过旅游需求指标来反映和衡量。由于旅游需求的多样性和复杂性,需要运用一系列指标从不同的角度反映旅游需求状况,这些相互联系、相互补充的反映旅游需求状况的一整套指标构成旅游需求指标体系。一般来说，比较常用的旅游需求指标体系主要由以下四类指标构成：

（一）旅游者人数指标

旅游者人数指标反映了旅游目的国或地区在一定时期内接待国内外旅游者的数量状况，一般以旅游者人次数来衡量。旅游目的地国家或地区通常根据这一指标来了解客源市场对旅游产品的需求数量和变化情况，同时，这也是衡量一个国家或地区旅游发达程度的重要评价指标之一。

在我国，旅游者人数指标主要有两个：国内旅游人次数和国际旅游人次数。国内旅游人次数，是指报告期内一国居民离开常住地在国内其他地方旅游的人次数。旅游者每出游一次统计一人次。国际旅游人次数又分为入境旅游者人次数和出境旅游者人次数，前者是指一个国家（或地区）在报告期内所接待的国外（境外）旅游者人次数，而后者则是指报告期内一国（或一个地区）居民出国（出境）旅游的人次数，旅游者每出入境一次，统计一人次。入境旅游人次数不包括外国在我国的常驻机构，如使领馆、通讯社、企业办事处的工作人员以及来我国常驻的外国专家、留学生以及在岸逗留不过夜人员。

（二）旅游者停留时间指标

旅游者停留时间指标有两个：旅游者停留天数和旅游者人均停留天数。

（1）旅游者停留天数是指一定时期内旅游者人次与人均停留天数的乘积，它从时间角度反映了旅游者的需求状况，同时也表现了旅游产品吸引力的大小。将旅游者停留时间和旅游人次指标结合起来，能更全面衡量某一时期旅游需求的基本状况。用公式表示为：

$$旅游者停留天数＝旅游人次×人均停留天数 \tag{3-7}$$

（2）旅游者人均停留天数指标是指一定时期内旅游者停留天数与旅游者人次数之比。它从平均数的角度反映了旅游需求的现实状况，便于揭示不同时期旅游需求的变化趋势。

（三）旅游者消费指标

旅游者消费指标是以价值形态来衡量旅游需求的一项综合性指标。它分为三个子指标：旅游者消费总额、旅游者人均消费额、旅游消费率。

（1）旅游者消费总额。这一指标是指一定时期内全部旅游者在旅游目的地国家或地区旅游活动过程中所消费支出的货币总额。对于旅游目的国家或地区来说，这一指标反映了该国或该地区的旅游收入，具有重要的经济意义。值得说明的是，国际旅游者的消费总额不包括国际交通费，而国内旅游者的交通费则计入旅游消费总额之中。

（2）旅游者人均消费额。这一指标是指一定时期内旅游者消费总额与旅游人数之比，它以价值形态从平均数的角度反映了某一时期的旅游需求状况。我们可以通过该指标分析各客源市场的消费水平，了解旅游者消费的变化情况，进而确定相应的目标市场和营销策略。

（3）旅游消费率。这一指标是指一定时期内一个国家或地区的旅游消费总额与该国或该地区的国民收入或国民生产总值的比率，它反映了一定时期内某一国家或地区对旅游需求的强度和旅游消费的水平。

（四）旅游出游率与旅游重游率指标

（1）旅游出游率是指一定时期内一个国家或地区外出旅游的人次数与其总人口的比率。用公式表示为：

$$旅游出游率 = \frac{外出旅游人次}{该国人口总数} \times 100\% \tag{3-8}$$

该指标反映了一个国家或地区居民产生外出旅游需求的能力和水平，以此可作为我们选择客源市场的依据。

（2）旅游重游率是指一定时期内一个国家或地区的外出旅游人次与该国或该地区外出旅游人数之比。用公式表示为：

$$旅游重游率 = \frac{外出旅游人次}{外出旅游人数} \times 100\% \tag{3-9}$$

该指标反映了一定时期内一个国家或地区的居民外出旅游的频率及旅游需求的规模和能力，也是我们选择客源市场的又一项参考指标。

六、旅游需求的预测

对旅游需求的预测，不仅可以给旅游企业的旅游产品营销策划提供指导，而且也为当地政府评估旅游对当地经济发展的总体贡献度，从而制定旅游业发展政策，引导旅游市场资源的合理利用与配置提供技术支持。

目前国内外对于旅游需求预测的研究文献有很多，也形成了一整套预测系统，主要有定性预测和定量预测两大类。比较常用的主要有以下一些方法。

（一）德尔菲法

德尔菲法（Delphi）也称为专家预测法，由美国兰德公司在 20 世纪 50 年代初创立。它以问卷的形式对一组选定的专家进行征询，经过几轮征询使专家的意见趋于一致，从而得到预测结果。利用德尔菲法进行预测成功与否取决于研究者问卷的设计和所选专家的合格程度。另外，在几轮征询中，保持被征询专家的稳定是最重要的。一般来说，专家组成员以 40~50 人为宜，但在成功的预测案例中也存在专家组成员少至 4 人、多到 900 人的情况。

（二）回归预测模型

回归预测模型在旅游需求预测模型中运用的最为广泛。根据所选择的自变量的多少，可以将其分为简单的一元线性回归和多元回归两种形式，其原理都是运用最小二乘法（Ordinary Least Squares，简称 OLS），根据相关关系变量已知的样本值建立回归方程，再通过假设检验得出总体模型的设定是否显著，最后根据回归方程对总体进行经济分析和预测。

1. 一元线性回归预测模型

一元线性回归是最简单的一种回归预测方法，在研究以年为时间单位的旅游需求量变化时较为常用，其数学形式为：

$$y = a + bx \qquad (3-10)$$

式中：y 为因变量；

    x 为自变量；

    a 为常数项；

    b 为 y 对 x 的回归系数。

因变量 y 是旅游需求或消费的度量，如到某个旅游地的旅游人数、旅游总收入等，自变量 x 可以是收入、总体市场大小等，但最常用的变量是时间。

2. 多元回归预测模型

在旅游市场需求预测中，由于影响因素（自变量）较多，因此在使用回归预测模型时，更多的是采用多元回归预测模型（Multiple Regression，简称 MR）。

由于旅游需求量如旅游人数是一个随机变量，影响它的因素（自变量）不止一个，因此我们可以假设其多元回归方程为：

$$y = a_0 + a_1 x_1 + a_2 x_2 + a_3 x_3 + \cdots + a_n x_n \qquad (3-11)$$

式中：y 为旅游需求的度量；

    a_0 为常数项；

    a_1，a_2，a_3，$\cdots$，a_n 分别为 x_1，x_2，x_3，$\cdots$，x_n 的回归系数。

利用此模型一方面可以从所有可能的影响因子（自变量 x）中找出与因变量（y）相关度较高的因子，建立它们之间的定量表达式，作为预测方程；另一方面，可以从共同影响因变量（y）的因子（自变量 x）中找出主要的影响因子和次要的影响因子。我们运用逐步回归方法从多个自变量（x）逐步筛选出对因变量（y）有重要贡献的因子，建立它们之间的回归方程，然后再通过假设检验得出总体模型的设定是否准确，最后根据回归方程推测总体的发展趋势。

（三）时间序列预测模型

时间序列预测模型是基于统计学中的时间序列理论对旅游需求进行预测的。简单地说，按照时间序列排列的观测值是一个时间序列，预测的任务是直接对已经观测到的时间序列 X_1，X_2，X_3，$\cdots$，X_n 去推断未来的 X_{n+1}，X_{n+2}，$\cdots$，X_{n+a} 的值。因为旅游需求是不断变化的，我们要把旅游需求的变动分解开来以便清晰地了解影响旅游需求变动的因素，一般影响时间序列的因素包括长期趋势变动因素（T）、周期变动因素（C）、季节变动因素（S）和不规则变动因素（I）。那么，我们假设旅游人数是这些因素的函数，可以表示为：

$$D = f(T, C, S, I) \qquad (3-12)$$

这四种变动因素是相互影响的，我们较常用的函数形式为：

$$D = T \times C \times S \times I \qquad (3-13)$$

其中，旅游人数 D 和长期变动趋势 T 值用绝对数表示，其他值用百分数表示。

这个方法的特点是简洁，不用其他数据和条件，直接用过去的旅游数据资料带来的信息推测未来的旅游需求状况。时间序列预测模型应用范围相当广泛，可用于短期、中期和长期预测。

（四）引力预测模型

引力预测模型采用因素分析的形式，即靠识别旅游需求量和其他一系列因素之间的关系来预测可能的需求规模。该模型的最初形式是牛顿的万有引力公式，即两物体的吸引力与物体的质量成正比，与两物体的距离平方成反比。在国内，研究者将其运用到旅游市场规模预测中来（张立生、樊新生，2007）。如其中以神农架为实例模拟到如下模型：

$$T_i = 0.006\ 007\ 6P_iA_i\exp(-0.002\ 461C_i)\ (R^2=0.69)$$

式中：T_i 为神农架对客源市场域 i 的引力；

P_i 为客源市场域人口规模（万人）；

A_i 为客源市场域经济发展水平（人均 GDP）；

C_i 为客源市场域到神农架的距离（千米）。

运用此模型可以预测出神农架对不同客源市场域的旅游吸引力，也可以间接反映出不同客源市场域对神农架的旅游需求。

第二节　旅游供给

一、旅游供给的概念及特点

（一）旅游供给的概念

供给和需求是相互对应的一组概念。需求是对消费者而言，供给则是指生产者在某一特定时期内，在每一价格水平上愿意并且能够向市场提供的一定数量的某种产品或服务。从旅游经济角度来看，旅游供给是指在一定时期内，在每一价格水平上旅游目的地（或经营者）愿意而且能够向旅游市场提供的旅游产品的数量。

1. 旅游供给必须以旅游需求为前提条件

旅游需求是旅游供给的基本前提条件，有旅游需求才会有旅游供给。旅游产品经营者，必须以旅游消费者的需求为导向，建立起一套适应旅游活动需求的旅游供给体系，才能保证旅游活动需求的实现。旅游经营者在提供旅游产品时，要对旅游需求的内容、层次和变动趋势进行必要的调查研究和预测，才能针对人们的需求制订旅游供给计划，科学地组织旅游产品的生产，达到提供旅游供给的目的。

2. 旅游供给必须是一种有效供给

所谓的有效供给是指旅游经营者愿意并且可以提供的旅游产品。旅游经营者愿意提供旅游产品，一方面是相对于一定的旅游产品价格而言，旅游经营者愿意提供一定的旅游产品数量，并且随着旅游价格的增减变动而相应变动。另一方面，从满足旅游需求的角度出发，旅游供给还必须综合反映旅游产品的品种、规格和质量，重视提高旅游服务质量和旅游设施水平。旅游经营者可以提供的旅游产品包括两大类，即基本旅游供给和辅助旅游供给。只有两者相互配合，并在数量、结构等方面相适应，才能向旅游者提供有效的旅游供给，更好地满足旅游者的需求。

（二）旅游供给的特点

旅游供给是一种特殊的产品供给，这不仅是因为旅游产品的性质，还因为其交付过程的特殊性。除了具有一般产品的供给特征外，旅游供给的特殊性主要表现在以下几个方面：

1. 旅游供给的差异性

旅游产品综合性的特点决定了旅游供给是由多种资源、设施与服务要素构成的，由于这些构成要素具有异质性的特点，因而旅游供给不能用旅游产品数量的累加来测度，必须通过一定时期、一定地区或部门接待的游客人数（也称为旅游容量）来计量。而且由于旅游资源具有位置的特殊性和资源特色的唯一性，旅游供给之间难以替代。

2. 旅游供给的多样性

旅游者对旅游产品的需求既有生理的也有心理的，而这种需求是千差万别的，从而导致旅游供给必然具有多样性的特点，既要满足多数旅游者的共同需要，也要满足个别旅游者的特殊要求。因此，旅游经营者在提供旅游产品的过程中要注重开发多样化的旅游产品，如旅行社开发的旅游产品既有团队包价产品，又有小包价产品。饭店的客房既有标间，又有豪华套房、行政套房，还有商务套房等。只有这样才能满足旅游者多样化的需求，提高旅游经营效益。

3. 旅游供给的非储存性

旅游供给的非储存性是由旅游产品生产与消费的同一性所决定的。因为旅游产品不同于一般的工农业物质产品，它的生产、交换与消费具有同一性，旅游产品的生产过程也就是消费过程，无法事先存储，实际操作中有意义的只是旅游供给能力的储备，而并非旅游产品供给的储备。因此，在旅游市场上只能通过控制旅游需求容量或者提高旅游产品的供给能力来调节旅游产品的供求平衡。

4. 旅游供给的可持续性

对于旅游供给来说，无论是旅游景区景点的建设还是宾馆饭店的建设，一旦建成就能在较长一段时间内保持持续的供给，有的甚至永续利用。而如果旅游景区（点）或饭店遭到破坏，则可能使某种旅游产品的供给能力受到影响，甚至永久丧失供给能力。因此，在旅游产品的开发和经营中，必须要重视旅游资源和环境的保护，以实现旅游供给的可持续性。

二、旅游供给的内容

旅游供给主要体现为各种旅游产品，根据旅游供给的特点以及旅游目的地总体旅游产品的构成情况，可以将旅游供给分为基本旅游供给和辅助旅游供给。基本旅游供给是指一切直接与旅游者发生联系，主要根据旅游者的需要而开发和提供的旅游产品，包括旅游资源、旅游设施、旅游服务等，是旅游供给的核心部分。辅助旅游供给是指为基本旅游供给体系服务的其他设施；包括旅游目的地的公用事业设施和其他满足现代社会生活所需要的基本服务设施，这些设施除了为旅游者提供服务外，还为非旅游者提供服务。

（一）基本旅游供给

1. 旅游资源

旅游资源是指自然界和人类社会中对旅游者产生吸引力的所有事物和现象。旅游资源是旅游目的地供给的首要内容，也是旅游者选择目的地的首要因素。一个国家或地区拥有的旅游资源越丰富，越有特色，对旅游者的吸引力就越强。因此，一个国家或地区旅游业的成功发展最基础的条件之一就在于它所拥有的旅游资源的数量和质量。旅游资源具有多样性的特点，按其形成原因和属性，一般可以分为自然和人文两大类。自然旅游资源主要包括各种对旅游者具有吸引力的气候条件、风光地貌、动植物资源和疗养条件等。人文旅游资源主要包括历史文物古迹、民族文化、重大国际性体育、文化盛事和富有特色的当代人造旅游资源、经济发展和建设成就等。

根据不同旅游资源的特点，通过合理地开发和组合可以为旅游者提供各种观光游览、休闲度假、科学考察、探险寻觅、文化交流等旅游活动，以满足人们多方面的旅游需求，并产生良好的经济效益、社会效益和生态效益，促进旅游业的可持续发展。

2. 旅游设施

旅游设施是指为直接开展旅游经济活动，满足旅游者行、游、住、食、购、娱等诸方面需要所提供的设施。旅游设施是一国或地区旅游供给的重要内容，一个国家或地区旅游接待设施的完善程度、规模大小决定了其旅游接待能力的大小。主要的旅游设施包括：

（1）旅游交通运输设施。

旅游交通运输设施是指旅游者赖以实现空间位移的客运设施和设备。旅游者到达旅游目的地以及旅游目的地内不同地点间的移动不仅是空间问题，还涉及时间问题。若不能有效地提供便利的条件解决这一问题，可能导致旅游者取消旅游计划。因此，旅游交通设施是发展旅游业的命脉。如果一国或一个地区能提供航空运输、铁路运输、公路和水路运输等多种运输途径，增强目的地的可进入性，将大大提高旅游产品的竞争力。

（2）食宿接待设施。

食宿接待设施是为旅游者提供基本生活服务的设施，以现代饭店为集中代表。旅游食宿设施的舒适、卫生、安全和设备的齐全、便捷是满足旅游者基本食宿需求的基本要求。那些历史悠久，具有地方特色的饭店或享有盛名的佳肴也能对游客形成吸引。

（3）游览娱乐设施。

游览娱乐设施是指能为旅游者提供参观、游览或娱乐活动的场所及其相关设备的总和，如具有特色的游乐场所、博物馆、歌舞厅、商店以及体育休闲场所等。游览设施可以丰富旅游者的旅游生活，也可以起到旅游吸引物的作用。

（4）旅游购物设施。

旅游购物设施泛指可供旅游者购物的场所及其相关设备。旅游购物是游客旅游活动中的一项重要内容，由于旅游者的购物范围很广，旅游购物设施同一般设施并无原则性的不同。尽管有些旅游目的地设有一些专供旅游者购物的设施，但总体而言，凡是能够满足旅游者购物需求的设施都可以作为旅游购物设施，而且这些购物设施的方便程度，特别是其中所提供商品的品种、特色、质量和价格，对旅游者的购买兴趣和购买数量有着重要的影响。

3. 旅游服务

旅游服务是指旅游从业人员通过一定的旅游资源和旅游娱乐设施为旅游者直接提供的劳务，包括商业性旅游服务和非商业性旅游服务。旅游服务贯穿于旅游活动的全过程。主要包括：入境签证服务、翻译导游服务、住宿服务、餐饮服务、交通运输服务等方面。旅游服务直接面对消费者，其质量如何直接影响旅游者对它的评价。因此，热情、友好、礼貌、周到和高效是旅游服务的基本要求，也是旅游业发展不可忽视的环节。

（二）辅助性旅游供给

辅助性旅游供给不是直接针对旅游者而提供的，其数量和质量反映着一国或地区社会经济发展的状况。它是在社会经济发展中逐渐发展和完善起来的，并为整个社会经济发展服务。这类设施分为两大类：一类是公用事业设施，如交通、通信、供水、供电、供气系统、污水处理系统、能源系统及城市公用设施等；另一类是满足现代社会生活所需要的基本服务设施或条件，如金融机构、医疗服务机构、治安管理机构等。旅游基础设施一般是由国家或旅游系统之外的部门投资建设的，旅游企业借以利用或者由其他部门和旅游企业共同投资兴建的。其完善与否对旅游活动起着促进或制约的作用，因此必然影响旅游经济活动的效果。

三、旅游供给的影响因素

如上所述，旅游产品的供给构成包括旅游资源、旅游设施、旅游服务等要素，除了以上要素外，还有许多因素都会对旅游供给产生重要的影响，概括起来主要有以下几方面：

（一）旅游环境容量

旅游供给的基本要素是旅游资源，而旅游资源是在特定的自然和社会条件下所形成的，是旅游经营者不能任意改变的。旅游经营者只能把旅游资源优势作为旅游供给和旅游经济增长的依托点，以市场为导向，通过对旅游资源的合理开发，向旅游市场提供具有特色的旅游对象物，实现旅游资源优势向经济优势转换。但是，旅游资源的开发不是无限的，而是受到旅游环境容量的限制。因此，旅游目的地环境容量在很大程度上决定和影响着旅游供给的规模和数量。如果旅游者超过了旅游目的地的环境容量，不仅会造成对自然环境的破坏和污染，而且会引起当地居民的不满，甚至产生一系列社会问题，这样又会直接影响到旅游产品对旅游市场的吸引力。

（二）旅游产品和相关产品的价格

旅游供给量直接受到旅游产品价格的影响。通常情况下，旅游产品价格提高，旅游经营者在同样的成本投入中可获得更多的利润，因而会刺激旅游经营者增加旅游供给量；反之，旅游产品价格下降，则会导致旅游经营者的利润减少，从而会减少旅游产品的供给量。因此，旅游供给的规模和数量直接受到旅游产品价格变化的影响，并与旅游价格呈正相关方向变化。

旅游产品的供给量除了受自身价格变化的影响外，还会间接地受其他相关产品价格变化的影响。包括替代品和互补品的价格。例如，当交通费涨价时，而旅游目的地的旅游价格不变，则意味着旅游产品的相对价格降低了，从而相对利润也随之减少，进一步引起旅游供给的减少；反之，当交通费用降价时，会使旅游目的地的旅游产品价格相对提高，从而使旅游目的地的相对利润随之增加，进一步引起旅游供给增加。因此，无论旅游相关产品的价格是增加还是减少，都必然引起社会要素资源的重新配置，进而影响到旅游产品供给量的变化。

（三）旅游生产要素的价格

生产要素价格的高低直接关系旅游产品的成本高低。在旅游产品价格不变的情况下，若各种要素价格提高了，则必然使旅游产品的成本增加而利润减少，于是引起旅游产品供给量也随之减少；反之，若各种要素价格降低，则使旅游产品成本降低而利润增加，于是刺激旅游产品供给量随之增加。旅游产品是一个包含食、住、行、游、购、娱等多种要素在内的综合性产品，各种要素价格的变化都会影响到旅游产品供给的变化。

（四）社会经济发展水平

旅游业是一个依存性很强的产业。旅游业的健康发展需要在社会现有的经济发展基础上为其提供必需的物质条件，才能形成旅游的综合接待能力，才能有效地提供一定数量和质量的旅游产品。因此，一个国家或地区的社会经济发展水平，不仅为旅游产品的供给提供各种物质基础保证，而且在一定程度上影响和决定着旅游供给的数量、质量和结构。

（五）科学技术发展水平

科学技术是第一生产力，是推动社会经济发展的强大动力，也对旅游供给产生重大影响。科技进步可以为旅游资源的有效开发提供科学的手段，为旅游者提供具有现代化水平的完善的接待服务设施，也为形成具有特色的旅游产品提供科学方法，为保护和实现旅游资源的永续利用提供科学的依据，为旅游经济发展提供科学的管理工具和手段。此外，科技进步也可以加速旅游资金的周转，提高旅游业劳动效率，从而降低旅游产品成本，使得同样多的生产要素可以提供更多的旅游产品。

（六）旅游经济方针和政策

旅游目的地国家或地区的各种旅游经济方针和政策也是影响旅游供给的重要因素之一，特别是有关旅游经济发展的战略与规划，扶持和鼓励旅游经济发展的各种税收政策、投资政策、信贷政策、价格政策、社会文化政策等，不仅对旅游经济发展具有重要的影响作用，而且直接影响到旅游供给的规模、数量、品种和质量。

（七）旅游生产经营者的心理预期

除上述客观因素外，旅游生产经营者的心理预期对旅游供给也有一定的影响。如果旅游生产经营者对旅游业的前景看好，他们就会增加旅游供给，否则，他们就会减少旅游供给。当然，旅游生产经营者的心理预期等主观因素归根结底也是由客观条件决定或制约的。

四、旅游供给规律

在市场经济条件下，决定旅游供给变化的主要因素是旅游产品价格、旅游供给能力、旅游生产要素价格，它们与旅游供给之间的不同变化就形成了旅游供给规律。

（一）旅游供给量变化的规律

旅游产品价格是影响旅游供给量的主要因素。在其他因素不变的情况下，旅游产品价格上涨，旅游供给量随之增加；旅游产品价格下跌，旅游供给量随之减少。旅游供给量与旅游价格之间的同向变化关系也是一种函数关系，称为旅游供给函数。用公式表示为：

$$S = f(P) \tag{3-14}$$

式中：S 表示旅游供给量；

$\quad\quad P$ 表示旅游产品价格；

$\quad\quad f$ 表示两者之间的函数关系。

旅游供给量与旅游产品价格之间的同向变化关系可以用旅游供给曲线来反映，如图 3-5 所示。

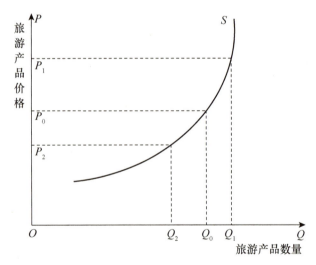

图 3-5　旅游供给曲线

在图 3-5 中，纵坐标代表旅游产品价格，横坐标代表旅游产品数量，S 代表旅游供给曲线。旅游产品价格的任一变动，都有一个与之相对应的旅游供给量，并形成旅游供给曲线 S。当旅游产品价格为 P_0 时，旅游供给量为 Q_0；当旅游产品价格上升至 P_1 或下降至 P_2 时，旅游供给量则相应增加至 Q_1 或减少至 Q_2。因此，旅游供给曲线是一条自左下方向右上方倾斜的曲线，该曲线反映了旅游供给量与旅游产品价格同方向变化的客观规律性。

旅游供给量与旅游产品价格同方向变化的规律性是由于旅游经营者追求利润极大化目标所决定的。因为在旅游产品生产技术和各种生产要素价格既定的情况下，如果旅游产品价格上升，就意味着利润增加，于是旅游经营者就会投入更多的生产要素来生产和经营旅游产品，从而使得旅游产品的供给量增加；反之，旅游经营者就会减少生产要素的投入，或者把生产要素投入到其他产品的生产中，从而使得旅游产品的供给量减少。

（二）旅游供给能力的相对稳定

旅游供给能力是指在一定条件下，旅游经营者能够提供的旅游产品的最大数量。由于旅游产品是一种以服务为主的综合性产品，因此，旅游供给能力是以接待旅游者的数量多少来反映的。根据旅游产品的特征，旅游供给能力可分为两种，即旅游综合接待能力和旅游环境承载能力。旅游综合接待能力，是指旅游目的地通过对旅游资源开发、基础设施和接待设施的建设而形成的，在一定时间和范围内能够接待旅游者的数量，是一种现实的旅游生产力。旅游环境承载能力，是指旅游目的地在一定时间内，在不影响生态环境和旅游者体验的基础上，能够保持一定水准而接待旅游者的最大数量，也称为旅游地容量，它是一种潜在的旅游生产力，体现了旅游目的地发展旅游业的最大潜力。

事实上，由于旅游供给的特点及相关影响因素的作用，使得旅游供给能力在一定条件下是既定的，从而决定了旅游供给量的变动是有限的。特别是旅游供给的环境容量限制，决定了旅游供给在一定时间、一定空间条件下，其供给量必然受到旅游供给能力的制约。当达到旅游供给能力时，即使旅游产品价格再高，旅游供给量也是既定不变的。如图3-6中，当旅游供给小于 Q_c 时，旅游供给量将随着旅游产品价格变化而同方向变化；当旅游供给达到 Q_c，即达到旅游供给能力时，无论价格如何变化，即价格从 P_1 提高到 P_2，旅游供给量都不会发生变化。

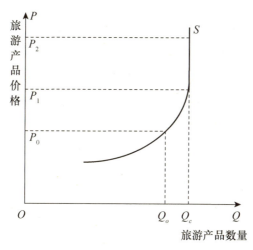

图3-6 限定的旅游供给曲线

（三）旅游供给水平的变化规律

旅游供给除了受价格因素影响外，还受其他多种因素的影响。在旅游产品价格不变的情况下，其他因素发生变化将导致旅游供给曲线向左或向右平行移动。在旅游产品价格既定条件下，由于其他因素的变动而引起的旅游供给变动，称为旅游供给水平的变动。

在图3-7中，曲线 S_0 为初始旅游供给曲线，旅游产品价格 P_0 为既定条件下，如果生产要素价格下降，必然引起旅游产品成本下降，使旅游供给水平增加，从而引起旅游

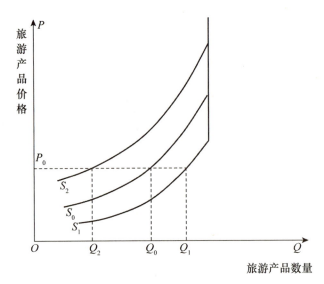

图 3-7 旅游供给曲线的变动

供给曲线向右移至 S_1，供给量增加到 Q_1；反之，如果生产要素价格上升，旅游产品成本增加，使得旅游供给水平减少，从而引起旅游供给曲线向左移至 S_2，供给量减少到 Q_2。与此类似，其他因素也会对旅游供给水平产生影响而出现各种变化关系。

五、旅游供给弹性

旅游供给弹性是指旅游供给对各种影响因素变动所做出的反应的程度。旅游供给受多种因素影响，由于价格是最敏感的因素，这里只探讨旅游供给的价格弹性。旅游供给价格弹性是指旅游供给对旅游产品价格变动所做出的反应程度，旅游供给价格弹性等于旅游供给量变化的百分比与旅游产品价格变化百分比之比。用公式表示为：

点弹性：

$$Es_P = \frac{(Q_1 - Q_0)/Q_O}{(P_1 - P_0)/P_0} \qquad (3-15)$$

弧弹性：

$$Es_P = \frac{Q_1 - Q_0}{(Q_1 + Q_0)/2} \div \frac{P_1 - P_0}{(P_1 + P_0)/2} \qquad (3-16)$$

式中：E_{SP} 是旅游供给价格弹性；

P_0，P_1 是变化前后的旅游产品价格；

Q_0，Q_1 是变化前后的旅游供给量。

根据旅游供给规律，旅游供给量与旅游产品价格呈同方向变化，旅游供给弹性一般为正数，具体有以下几种情况：

$|E_{SP}|=0$，旅游供给完全无弹性。此时，旅游供给曲线为一条与纵轴平行的线，表明旅游供给不随价格的变化而变化。一些特殊历史遗迹，如长城、故宫等就完全无弹性。

$|E_{SP}| < 1$，旅游供给缺乏弹性。此时，旅游供给曲线比较陡峭，表明旅游价格的变化只会引起旅游供给量小幅度的变化。

$|E_{SP}| = 1$，旅游供给具有单位弹性。此时，旅游供给曲线为一条正双曲线，表明旅游价格的变化与旅游供给量的变化幅度完全一致。

$|E_{SP}| > 1$，旅游供给富有弹性。此时，旅游供给曲线非常平缓，表明旅游价格稍有变化，便会引起旅游供给量大幅度的变化。

需要注意的是：不同的旅游产品供给弹性大小不一，在不同的时期，旅游供给弹性也不同。在一个较短的时间内，受资源、技术、设施等条件的制约，旅游价格的变化只会引起旅游供给量较小幅度的变化，故其价格弹性系数较小；在一个较长的时间内，旅游目的地会针对旅游价格的上涨增加旅游设施和基础设施，旅游价格的变化则会引起旅游供给量较大幅度的变化，故其价格弹性系数较大。

六、旅游供给的容量

旅游供给的衡量是十分复杂的，因为旅游产品和服务的构成要素较多，从而不能用单一的服务内容或指标来对旅游供给进行衡量。因此，在实际中一般是通过分析旅游地的承载力来确定旅游地容量，即旅游供给的最大潜力。通常，对旅游地的承载力主要是分析旅游地的生态环境容量、旅游资源容量、社会经济容量和游客心理容量等内容。

（一）生态环境容量

旅游地的生态环境容量，是指旅游目的地接待旅游者或容纳旅游活动的数量极限，超过这一极限，旅游活动将对生态环境产生不利的影响。尤其是旅游者进入任何一个旅游地后，都会产生食、住、行、游、购、娱等各种消费，这些消费必然直接或间接地产生一定的废水、废气和固体垃圾，从而对环境造成污染或破坏。因此，通过测算旅游者所产生的污染物、环境自净能力和人工治理污染的能力，就可以大体测算出生态环境的容量。其计算公式如下：

$$C_e = \frac{\sum_{i=1}^{n} N_i S + \sum_{i=1}^{n} Q_i}{\sum_{i=1}^{n} p_i} \tag{3-17}$$

式中：C_e 是旅游地生态环境容量；

　　　N_i 是旅游地单位面积对 i 种污染物的日自净能力；

　　　S 是旅游地面积；

　　　Q_i 是旅游地每天人工处理 i 种污染物的能力；

　　　P_i 是平均每个旅游者每天产生 i 种污染物的数量。

（二）旅游资源容量

旅游地的旅游资源容量，是指在保持旅游活动质量的前提下，旅游资源所能容纳的最大旅游者人数或旅游活动量，也是旅游资源可持续利用的最大边界。对旅游资源容量的测算，一般是对旅游地已开发的旅游景区的容量测算，其具体方法有面积法和线路法两种。

（1）面积法是根据旅游景区的空间面积或可供游览的规模、游客周转率和人均游览空间标准进行测算。不同类型的旅游地游览空间标准是不同的，可根据世界旅游组织提供的标准进行计算（见表3-1）。面积法计算公式如下：

$$C_{r1} = \frac{S_A}{S_B} \times R \qquad (3-18)$$

式中：C_{r1} 是旅游景区日容量（面积法）；

　　　S_A 是旅游景区游览规模（平方米）；

　　　S_B 是旅游景区游览空间标准（平方米/人）；

　　　R 是游客周转率（每天开放时间÷每个游客滞留时间）。

表3-1　旅游活动基本空间标准

旅游活动及场所	世界旅游组织标准	
	基本空间标准（平方米/人）	单位空间合理标准（人/公顷）
森林公园	667	15
郊区公园	143～667	15～70
乡村休闲地	50～125	80～200
高密度野营地	16～33	300～600
低密度野营地	50～167	60～200
高尔夫球场	677～1 000	10～15
滑雪场	100	100
滑冰	677～2 000	5～15（水面）
垂钓	333～2 000	5～30（水面）
徒步旅行	—	40
赛场（参观）	25	40
野外露营	33	300

（2）线路法是根据旅游景区的游路长度、游客周转率和标准游览距离进行测算。其计算公式如下：

$$C_{r2} = \frac{2L}{I} \times R \qquad (3-19)$$

式中：C_{r2} 是旅游景区日容量（线路法）；

　　　L 是旅游景区游览线路总长度（米）；

　　　I 是旅游景区游览线路间距标准（米/人）；

　　　R 是游客周转率（每天开放时间÷每个游客滞留时间）。

（三）社会经济容量

旅游地的社会经济容量，是指一定时期内旅游地社会经济发展程度所决定的，能够接纳的游客人数和旅游活动量。超过这个限量就会引起旅游地居民对旅游者的反感，并带来一系列社会经济问题，甚至出现旅游地居民和旅游者的对立和冲突等。对旅游地社会经济容量的测算比较复杂，一般是通过测算住宿能力和食品供应能力来反映。其计算公式如下：

$$C_h = \frac{\sum\limits_{i=1}^{n} F_i}{\sum\limits_{i=1}^{n} D_i} \qquad (3-20)$$

式中：C_h 是旅游地社会经济容量（日容量）；

F_i 是第 i 类食物或住宿设施的日供应能力；

D_i 是每个旅游者平均对 i 类食物或住宿设施的消费能力。

（四）旅游者心理容量

旅游者心理容量，是指保证旅游者旅行和游览舒适满意的极限游客接待量，超过这个极限，旅游者的舒适感和满意程度就会下降。对旅游者心理容量的测算，一般是根据旅游资源容量计算公式测算。因为在计算旅游资源容量时所采用的游览空间或间距标准，通常是按照最低极限来测算，但为了保证游客的舒适和满意，应按照合理标准来测算，而这个合理标准通常可根据问卷测试或经验估计而获得，也可以直接采用表 3-1 的国际标准。

第三节　旅游需求和供给的均衡

一、旅游供求关系

旅游需求和旅游供给是既相互依存又相互矛盾的，它们之间的关系是客观存在的，并通过旅游产品价格有机地结合起来，从而形成了旅游需求与旅游供给相互依存和相互矛盾的运动规律。

（一）旅游需求和旅游供给的相互依存性

从旅游需求与旅游供给的相互依存关系看，一方面，旅游需求是影响旅游供给的最根本、最核心的要素，旅游供给必须通过有支付能力的需求才能实现。旅游供给的规划和发展都要以旅游需求为前提，离开旅游需求所制定的供给发展规划必然是盲目的。而另一方面，旅游供给又是旅游需求实现的保证，它提供给旅游需求以具体的活动内容。因此，旅游需求只有借助旅游供给才能得到满足，旅游供给又源于旅游需求，通过旅游需求来实现，并在旅游业发展到一定程度后，激发新的旅游需求。

（二）旅游需求和旅游供给的相互矛盾性

从旅游需求与旅游供给相互矛盾的角度看，在一定时间内，旅游供给能力是既定的，而旅游需求则受人们收入水平、消费方式、时间、气候季节交替、社会环境等多因素的影响，具有较大的不确定性和随机性。在旅游市场上，旅游供给的既定性与旅游需求的多变性必然导致旅游供求之间的矛盾。旅游供求矛盾主要表现在数量、质量、时间、空间和结构等几个方面。

1. 旅游需求与旅游供给在数量上的矛盾

这种旅游供求数量上的矛盾主要表现在旅游供给或旅游接待能力与旅游者总人次的不相适应上。一定时期内，旅游接待能力与游客需求之间都有一定量的比例，只有这个比例相适应或相一致，才能实现旅游供求的平衡。然而实际上，这种平衡往往难以实现，要么出现供给不足，要么出现供给过剩。出现这种供求矛盾的主要原因在于：一方面在不同的发展阶段，旅游需求与旅游供给发展不平衡。在旅游业发展的初期，不断产生的旅游需求导致旅游供给在数量、质量及效能上的持续增长或提高，而旅游业发展到一定程度后，旅游供给越来越多地创造出新的旅游需求，使旅游需求日益发展、演进。另一方面在同一发展时期，旅游供给通常为一常量，不大可能迅速调整；而旅游需求量则是随着各种影响因素的变化而随时发生变动。只要旅游需求总量无法准确估计，这一矛盾就无法得以彻底解决。

2. 旅游需求和旅游供给在质量上的矛盾

旅游供给是以旅游需求为导向的，旅游供给的发展一般总是滞后于旅游需求。因为人们旅游需求的内容和水平总是处于不断变化之中的，而旅游供给要想跟上旅游需求的变化步伐，不仅需要一定的资金投入和建设时间，还会受到自身生命周期、社会价值和道德规范等众多限制，所以旅游供给总是滞后于旅游需求的发展变化。反之，旅游供给若不以旅游需求为前提，超前旅游需求水平而盲目发展，则会使旅游供给在近期内效益降低，而远期又由于设施陈旧老化也达不到预期的效益目标，造成旅游需求与旅游供给的脱节。

3. 旅游需求和旅游供给在时间上的矛盾

时间因素有时直接导致旅游供给和需求的不平衡，从而造成旅游需求与供给的冲突。例如在黄金周和节假日以及春秋季节，人们有很强的出游倾向，形成了旅游需求的旺季。在其他时间，如冬季，人们一般很少外出，形成了旅游需求的淡季。而构成旅游产品的旅游设施和旅游服务，一旦相互配套，形成一定的供给能力，具有常年同一性。旅游资源特别是自然资源，受气候的影响很大，在不同的季节，其吸引力有着明显的差异。因此，旅游需求的时间性、旅游设施的常年性与旅游资源的季节性之间形成了巨大的反差，具体表现为在旅游需求的旺季或某旅游地的季节吸引力较大时，该地的旅游产品供不应求；在旅游需求的淡季或某旅游地的季节吸引力较小时，该地的旅游产品供过于求。

4. 旅游需求和旅游供给在空间上的矛盾

这一矛盾是指在旅游供求总量基本平衡的条件下，旅游供求在不同地区之间的不平衡，即旅游热点地区供不应求，旅游冷点地区供大于求。由于旅游资源的主体是自然或人文景观，在历史形成过程中其地点是不可选择的，因而各个地区旅游资源的类型和等级存在差异，旅游设施、旅游服务亦有很大差别，由此形成了游客流向和流量在空间上的不均衡。另外，由于有些地区经济虽然发达，但旅游资源贫乏，旅游景观缺乏吸引力，但旅游需求却十分旺盛，使得旅游资源丰富的地区游客过多，大大超过了旅游地的环境容量，从而造成旅游需求和旅游供给在空间上的矛盾和冲突。

5. 旅游需求和旅游供给在结构上的矛盾

由于旅游者的构成不同，不同的旅游者受兴趣爱好、民族习惯、宗教信仰、消费水平等众多因素的影响，在旅游需求方面表现出极大的差异性，即便是同一旅游者在不同的时期受外在环境和自身心态变化的影响，也会表现出不同的旅游需求。而一个地区，甚至一个国家的旅游供给，不管怎样周全规划和配备，总不可能做到面面俱到、一应俱全。因此，旅游需求的复杂性、多样性与旅游供给的稳定性、固定性之间的鲜明反差，就形成了旅游供给与需求在结构上的矛盾。

二、旅游供求均衡

在市场经济条件下，要实现旅游供求的均衡，必须充分发挥旅游市场作为旅游供求调节器的功能，把旅游供需结合起来，考察和探寻旅游需求与旅游供给均衡的客观规律。

（一）旅游供求的静态均衡

在影响旅游需求与供给的众多因素中，旅游产品价格是决定旅游需求与供给的关键因素。旅游需求规律和供给规律反映出：在其他因素不变的情况下，旅游产品价格与旅游需求呈负相关关系，与旅游供给呈正相关关系。旅游产品价格提高，旅游产品的需求量就会相应下降，而旅游产品的供给量则会相应上升；反之亦然。因此，旅游产品价格决定着旅游需求与供给的均衡产量，而旅游需求与旅游供给两种矛盾力量共同作用的结果，又形成旅游产品的均衡价格。即当旅游市场上一定旅游产品价格下旅游需求与旅游供给相等时，旅游市场实现供求的静态均衡。此时，由旅游需求和旅游供给相等所决定的旅游产品生产数量为均衡产量，相应的旅游产品价格为均衡价格，如图 3-8 所示。

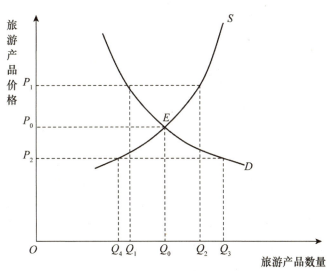

图 3-8　旅游供求的静态均衡

在图 3-8 中，横轴表示旅游产品数量，纵轴表示旅游产品价格，S 代表旅游供给曲线，D 代表旅游需求曲线。从图中可以看出，S 曲线和 D 曲线相交于 E 点。在 E 点，由于旅游需求量和旅游供给量相等，就称在 E 点达到了旅游供求的均衡。此时，与 E 点相对应的旅游产品价格 P_0 即为均衡价格，旅游产品数量 Q_0 即为均衡产量。

当旅游产品的价格由 P_0 上升至 P_1 时，旅游市场的均衡被打破，旅游产品的需求量由 Q_0 减少到 Q_1，而旅游产品的供给量由 Q_0 增加到 Q_2，旅游市场处于供大于求的状态，Q_2-Q_1 即为旅游产品过剩的数量。当旅游产品的价格由 P_0 下降至 P_2 时，旅游市场的均衡同样会被打破，旅游产品的需求量由 Q_0 增加到 Q_3，而旅游产品的供给量由 Q_0 减少到 Q_4，旅游市场处于供不应求的状态，Q_3-Q_4 即为旅游产品短缺的数量。

（二）旅游供求的动态均衡

由于影响旅游需求和供给的因素很多，其中任何一项因素的变化都会导致旅游需求量或供给量发生变化，出现供给过剩或供给不足的现象，因此，完全静态的旅游供求平衡仅仅是理论上的一种假设，现实旅游市场呈现的是由旅游需求和旅游供给变动所引起的旅游供求的动态均衡。主要表现为以下几种情况：

1. 旅游需求变动引起的旅游供求动态均衡

当价格以外其他影响因素的变化引起旅游需求发生变化时，旅游需求曲线就会向右或向左移动，从而在旅游供给水平不变的情况下，形成新的供求均衡，如图 3-9 所示。

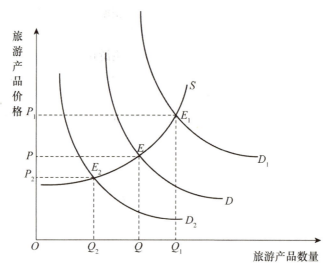

图 3-9 旅游需求变动引起的供求动态均衡

在图 3-9 中，随着旅游需求的增加，旅游需求曲线向右移，即由 D 移到 D_1，此时在旅游供给水平不变的情况下，旅游供求均衡点从 E 移到 E_1，相应地，旅游产品的均衡价格由 P 上升到 P_1，旅游产品的均衡产量由 Q 增加到 Q_1。而随着旅游需求的减少，旅游需求曲线向左移，即由 D 移到 D_2，此时在旅游供给水平不变的情况下，旅游供求均衡点从 E 移到 E_2，相应地，旅游产品的均衡价格由 P 下降到 P_2，旅游产品的均衡产量由 Q 减少到 Q_2。

2. 旅游供给变动引起的旅游供求动态均衡

当价格以外其他影响因素的变化引起旅游供给发生变化时，旅游供给曲线就会向右或向左移动，从而在旅游需求水平不变的情况下，形成新的供求均衡，如图 3-10 所示。

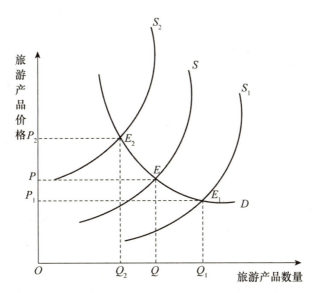

图 3 - 10　旅游供给变动引起的供求动态均衡

在图 3 - 10 中，随着旅游供给的增加，旅游供给曲线向右移，即由 S 移到 S_1，此时在旅游需求水平不变的情况下，旅游供求均衡点从 E 移到 E_1，相应地，旅游产品的均衡价格由 P 下降到 P_1，旅游产品的均衡产量由 Q 增加到 Q_1。而随着旅游供给的减少，旅游供给曲线向左移，即由 S 移到 S_2，此时在旅游需求水平不变的情况下，旅游供求均衡点从 E 移到 E_2，相应地，旅游产品的均衡价格由 P 上升到 P_2，旅游产品的均衡产量由 Q 减少到 Q_2。

3. 旅游需求与旅游供给同时变动引起的旅游供求动态均衡

旅游需求和旅游供给既可以按同方向变动，也可按反方向变动；既可按同比例变动，也可按不同比例变动。而这两者在变动方向和变动比例上的不同组合，会使旅游产品价格和均衡产量的变动出现多种可能性。但不管哪种变动情况，都会遵循基本的旅游需求规律和旅游供给规律。

（三）旅游供求规律

根据以上对旅游供求的静态均衡和动态均衡的分析，我们可以将市场经济条件下旅游供求的规律总结如下：

（1）在旅游市场中，旅游产品的均衡价格和均衡产量是由旅游需求和旅游供给共同决定的。当旅游需求等于旅游供给时，旅游市场的供求就达到均衡，此时相对应的旅游产品的价格和产量即为均衡价格和均衡产量。但旅游供求的静态均衡只是一种理论上的假设，在现实市场上，旅游供求均衡常常表现为不同形式的动态均衡，并且受多种因素影响，这种均衡也是不稳定的。

（2）旅游市场上的旅游需求量和旅游供给量都受到旅游产品价格的影响。在市场均衡的条件下，当旅游产品价格提高时，旅游需求会相应减少而旅游供给会增加，于是旅游市场会出现供过于求的现象；当旅游产品价格下降时，旅游需求会相应增加，而旅游供给会减少，于是旅游市场会出现供不应求的现象。

（3）在旅游供给不变的条件下，旅游需求的变动会引起旅游产品的均衡价格和均衡产量同时同方向变动。

（4）在旅游需求不变的条件下，旅游供给的变动会引起旅游产品的均衡价格反方向变动，而旅游产品的均衡产量同方向变动。

【本章小结】

1. 旅游需求，即在一定时期内，在各种可能的价格下，有一定支付能力和足够闲暇时间的旅游者愿意而且能够购买的旅游产品的数量。客源地的人口特征、旅游者的可支配收入和闲暇时间、旅游产品的价格水平、目的地的旅游资源和服务质量、货币汇率等因素都对旅游需求产生影响。

2. 旅游需求不仅受多种因素的制约和影响，而且旅游需求的变化是有规律可循的，其规律性主要表现在影响旅游需求的因素变化所引起的需求量的变化和需求水平的变化。旅游需求量变化的规律主要表现在：旅游需求量与旅游产品价格呈负相关关系，旅游需求量与人们的收入呈正相关关系，旅游需求量与人们的闲暇时间呈正相关关系。

3. 旅游需求弹性是指旅游需求对影响因素变化的敏感性，即旅游需求量随其影响因素的变化而相应变化的状况。根据旅游需求的影响因素，旅游需求弹性一般可分为旅游需求价格弹性、旅游需求收入弹性和旅游需求交叉弹性。

4. 旅游需求的变化状况及水平，一般可以通过旅游需求指标来反映和衡量。一般来说，比较常用的旅游需求指标体系主要由以下四类指标构成：旅游者人数指标、旅游者停留时间指标、旅游者消费指标和旅游出游率与旅游重游率指标。

5. 旅游供给是指在一定时期内，在每一价格水平上旅游目的地（或经营者）愿意而且能够向旅游市场提供的旅游产品的数量。影响旅游供给的因素有：旅游环境容量、旅游产品和相关产品的价格、旅游生产要素的价格、社会经济发展水平、科学技术发展水平、旅游经济方针与政策与旅游生产经营者的心理预期。

6. 旅游供给价格弹性是指旅游供给对旅游产品价格变动所做出的反应程度，旅游供给价格弹性等于旅游供给量变化的百分比与旅游产品价格变化百分比之比。

7. 在市场经济条件下，要实现旅游供求的均衡，必须充分发挥旅游市场作为旅游供求调节器的功能，把旅游供需结合起来，考察和探寻旅游需求与旅游供给均衡的客观规律。

【复习思考题】

1. 怎样理解旅游需求和旅游供给的概念？
2. 旅游需求和旅游供给的影响因素分别有哪些？
3. 分析说明旅游需求和旅游供给各自的规律性。
4. 简述旅游需求价格弹性和旅游供给价格弹性。
5. 旅游需求的预测模型有哪些？
6. 旅游供求之间的关系表现在哪些方面？
7. 分析旅游供求的静态均衡和动态均衡。

 **案例分析**

说走就走，不需要太多理由——"Z世代"旅游消费观察之一

"Z世代"（指在1995年至2009年间出生的人）日益成为旅游消费主力军，近期相关调查显示，2021年超过三分之一的"Z世代"有出游意愿。以"Z世代"为代表的年轻群体旅游需求特点多样而鲜明，深刻影响着旅游业的当下和未来。"Z世代"旅游消费有哪些特点？业界如何与"Z世代"一同成长？

"汪曾祺的散文《端午的鸭蛋》描述了他小时候端午节吃鸭蛋，说高邮鸭蛋'质细而油多'。所以，我就抱着这本书到高邮去了，尝一尝高邮鸭蛋。"对于"Z世代"来说，出门旅游说走就走，无须太多理由，他们不再满足观光、打卡、人挤人式的旅游，而是更青睐契合自己心境的"小确幸"，更加关注个性化的体验，更希望在旅途中满足社交需求。

1. 随性自由。传统出游更像一项充满仪式感的行动，游客往往提前制订出游计划、搜寻旅游攻略、列出必去景点。"Z世代"选择从传统出游方式中跳出来。数据显示，在2021年的消费预期中，旅游、保健养生和教育培训位列18至25岁年轻人消费榜单前三甲。愿意为旅游买单，渴望自由，旅游成为年轻人的一种生活方式，说走就走成为常态。民宿行业嗅到了由此带来的商机。途家及斯维登集团联合创始人说："'Z世代'拥有说走就走的勇气，他们经常是先出发再完善计划。我们集团的预订数据显示，'95后'是城市民宿消费主力军，占比超四成，有约36%的游客会在当日才确定入住。"2021年"五一"假期，斯维登集团开展帐篷草地音乐派对、青春阅读会等活动，为说走就走的年轻人提供舒心服务。

2. 追求特色。马蜂窝旅游有关数据显示，"Z世代"旅行方式和消费偏好与上一代旅行者有很多不同之处。相比前往热门目的地和知名景点，他们更追求个性化体验。2016年，电影《从你的全世界路过》上映，随着电影的热映，其拍摄地重庆鹅岭贰厂成为众多文艺青年青睐的打卡地。在开发过程中，鹅岭贰厂将"废"的感觉保留下来，建筑外观看上去"古旧"，但内部装修很精致，营造出别样的体验空间。鹅岭贰厂文创公园执行董事介绍："现代与古老、萧条与繁华、沉重与清新……各种看似矛盾的元素有机融为一体，给人强烈的对比。在这里，主题电影拍摄等各种文化体验活动吸引着一波又一波年轻游客到来。"

3. 注重社交。"Z世代"出游，越来越倾向于满足自己的社交需求。年轻人的时间往往被工作或学习占据，长时间"关"在封闭的生活圈中，旅游为他们与老朋友叙旧、认识新朋友，提供了社交的载体。"年轻游客的需求有圈层文化强、社交需求高等特点。他们有着'二次元''国风'等兴趣爱好，在旅游过程中想要有互动体验。"南京华加文化创意有限公司负责人说。游戏过程中出现了"路人"玩家组队解密、玩家与非玩家角色（NPC）斗智斗勇寻线索、玩家间互换密码等有趣的现象，排名靠前的玩家甚至现场吸引了一批粉丝，不少玩家在游戏后成为朋友，也成了景区的常客。年龄相仿，兴趣相投，"Z世代"有着自己独特的个性，又拥有当代年轻人的共性。差不多的人生阅历，

对新鲜事物的好奇，让他们在旅游中更容易相识、相知。旅游社交成为"Z世代"出游的一项需求。

资料来源：赵腾泽. 说走就走，不需要太多理由——"Z世代"旅游消费观察之一. 中国旅游新闻网，2021-06-02，有删减.

案例思考：

旅游企业应如何根据游客需求的变化调整旅游供给？

第四章

旅游价格

导 言

　　本章学习目标：通过本章的学习，要求能够掌握旅游价格的概念、分类以及旅游价格体系，对旅游价格的影响因素有一个比较全面的了解，掌握旅游价格歧视的类型，熟练地掌握和灵活运用旅游产品的各种定价方法和定价策略。

　　本章难点：旅游产品的定价方法；旅游产品定价策略

　　关键术语：旅游价格；旅游定价方法；旅游定价策略；旅游差价

景区门票降价为旅游转型升级赋能

　　据报道，2020年8月1日起至年底，山东泰山、三孔、天下第一泉等81家国有景区将大幅降低门票价格。除法定节假日外，9家5A级景区在原政府定价的门票价格基础上，全部执行不低于5折的票价优惠；其余72家国有景区，在原政府定价的门票价格基础上，工作日执行2折票价，周末及法定节假日执行5折票价。

　　新冠疫情发生后，全国各地景区暂停营业，损失巨大。2020年7月14日，文化和旅游部印发通知，明确低风险区恢复跨省团队旅游。山东作出国有景区集体降价安排，范围之广、幅度之大，堪称山东史上之最。对于计划在暑假、中秋和国庆假期出游的人来说，无疑是一个实实在在的好消息。近年来，一些地方景区门票价格居高不下，已经成为旅游业高质量发展的"绊脚石"。2018年，国家发展改革委出台指导意见，要求完善国有景区门票价格形成机制，降低重点国有景区门票价格。其后，陆续有一些景区实施了降低门票价格措施，但与大众的期待仍有差距。一些景区的门票价格动辄百元，甚至几百元，若一家人出行，光门票花费就是一笔不小的支出。众所周知，旅游经济由吃、住、游、娱、行、购等多要素组成。实行低价门票或免费开放，不仅可以大大提升人气，还会带动周边酒店、餐饮、购物、娱乐等产业发展。比如，杭州西湖景区免费后，虽然每年损失四五千万元的门票收入，但公开数据显示，如果每个游客在杭州多留24小时，杭州的年旅游综合收入便会增加100亿元。这不仅弥补了门票收入的缺口，还获得了良好的口碑。

景区门票降价是旅游业转型升级的必经之路。随着新的旅游产品种类层出不穷、个性化定制服务极大丰富，人们对旅游体验的要求越来越高，以门票经济赚得盆满钵满的日子已难以为继，景区门票降价成为大势所趋。正如业内人士指出的，品质旅游时代一定会到来，旅游业重启发展之路，不应再走依赖门票收入的老路。要把游客的需求作为旅游产品创新的根本动力，把人的体验作为旅游产品成功与否的标准。据此而言，山东省大幅降低国有景区门票价格，表面上看是为行业复工吸引人气，增加旅游收入。从深层次看，则是为旅游业转型升级赋能，推动旅游业高质量发展。各地政府和旅游景区应积极转变观念，以降价政策的杠杆，撬动旅游业由门票经济向产业经济、景点旅游向全域旅游转型升级。

资料来源：付彪. 景区门票降价为旅游转型升级赋能. 中国旅游新闻网，2020-07-28.

在市场经济条件下，旅游者在旅游目的地的消费是通过交换活动来实现的，也就是说，旅游经营者提供各种旅游产品，旅游者为这些产品支付一定的货币作为价值等价物，以补偿旅游经营者的各种耗费。在交换的过程中，价格是交换活动顺利进行的条件。旅游价格不仅是影响旅游供求运动和旅游市场活动的重要经济杠杆，也是旅游经济的主要经济范畴，因此研究旅游价格是旅游经济学的重要内容。

第一节　旅游价格的概念及分类

研究旅游价格首先要研究旅游价格的概念，旅游价格的概念是研究旅游价格其他方面的基础。在旅游价格的概念中又涉及旅游价格的特点和作用，在此基础上进一步分析旅游价格的类型，从而全面地掌握旅游价格。

一、旅游价格的概念与特点

旅游价格是旅游者为满足旅游活动的需要所购买的全部旅游产品价值的货币表现。

这里的旅游产品包括能够满足旅游者旅游活动需要的各种旅游产品——食、宿、行、游、购、娱等各方面。价格是价值的货币表现，旅游产品的价格也应该是其价值的货币表现，旅游价格以旅游产品的价值为基础，而旅游产品的价值是由生产旅游产品的社会必要劳动时间决定的。

旅游产品与其他产品之间存在着差异，使旅游产品具有特殊性，表现在其价格上也有特殊性。具体来说，主要是：

（一）旅游价格的综合性

旅游产品价格既包括单项旅游产品价格又包括整体旅游产品价格，但通常的"旅游价格"是指由各种单项产品价格构成的一种综合价格，旅游价格的这种综合性是由旅游产品的综合性决定的。所以旅游价格的综合性表现在它是由构成旅游产品的住宿、餐饮、交通、游览、娱乐和购物等单项产品的价格组合而成的一种综合价格。

（二）旅游价格的季节性

旅游价格的季节性是指旅游企业经营者在不同的季节以不同的价格把旅游产品出售给旅游者，即旅游产品的价格存在季节性的差异。在旅游旺季，由于旅游需求过大，而旅游供给又具有刚性的特点，不可能马上像一般产品那样扩大生产以满足过大的市场需求，往往提高价格来抑制旅游者的数量，以避免旅游者数量超出本地的旅游承载能力，另外也是为了获得相应的经济收益；而在旅游淡季，由于游客数量减少，旅游企业经营者往往降低旅游产品的价格以吸引更多的旅游者来访，从而最大限度地避免旅游企业人员和设施的闲置和浪费。

阅读资料 4 - 1

节后旅游价格大跳水 温泉、冰雪成旅游淡季新引擎

2020 年"十一"假期过后，不少旅游产品价格迎来"大跳水"。对于即将到来的旅游淡季，各地政府推出扶持政策，各家旅游公司也使出了浑身解数，除了大打"优惠牌"揽客之外，还将目光放在了温泉、枫叶、冰雪等特色旅游项目上。跟团游平均下调 500 元，部分线路下调 40%～60%。10 月 12 日，记者在山东省济南市泉城路一家旅行社了解到，济南至张家界双飞 5 日游在 10 月中旬至下旬的价格为 1 880 元，这条线路在"十一"期间的价格基本在 2 280 元以上，桂林阳朔双飞 5 日游在 10 月下旬出游的价格为 1 399 元，这条线路"十一"期间 2 280 元，目前的价格为 1 980 元。销售人员告诉记者：出游价格普遍下调了，与"十一"期间相比平均下调 500 元左右，部分热门线路下调了 1 000 元。

线上旅游线路的价格也大幅跳水。记者查询携程网发现，国庆期间火爆的西北游迅速降温，"青海湖＋茶卡盐湖＋敦煌＋张掖＋西宁 8 日 7 晚跟团游"10 月下旬已经降价到 3 500 元左右，相比国庆期间价格下降了 60%。国庆热搜不断的张家界价格也是巨幅跳水，目前在携程平台上，5 日的 8 人小团，已经降价到最低 1 600 元/人起，还享受 2成人立减 300 的平台优惠。现在的价格差不多是国庆期间的四分之一。同时机票、酒店价格也大幅下降。12 日，记者查询多个机票销售平台后发现：节后一周内，多条热门航线机票价格出现较大折扣，部分线路低于高铁票价。以济南为例，济南飞往大连 138元，济南飞往成都 423 元，济南飞往西安 217 元，济南飞往武汉 280 元，济南飞往丽江300 元。

除了用价格、优惠吸引人气外，不少景区、旅游企业瞄准温泉、枫叶、冰雪等主题旅游。冰雪、温泉等热度在不断攀升，成为旅游淡季的主力军，短线游纷纷向温泉、枫叶等特色方面发力。温泉、枫叶正在成为部分景区"拉客"的主要引擎。由于温泉旅游以短线游、周边游为主，景点一般距离城市车程较近、交通较为便利．因此，通过网上预订温泉门票自驾游或者自助出游的市民人数增长较快。

公开数据显示，近年来冰雪旅游人次不断增加，冰雪旅游收入也有较快增长。中国旅游研究院发布的《中国冰雪旅游发展报告（2020）》指出，2018—2019 年冰雪季中国冰雪旅游人次达 2.24 亿，冰雪旅游收入约为 3 860 亿元，同比分别增长 13.7%、17.1%；冰雪旅游人均消费达 1 734 元，是国内旅游人均消费的 1.87 倍。

资料来源：丛萍. 节后旅游产品价格大跳水　温泉、冰雪成旅游淡季新引擎. 海报新闻，2020－10－12，有删减.

（三）旅游价格的相对灵活性

旅游价格的相对灵活性是由旅游供求特点和旅游产品的特点所决定的。从旅游供求特点来看，旅游需求具有较大的波动性，而旅游供给具有相对的稳定性，一般情况下，在调节供求矛盾的过程中，通过价格和供求数量的变化共同调节供求关系。而旅游供给具有相对稳定性，供给量是相对稳定的，所以要调节供求矛盾，只能是依靠价格，短期内尤其如此。这样就要求旅游价格具有一定的灵活性，通过灵活的价格来促使旅游供求达到均衡。从旅游产品的特殊性来看，旅游产品是不可储存的，在这种情况下，旅游供给与需求的相对均衡是旅游企业和旅游目的地提高经济效益和社会效益的重要条件。要使供求达到均衡，关键在于调节旅游需求，而灵活的价格则是调节旅游需求的一个重要的经济杠杆。

（四）旅游价格的垄断性

在旅游产品中，有的旅游产品的价格和价值背离较大，是一种垄断价格。与一般市场价格不同，这种垄断价格不是由产品的生产价格或价值决定的，而是由购买者的需要和支付能力决定的。旅游产品的垄断价格，主要是指旅游产品中的文物、古迹、风景、名胜等垄断价格。它们的特点是，一般为一个国家或地区所单独占有，在国际市场中没有竞争对手；它们的价值很难用投入的劳动量来衡量，它们不同于一般商品，不仅不会因为时间而丧失其价值，相反，随着时间的推移其价值越来越高，因为创造这种价值的古代劳动，既不可能再产生，又不可能用现代劳动创造，其历史价值难以衡量。因此，这种产品的价格不受成本高低、盈利大小的影响，即不受其价值的限制。旅游资源的有限性和旅游产品所有权的独占性，使旅游价格具有垄断性的特点。

二、旅游价格的分类

按照不同的标准将旅游价格划分为以下类型：

（一）按照出游的范围分类

可分为国内旅游价格和国际旅游价格。国内旅游价格是指旅游者在本国国内旅游的价格；国际旅游价格又分为出境旅游价格和入境旅游价格，包括三部分，即国际交通费、旅游目的地旅游产品的价格、客源国的旅行社服务费。

(二) 按旅游产品价格形成与价值的关系分类

可分为一般旅游价格和特种旅游价格。一般旅游价格即指以旅游产品价值为基础来确定的旅游产品价格，这类旅游产品的价格以其价值为基础，按照社会平均利润来制定；特种旅游价格是指旅游产品价格和旅游产品价值背离较大的旅游价格，这类旅游产品由于其具有不可替代性，因此在价格上具有垄断性。此类旅游产品价格的制定主要取决于市场的需求及竞争状况，而不受其成本高低的限制。

(三) 按满足旅游者的不同需求分类

可分为基本旅游价格与非基本旅游价格。基本旅游价格是指满足旅游者在旅游活动中的基本需求的各种单项旅游产品的价格，这些旅游产品是旅游者在旅游活动中必须消费的内容，缺少了任何一项，旅游者的旅游活动都无法正常进行，如旅游餐饮、旅游交通价格等。非基本旅游价格是指旅游者在旅游活动中消费非基本旅游产品的价格，这类旅游产品不是旅游者所必须购买的，没有这些旅游产品，旅游者的旅游活动可以正常进行，如旅游奢侈品价格等。

(四) 按旅游者购买旅游产品的方式不同分类

可分为全包价旅游价格、小包价旅游价格和单项旅游价格。全包价旅游价格又称统包旅游价格，是指旅游者参加旅行社组织的旅游，按旅行社推出的某条旅游线路一次性支付的价格；小包价旅游价格又称散包旅游价格、零包旅游价格，是指旅游者通过旅行社一次性购买部分旅游产品的旅游价格；单项旅游价格是指旅游者不通过任何中介机构，自己外出旅游时所购买的各种旅游产品的价格。

(五) 按消费者的消费心理不同分类

可分为现实旅游价格、预期旅游价格和心理旅游价格。现实旅游价格又称为旅游市场交易价格，是指旅游者在购买旅游产品时实际支出的旅游价格；预期旅游价格即指旅游者对未来旅游市场供求变化所预期的，与旅游经营者现实报出的价格未必一致的旅游价格；心理旅游价格即指旅游者在旅游活动中"旅游价格是否和旅游产品价值相符"的心理上的主观价格。

第二节　旅游价格的形成

旅游价格是旅游产品价值的货币表现。旅游产品价格同其他商品一样，是以价值为基础，以供求为依据，结合国家的政策综合形成的。

一、旅游价格的构成

旅游产品的价格构成包括四个方面，即旅游企业的营业成本、期间费用、税金及利润。其中旅游企业的营业成本和期间费用之和又称为产品成本。用公式表示为：

旅游产品价格＝营业成本＋期间费用＋税金＋利润　　　　　　　　　　　　(4-1)

营业成本是旅游企业在经营过程中发生的直接费用，包括各种直接材料消耗、代收代付费用、商品进价成本和其他直接费用。旅游产品价格中的营业成本，是指生产同类旅游产品的社会平均成本，而不是指某个企业的个别营业成本。在旅游市场上，生产同种旅游产品可能有众多的企业，由于各企业的生产条件和经营管理等方面存在着差别，产品的个别劳动耗费是不一样的，从而决定了产品的个别价值有高低之分。但在市场中，社会对同一种旅游产品只能承认一个社会价值，因此，价格中的营业成本只能是社会的平均成本。

期间费用是指旅游企业在其经营过程中发生的不能直接认定应由某一核算对象来承担的费用。包括营业费用、管理费用和财务费用。营业费用和管理费用主要是根据费用发生的不同环节来区分的，属于营业部门发生的，计入营业费用，属于管理部门发生的则计入管理费用，有些不易分得清的和不易分摊的共同费用，一般都计入管理费用。

税收和企业利润是旅游产品价格构成中的另外两个要素。税收是纳税人依法向国家纳税的金额，旅游企业是从事旅游产品生产和经营的单位，向国家纳税是应尽的义务。利润是企业通过自己的生产经营活动所获得的收入扣除营业成本、期间费用以及税金后的余额。因此，在其他条件不变的情况下，价格和利润二者之间是正相关关系。

以上是就单项旅游产品的价格构成而言的。通常我们所讲的旅游价格，是指综合性旅游产品价格，即旅行社出售的整体旅游产品的价格。旅行社将其购买的单项旅游产品加以组合，实行旅行社项目定价，即根据该项目实施中所应包括的食、行、住、游（门票）等各项费用，即购进成本（也称代办费），再加上旅行社自身的费用，以及税金、利润等，构成对外报价，即该项目的旅游价格。

二、旅游价格的影响因素

旅游价格由价值决定，同时还受供求关系、竞争状况、国家政策等因素影响。在制定旅游产品价格时，这些因素都是需要考虑的。

（一）供求关系影响价格

在旅游产品价值一定的情况下，旅游产品市场价格还要受到旅游产品供给和需求关系变化的影响。由于影响旅游供求的因素是多种多样的，因此旅游供求关系的变化会形成多种排列关系，也会随着空间与时间的变化发生转换。一般地说，当旅游产品的供给大于或小于旅游产品需求时，实际价格就会低于或高于理论价格。

供求关系对任何商品和服务价格都会产生影响，但是，旅游供求关系对旅游价格的影响作用具有特殊性：第一，旅游供求关系转换较为频繁与迅速，即使在一种供求关系状态下，也会出现另一种相反的供求关系状态，旅游供求关系状态的频繁置换与变动，必然会使旅游价格经常发生变动。第二，旅游供求关系不仅决定着供给与需求的时间和空间数量对比关系，而且供求关系也会对旅游产品质量产生影响，从而也会影响旅游产品理论价格的基础——旅游价值发生变化。由于以上两个原因，供求关系对旅游产品价格的影响是巨大的，旅游价格总是随着供求关系的变化而变化，尤其是国际旅游。可见，供求关系是决定和影响旅游产品价格变化的一个基本因素。

从总体上来讲，旅游产品具有价格和收入两方面的弹性。所以，价格上升将会使旅游者的需求量降低，而价格降低则会增加需求量。旅游产品一般被看作是奢侈品，当人们的收入提高时，就会增加对旅游产品的消费，而当收入降低时，旅游消费可能首先被作为一种可任意支配的开支而削减。人们习惯于靠全年精打细算节约下来的有限收入来安排旅游活动。在做出最后的旅游决定之前，通常要仔细比较各种旅游产品的价格，从中选择一个最优的方案。有些人甚至将预订拖到最后一刻，希望能够在最后一分钟的讨价还价中获得价格优惠。因此，旅游企业必须了解旅游者的购买决策过程，以便决定何种价格水平是适当的。

（二）竞争影响价格

在市场经济条件下，旅游市场竞争是指旅游产品供给者之间、旅游产品需求者之间以及旅游产品供求双方之间为了获得经济利益，在市场上进行的抗衡和较量，这种抗衡和较量存在于市场经济的各方面和全过程，是价值规律、供求规律的特殊表现形式。

迄今为止，国际旅游目的地选择的最重要的因素是相对价格。有研究结果表明，这在目的地的各种选择因素中占40%，而目的地相近的替代性在选择因素中占60%。

作为一个长盛不衰的目的地，西班牙在20世纪90年代早期以其给旅游者带来的经济优势而再度崛起，这种优势主要是与其邻近的竞争对手法国相比而得来的。法郎的坚挺意味着国际旅游者的金钱在法国所获得的利益要比在西班牙少。另一个影响目的地相对价格的因素是国家的财政结构。在欧洲，各国征收的增值税率和消费品的其他税率是不同的，这就使得有些国家与其他国家相比，对旅游者而言价格更加昂贵。

因此，在制定价格策略之前，重要的是要监控竞争者的价格。这种监控能揭示市场的价格结构，企业也可以根据竞争状况决定自己的价格策略。

在旅游市场上，竞争规律发挥着作用，决定市场成交价格。这些竞争主要包括：

1. 旅游供给者之间的竞争

在旅游市场上某种旅游产品的需求量一定时，生产同种旅游产品的不同供给者之间，为了尽快将产品销售出去而展开激烈的竞争。如果旅游供给者在市场上要价过高，其他旅游供给者则以较低的价格销售，以便从销售量的扩大中实现利润的增加。这时，竞争规律就发生作用，迫使要价过高的供给不得不降低价格。供给者之间竞争的结果，使得市场成交价格以较低的价位实现。

2. 旅游需求者之间的竞争

在旅游市场某种旅游产品供给量一定的情况下，旅游需求者为了尽快购买到其所需的旅游产品，往往不惜出高价。这时，旅游需求者中如果有的只愿意出低价购买，交易就不会成功。因为其他需求者愿意出高价，而供给者也决不会舍弃高价而要低价。这时，旅游需求者之间竞争的结果，只能使市场成交价格以较高的价位实现。

3. 旅游供给者与需求者之间的竞争

作为供给者总是想以较高的价格销售，而作为需求者总是想以较低的价格购买，双方展开竞争。竞争中哪一方的力量更强，价格将会向哪一方倾斜。如果市场需求者的力量更强大，则最后成交价格将向下倾斜；如果市场供给者的力量更强大，则最后成交价格将向上倾斜。

影响价格的三个主要因素是成本、竞争和消费者。三者之间的密切关系是：需求限制了价格上限，成本限制了价格下限，竞争决定了实际价格在这个范围内的上下浮动。

（三）经济政策影响价格

　　在旅游经济活动中，国家的政策对旅游产品价格具有重要的影响。一方面，国家为了保证旅游经济的顺利运行，根据客观经济规律的要求，制定多种经济政策来规范旅游经济的运行。另一方面，旅游经济活动不单纯是经济活动，也是国家对外经济关系的一种形式，是我国外交活动的重要组成部分，政策性很强。基于这两点原因，旅游产品的现实价格，不仅要以价值为基础，反映供求关系，而且还要受到国家的经济和外事政策的影响。接待国为保证一定时期经济发展战略目标的实现，要制定一系列经济政策。旅游价格政策是经济政策的一个重要组成部分，它体现了各项经济政策对旅游价格形成的基本要求，各种经济、政治因素对价格形成的影响，最终要通过价格政策反映出来。

　　不同国家和地区在不同的经济发展形势下，所实行的旅游产品价格政策也是不同的，这是由一定时期一个国家经济发展的总目标和政府对旅游业的态度决定的。例如，我国在旅游业发展的初期，把旅游业的活动看成外事活动的一个部分，看重的是它的政治功能，而不是经济功能。因此，在价格政策上不考虑经济效益，实行低价，不仅不符合价值规律，而且也背离了供求规律。改革开放以后，随着旅游业属性的转变，由政治接待型转变为经济创汇型，特别是自1986年以后，国家将旅游业的发展纳入国民经济和社会发展计划之中，真正把旅游业作为一项产业来对待，因而在旅游价格政策上也发生了变化。强调旅游价格的制定应该符合经济规律，实行按质论价，同质同价，优质优价，低质低价，通过价格杠杆调节供求关系，推动旅游经济的正常运行。

阅读资料 4－2

为刺激淡季旅游消费，政府、旅企齐助力

　　为了刺激淡季旅游消费，多地地方政府联合旅游平台发放众多优惠券，优惠券的使用期限延续至"十一"后，涵盖了酒店、门票、餐饮、文旅消费等方面。

　　目前贵州、大连等地联合携程平台发放旅游补贴，比如大连市发放15万张300万元旅游惠民消费券，用于购买景区门票。9月1日到11月18日，在携程手机端指定入口预订大连热门景区门票，最高立减100元。同时，吉林省开启2020文旅消费季"惠聚江城"促销活动，发放地接大团队奖励、通过美团发放文旅消费券。此外，为刺激人群旅游消费，各大旅行社也纷纷推出节后促销让利活动。据了解，目前已有数千家旅行社在携程平台推出节后降价和促销产品，平台还推出"超值星期三""10.11旅游会员日"主题的大规模特价和优惠券活动。飞猪则推出部分"超值特卖产品"，通过整合低价旅游产品吸引游客。途牛旅游推出一些价格在100～300元/人的低价跟团游产品，主打"秋季赏枫"主题。

　　资料来源：丛萍.节后旅游产品价格大跳水　温泉、冰雪成旅游淡季新引擎.海报新闻，2020－10－12，有删减.

第三节　旅游价格歧视

旅游价格歧视是旅游价格在市场上的一种重要表现，是指旅游企业经营者出售同样的旅游产品时，对不同的旅游者收取不同的价格，主要包括旅游差价和旅游优惠价两种形式。

庇古（Pigou）把价格歧视分为三种类型：一级价格歧视、二级价格歧视和三级价格歧视。一级价格歧视是垄断厂商可以对出售的每单位产品收取不同的价格，即按消费者的保留价格定价，厂商获得全部的消费者剩余。二级价格歧视是指厂商根据不同消费量或者"区段"索取不同的价格，并以此来获取部分消费者剩余，数量折扣是二级价格歧视的典型形式。三级价格歧视是假定厂商能够区别不同水平的消费者群体的总需求曲线，它就可以对不同需求价格弹性的几个消费者群体，将同一商品按不同的价格进行销售，这类似于把市场分割成几个市场区域。旅游差价和旅游优惠价即是旅游价格歧视的两种表现形式。

一、旅游差价

旅游差价是指同种旅游产品由于销售时间、地区、环节以及其他原因引起的旅游价格差额，包括旅游地区差价、旅游季节差价、旅游质量差价和旅游批零差价等。

（一）旅游地区差价

旅游地区差价是指同种旅游产品在同一时间不同地区的价格差额。旅游地区差价的存在反映了价值规律的要求。就一般情况来讲，主要旅游地区往往都是一些经济、文化比较发达，人口比较稠密的地区，这一地区在进行旅游资源开发，旅游设施建设中单位成本较高，理应通过较高的价格来给予价值补偿。

虽然各旅游地区所费的单位劳动量存在着某些程度的差异，要求通过价格差异来表现，但这种差异并不十分显著，形成地区差价的主要原因是旅游供求在地区上存在着矛盾。从旅游供给上讲，作为旅游供给的两大要素，旅游资源和旅游设施具有一定的地区性，不同地区经济、历史文化、自然地理以及风土民情的差异，形成了各自独特的旅游资源，同时由于经济发展水平的地区差异，造成各地旅游设施服务状况不同，旅游热点地区由于具有丰富的旅游资源，良好的旅游设施，方便的交通运输网，优质的服务吸引大批旅游者前来访问，产生大量旅游需求，导致旅游产品价格较高。旅游冷点地区由于旅游资源数量少或质量低，或者没有完善的旅游设施和方便的交通网，服务水平低下，因而无法吸引大批旅游者前来访问，旅游需求量较小，导致旅游产品价格较低。

我们可以利用价格调节旅游需求的功能，应用地区间的价格差，解决旅游供求在地区间分布不均的现象，来缓解热点地区和冷点地区的供求矛盾。对旅游热点地区实行较高旅游价格，对旅游一般地区实行中等价格，对旅游冷点地区实行较低的价格，促使旅游需求在地区间合理分布，使全国各旅游地区的旅游业得到均衡地发展。

地区差价的形成，会造成各地区在同等劳动耗费、同等经营条件下，旅游热点地区由于具有有利条件可以得到比一般地区较多的旅游收入和企业利润，形成了旅游地区的"级差收入"。"级差收入"的存在造成旅游收入的地区分布不均，更严重的是，过大的级差收入会造成旅游设施全国布局的混乱，影响我国旅游业向深度和广度发展，它不但影响旅游地区的积极性，而且也不利于主要旅游地区改善经营管理、提高经济效益。

从理论上讲，旅游地区级差收入的产生是由于两个因素：一是旅游资源自然地域性，这是旅游级差收入产生的必要条件；二是旅游地区经营的垄断性，这是旅游级差收入产生的充分条件，这两个条件都不是旅游企业自己所能创造的。所以政府应该发挥宏观调控的作用，防止过大级差收入的出现，调动各地区的积极性，促进旅游业的合理布局。

(二) 旅游季节差价

旅游季节差价是指同种旅游产品在同一市场不同季节之间的价格差额。旅游季节差价的主要原因是由于旅游供给和旅游需求在时间上存在着矛盾。从旅游供给方面讲，旅游资源尤其是自然旅游资源受特殊地理条件的影响，在不同季节里，旅游资源具有不同的观赏价值和游览价值，也就是说，旅游资源具有观赏价值的波动性。在不同的季节，旅游资源的吸引力强度不同，从而导致旅游需求的季节性。从旅游需求方面来看，闲暇时间是旅游需求产生的重要条件之一，闲暇时间分布状况必然会影响旅游需求的分布。从以上两点来看，旅游需求在不同的季节具有波动性，而作为旅游设施接待能力，如旅游饭店的床位、旅游交通的载客能力以及旅游景区景点的接待能力并不随季节变化产生波动，所以旅游供给短期内具有刚性。这样旅游需求的季节性波动和旅游供给的相对稳定性之间产生矛盾，具体表现为旅游的淡旺季，淡旺季的存在直接影响旅游业的发展和旅游经济效益的提高。因此，为了克服旅游需求和旅游供给季节上的矛盾，就必须利用价格调节需求的功能，在不同季节实行不同的价格，利用旅游季节差价调节旅游需求的季节分布，促使旅游需求在不同季节合理分布。

合理的旅游季节差价可以正确引导旅游需求季节分布，使旅游业经营正常进行。要使各季节的旅游差价合理，就要正确处理以下两个问题：第一，合理规定旅游价格的上限和下限。旺季旅游价格是旅游季节差价的上限，其价格水平不能超过旅游者支付能力，价格水平应与同类旅游区域邻近国家（地区）旺季价格水平相一致。相反，淡季旅游价格是旅游季节差价的下限，其价格水平不能低于各旅游企业变动成本，价格过低，旅游劳动耗费得不到价值补偿，影响旅游企业的经济效益。第二，正确处理特殊和一般的关系。旅游季节差价的主要功能是调解旅游需求的季节分布，调节目标则是使旅游需求在全年各季节趋于相对一致。由于旅游者不同，旅游地区特点不同，旅游差价对旅游需求的调节作用和影响程度是不一样的，因而，我们在制定旅游季节差价时要正确处理特殊和一般的关系，对不同旅游者和不同旅游地区制定幅度不同的差价，差价的大小以淡旺季变化的幅度和旅游需求价格弹性为依据。

(三) 旅游质量差价

旅游质量差价是指同种旅游产品在不同的市场上因质量的差异而形成的价格差额，

旅游质量差价是价值规律的要求，具有客观必然性。各种不同等级、品质和项目差异的旅游产品，在其生产过程和服务过程中的耗费是不相同的。在一般条件下，高质量的旅游产品在其生产过程和服务过程中花费的活劳动和物化劳动就多，这种差别必须通过价格的差别表现出来，高质量的旅游产品需要获得较多的价值补偿，其价格水平就高；相应地，低质量的旅游产品的价格相对低一些。因此在旅游经济活动中，对旅游产品按质论价是市场经济价值规律的要求。

旅游质量差价主要有两种类型：（1）等级差价是指旅游产品的等级不同而形成的差价。这种差价在旅游饭店和旅游交通部门比较常见。如旅游饭店按等级可划分为一至五星级，民航客机的舱位也可划分成不同等级，等级不同，价格水平也不同。（2）项目差价是指由于服务项目不同而形成的质量差价。服务项目越多，价格越高。

合理确定旅游质量差价，首先要按照一定的标准将旅游企业划分成不同的等级，各等级的划分必须有明显的标志以及区分等级的量化指标。其次要确定各类的标准级。旅游设施和旅游服务的标准级确定是一项细致而复杂的工作，直接影响到我国旅游设施和服务的质量结构和等级结构。通常设置标准级主要依据目前我国旅游设施和服务的等级结构，以中等水平为宜，过高或过低的标准级都不利于我国旅游业的发展。最后以标准级为依据，合理规定标准级的质量幅度，并按其质量幅度的大小确定质量差价。

旅游质量差价表现了旅游设施质量和旅游服务质量同旅游价格的关系，所以在按质论价中要适当处理质量的变动与价格变动的关系。随着各地旅游设施质量的提高，交通运输条件的改善，旅游服务质量的提高，旅游价格有上升趋势。从理论上讲，旅游质量提高要求对旅游价格进行调整。但是，在对旅游价格进行调整时，必须考虑旅游者的接受能力以及竞争状况，短期内旅游价格大幅度上涨势必影响客源，因为旅游者在选择目的地时，不仅考虑旅游价格绝对数，也考虑旅游价格的相对数，短时间内的旅游价格大幅度变动会引起旅游者的反感，从而改变其旅游目的地。所以，旅游价格的调整必须有计划、有步骤地进行，不能过快、过急。

（四）旅游批零差价

旅游批零差价是指同种旅游产品在同一市场、同一时间零售价格与批发价格的差额。在旅游产品销售过程中，由于旅游批发商一次性购买旅游产品的数量较大，因此能够获得旅游产品的批发价格，然后又以较高的零售价格出售给旅游者，由此获得旅游零售价格和批发价格的差额。

二、旅游优惠价

旅游优惠价是指在旅游产品基本价格的基础上，给予旅游产品购买者一定折扣的价格。其目的是吸引旅游产品购买者，争取客源市场，使企业保持稳定的经营。旅游优惠价主要有以下三种形式：

（一）同业优惠

同业优惠是对同行消费者给予的价格优惠。例如一家航空公司对另一家航空公司人员的优惠，航空公司对旅行社、饭店人员的优惠，饭店对旅行社、航空公司的优惠等。这种优惠的产生主要在于同行业人员在业务上的关系非常密切，为了使业务合作顺利进

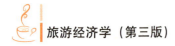

行，采取互惠互利的做法，从而达到稳定客源，增加利润的目的。优惠程度和比例既可以统一规定也可以协商确定。

（二）销售量优惠

销售量优惠是根据旅游者购买旅游产品数量的多少实行的优惠。当旅游者购买旅游产品数量超过规定的数量后，按数量的多少给予一定的价格优惠。具体可分为累计折扣和非累计折扣。累计折扣指同一旅游者在一定时间内购买旅游产品的数量累计超过一定数额后，旅游经营者给予的一定的折扣优惠。非累计折扣指旅游者一次性购买数量达到一定的数额后，旅游经营者给予的一定的折扣优惠。无论哪种形式，其目的都在于建立旅游企业与消费者之间长期的买卖合作关系，鼓励消费者多购买产品，达到扩大销售，增加企业利润的目的。

（三）老客户优惠

老客户优惠是指企业对经常有业务关系的单位及老客户给予的价格优惠。旅游产品具有不可储存性的特点，为保持一定的销售量，必须有稳定的客源，对老客户给予一定的优惠，目的在于稳定一部分客源。

（四）支付方式优惠

指销售方通过特殊指定支付方式方法而给予一定的价格优惠，是一种灵活多样而又发展很快的优惠方式。如通过指定的现金、支付方式或者渠道优惠，提前预订或者约定时间支付优惠等多种形式。

第四节　旅游产品的定价目标及方法

旅游企业在确定产品价格之前，必须首先确定定价目标，不同的定价目标，选择不同的定价方法。

一、旅游产品的定价目标

定价目标是影响旅游价格的一个重要因素，旅游企业在确定产品价格时，首先必须确定企业的定价目标。定价目标是企业选择定价方法和制定价格策略的依据。定价目标不同，所制定的价格会出现较大的差异。

定价目标是企业通过制定特定水平的价格，凭借价格产生的效应所达到的预期目的。定价目标是企业市场营销目标体系中的具体目标之一，它的确定必须服从于企业营销总目标，也要与其他营销目标相协调。从价格方面看，企业总目标并不只是对应于一种定价目标，在不同条件下，它可以通过不同的定价目标得到实现。由于不同的企业经营的目的不同，因而它们定价的目标也是多种多样的，主要有以下几种：

（一）利润目标

1. 以追求利润最大化为目标

企业利润最大化的原则是 $MR=MC$，即边际收益等于边际成本，此时的销售量就是企业利润最大化的销售量，利润最大化的价格是：$P=MR=MC$，即价格等于边际收益等于边际成本。

旅游企业利润的最大化，这也是经济学研究的重要内容。一般来说，要实现利润最大化的目标，关键是价格是否合理，合理的价格是实现利润最大化的决定性因素，合理的价格并不等于最高的价格，关键在于在合理价格水平下所产生的需求量的多少。只有综合考虑价格和需求量才能使企业有可能获取最大利润。另外，追求利润最大化是企业经营的整体目标和长期目标。旅游产品局部利润的最大化和旅游企业短期利润的最大化，都不能保证企业利润最大化整体目标和长期目标的实现，而追求企业短期利润最大化往往需要采取高价策略，这就可能使其产品失去开拓更大市场的机会，为竞争对手提供有力的竞争条件，影响企业长期利润最大化的实现。因此追求利润最大化的定价目标要以良好的市场环境为前提。当企业及产品在市场上享有较高的声誉，在竞争中处于有利地位时，用高定价直接追求最大利润的条件较好。然而，市场供求无时不在变化，产品也在更新，任何企业都不能长期保持其绝对优势，在更多的情况下，企业是把追求利润最大化作为一个长期定价目标，同时选择一个适应特定环境的短期目标来制定价格，这个定价目标尽管不能实现企业当前利润的最大化，却是在一定时期内，企业为实现利润最大化长期目标需要采取的必要手段。

2. 以满意利润为目标

旅游企业都期望通过制定较高的价格来实现利润的最大化，而在企业的实际运营中，由于各种因素的影响，理论上的最大利润是难以实现的。因此，企业可以满意利润为目标进行定价。满意利润是指少于当前最大利润但能够为企业的各利益主体接受的利润水平。这种定价目标往往既可以兼顾企业各方面的利益，又可以兼顾企业中长期的利益。

3. 以实现预期的投资收益率为目标

投资收益率是企业在一定时期获得的利润额占其投资额的百分比，它反映企业的投资收益。企业对所投入的资金，都希望在一定时间内收回，并获取一定的预期盈利。在产品成本费用不变的条件下，价格的高低往往取决于企业确定的投资收益率的大小。因此，在这种定价目标下，投资收益率的确定与价格水平直接相关。确定投资收益率应掌握以下原则：如果企业投资为银行借贷资金，投资收益率要高于贷款利率；若投资为企业自有资金，投资收益率要高于银行存款及其他证券利率；若投资为政府调拨资金，投资收益率则要高于政府投资时规定的收益指标。

选择这种定价目标的企业，一般都具有一些优越条件，即具备较强的实力。选择这种定价目标，使企业在价格上掌握主动权，根据市场竞争的需要随时调整价格。

（二）营销目标

1. 以提高市场占有率为目标

市场占有率是企业产品在同类产品市场销售总量中所占的比重，是企业经营状况和产品竞争力状况的综合反映。较高的市场占有率可以保证企业产品的销售量，便于企业掌握消费需求变化，易于形成企业长期控制市场和价格的垄断能力，为提高企业盈利提供可靠保证。事实证明，高市场占有率往往导致高盈利。因而，企业通常都会把提高市场占有率作为基本的定价目标。对旅游企业来讲，由于旅游产品具有不可储存性和不可转移性的特点，市场竞争尤为激烈，因此，研究如何扩大市场占有率就显得尤为重要。在这一定价目标下，一方面，企业宜采用稳定略低的价格，因为经常地涨价会影响旅游需求量，从而减少市场占有率，而较低的价格有利于吸引更多旅游者，扩大销售量，开拓市场；但与此同时，企业绝对不可忽略旅游产品本身的吸引力，否则会前功尽弃。另一方面，旅游企业又不能过于频繁地降价，过频的降价不仅不会增加旅游需求，反而会使旅游者产生降价的心理预期，从而推迟购买，同样会减少市场占有率。因此，在一定时期，为了保持和扩大市场，应将其调价幅度控制在一定范围内。

选择这一目标，旅游企业必须具备足够的接待能力，并确保总成本的增长速度低于总产量的增长速度，需求价格弹性大的新产品宜选择此目标。

2. 以销售量最大化为目标

销售量的提高意味着目标市场购买频率的提高或是市场占有率的提高。目标市场对产品消费频率的提高意味着该产品已被旅游者接受，达到了吸引和保持顾客的目的。要使销售额在现有程度上继续扩大，就有必要对价格进行调整。

3. 以保持与分销渠道的良好关系为目标

旅游企业有很大一部分销售工作是由中间商来完成的，中间商的利益来自批零差价和佣金。批零差价和佣金的多少，取决于具体生产企业所提供的旅游产品的价格。因此，不同的价格水平对中间商的利益产生不同的影响。要提高中间商为企业销售产品的积极性，企业确定的价格就要能保证中间商的利益。

（三）竞争目标

1. 以维持企业生存为目标

以维持企业生存为目标通常是在企业处于不利环境中实行的一种缓兵之计。如企业面临原材料价格上涨、需求严重不足等不利于企业产品销售的情况时，为使企业能维持生存，企业往往推行大幅度折扣，以保本价格，甚至亏本价格出售产品，其目的主要是回笼资金、维持营业、等待市场因素发生变化，同时尽快研制新产品。有些旅游企业由于经营管理不善，或者因旅游淡季时客源减少，使得大量设施、设备和劳动力闲置，造成浪费，为了摆脱困境，也采取以维持生存为目标的定价策略。

当 $P=Tc$ 时，企业呈现盈亏平衡。P 为价格，Tc 为总成本，Vc 为可变成本。

当 $P<Tc$，但 $P>Vc$ 时，如果是国有企业，一般可以考虑继续生产，但如果是私营企业，就可以考虑停产。

当 $P<Vc$ 时，无论什么企业都不能再生产。否则，企业将面临更大的财务危机，甚至倒闭。这种定价目标只能作为特定时期内的过渡型目标，一旦环境发生变化，企业经营出现转机，这种目标应被其他目标所代替。

2. 以应付竞争为目标

当企业处于激烈的市场竞争环境中时，往往以应付竞争为目标，而在市场竞争中，价格竞争是市场竞争的重要方面。因此，应付竞争实际上是主要把适应价格方面的竞争作为定价目标。实力雄厚的大企业通过价格竞争排挤竞争者，以提高其市场占有率；实力较弱的企业则会追随市场中主导企业的价格，以此为基础来制定自己的价格。除了价格方面的竞争外，在低价冲击下，有些企业被迫退出，寻找新的市场。

3. 以维护企业形象为目标

企业形象是企业的生命线，尤其是对于旅游业这样一个行业来说。良好的企业形象是企业提供优质服务，成功地运用市场营销组合取得了消费者信赖和长期积累的结果。以维护企业形象为定价目标，是指企业定价时，首先，要考虑其价格水平是否与目标顾客的需求相符，是否有利于企业整体策略的稳定实施。例如：有些企业产品价廉物美，有些企业则高档优质。其次，要考虑中间商的利益，提高中间商的积极性，依靠它们的合作求得生存和发展。再次，要遵守社会和职业道德规范，不能贪图厚利侵害旅游者的利益。最后，还要服从国家宏观经济发展目标，遵守政策指导和法律约束。

4. 以争取产品质量领先为目标

以争取产品质量领先为目标是把树立其产品在市场上的质量领先地位作为定价目标。为了在同行业中保持产品质量领先，一般来说，产品价格需要高一些，高价格往往给消费者一个高质量的信号，并且只有较高的价格才能保证高质量服务所耗费的成本以及大量的市场开发费用得到补偿，否则保持质量领先是不可能的。如果一家旅游企业的市场占有率低于该地区平均市场占有率，企业为了保持其原有的服务质量、旅游者的消费水平以及声誉，价格居高不下，出现亏损。短期内可能对企业是不利的，但从长远来看，维护了企业在旅游者心目中的地位，这种暂时的亏损还是值得的。在产品刚刚推出时，企业一般可以制定较高的价格来弥补提供高质量服务所花费的高成本，当企业长期经营时，高质量的产品和服务往往会由于企业规模的扩大，长期平均成本的逐渐降低，形成规模经济，从而使企业有足够的实力降低价格，形成更为突出的竞争优势。

二、旅游产品的定价策略

在旅游产品定价的过程中，运用科学的方法是必要的，定价策略和技巧也是必不可少的。旅游定价策略是旅游企业在特定的经营环境中，为实现其定价目标所采取的价格对策。旅游产品定价策略主要有新产品定价策略、心理定价策略、招徕定价策略和折扣定价策略等。

（一）新产品定价策略

新产品定价策略是为新产品制定基本价格的定价策略，是产品处于投入期的价格策略。新产品定价时一般没有政府的限价措施，旅游者对新产品了解很少，因此，制定价格的灵活性较大。在给新产品定价时，可以以尽快收回开发成本或限制竞争为目标。据此可以将其分为：市场渗透定价策略、撇脂定价策略和满意定价策略。

1. 市场渗透定价策略

市场渗透定价策略是指将新产品以较低价格投放市场，以求薄利多销吸引顾客，打开销路，达到市场渗透的作用。采用渗透价格策略一般应具备一些条件：（1）市场上有足够的消费需求，可以使企业达到规模经济。（2）产品的需求价格弹性较大，旅游者对价格高度敏感。

低价格可以使新产品迅速占领市场，取得较高的市场份额。同时，低价格还能有效地排斥竞争者进入市场，从而获得竞争优势。但是采用这种方法会使成本在短期内难以收回，投资回收期较长；价格变动的余地也很小，难以应付在短期内骤然出现的竞争和需求的较大变化。

渗透定价策略适用于大批量生产、特点不突出、易仿制、技术简单的新产品，如观光产品、低星级饭店的客房等。

2. 撇脂定价策略

撇脂定价策略是指新产品投放市场时制定较高的价格。其目的在于短期内迅速收回全部成本，并获取较大的收益。新产品刚刚投放市场时，替代品很少，旅游者对该产品的价值也不太了解。因此，制定高价格，可以树立高价值和高质量的产品形象，满足市场上一部分求新欲强又有支付能力的旅游者的需求。采用这种定价方法一般应具备的条件是：（1）需求量尽管不是太大，但企业通过制定高价格仍然可以获得利润；（2）产品的需求价格弹性较小，旅游者对于价格变化的反应比较迟钝。

高价格可以迅速收回开发成本，树立产品高质量的形象，同时又可以为降价留有余地。但高价格也易导致竞争，并且如果高价格不被市场所接受，投资就难以收回。易替代和需求价格弹性大的产品不宜采用此策略。

3. 满意定价策略

满意定价策略又称为温和价格或君子价格，是一种折中价格策略。其优缺点居于上述两种定价的策略之间。一般采取比撇脂价格低，但比渗透价格高的适中价格，既能保障旅游企业获取一定的利润，又能为旅游者接受，所以称为满意价格。该策略较为稳妥，但缺少进取精神，虽不会有大失利，但也可能会损失许多机会。

（二）心理定价策略

心理定价策略指以旅游者对价格的心理反应作为企业定价依据，制定出合乎其心理的价格的定价策略。常用的心理定价策略有：

1. 尾数定价策略

尾数定价又称为非整数定价策略，是指给旅游产品制定一个以零头结尾的非整数价格。采用尾数价格的原因很多：尾数更精确；同时旅游者会认为企业给他们一定的折扣。尾数定价法一般用于价值较低的旅游产品，比如餐饮产品、价值较低的旅游纪念品等。通常的尾数会选择 8 或 9。

2. 整数定价策略

整数定价策略是指旅游企业在定价时，采用合零凑整的方法，制定整数价格。整数定价会提高旅游产品的身价，适用于一些价值较高的旅游产品，比如高档的工艺品、古玩、字画以及饭店的豪华套房等。

3. 分等级定价策略

分等级定价策略又称为价格线定价策略，是指旅游企业把产品分为几个档次，不同档次制定不同的价格，以满足不同消费层次的旅游者的需求。这种定价策略反映了产品质量上的差别，同时，可节约旅游者的搜寻成本。饭店业常采用这种定价策略来确定房价结构。

4. 声望定价策略

声望定价策略是指根据"价高质必优"的消费心理来制定价格的一种定价策略。对在旅游者心目中信誉高的产品制定较高价格。旅游者经常把价格看作是旅游产品质量的标志。如果某个企业或某种产品声望高，即使价格较高旅游者也愿意购买，因为他们认为高价意味着高质量。

这种策略适用于那些经营时间长，在行业中居于领导地位并且声誉极好的企业。由于这类企业在本行业中具有极高声望，旅游者也会认为其产品一定会质量突出且具有独到之处，在这种情况下企业就可以依据旅游者的信任而制定较高价格。

旅游产品往往是先付款后消费，旅游产品的生产与消费的同一性使旅游者只有在购买并消费后才能对旅游产品质量和价值做出评价。旅游者购买旅游产品的风险相对于其他产品来说要大得多，为了降低风险，旅游者在选择旅游产品时经常把价格的高低看成是服务质量高低的标志。因此，在企业定价时也往往要考虑到价格对其声望的影响。

5. 习惯定价策略

习惯定价策略是指根据消费者习惯制定价格。有些产品在市场上有一个被接受的习惯价格，该产品价格的变化会引起顾客的不满，因而宁可在内容、包装、数量、档次上进行调整而不易大幅度调价。比如中间商的佣金，在很多情况下有一个习惯的比例。

（三）招徕定价策略

招徕定价策略指企业把产品的价格定得低于一般的市场价格，利用顾客求"廉"的心理，发挥促销导向作用，以低价格来吸引旅游者，提高企业的销售收入和盈利的策略。

1. 亏损价格

亏损价格是指旅游企业在自己的产品和服务结构中，把某些产品和服务的价格定得很低，甚至低于成本，以低价来招徕顾客，扩大其产品销售。采用这种策略，企业在局部上可能是亏损的，但从整体上考虑，由于顾客也必然购买其他产品，企业不仅可收回这些廉价品的损失，而且由于其吸引力的作用，还可提高总的营业收入和利润总额。如饭店提供免费服务项目，免费送一些小礼品等，都是应用这种定价策略。

2. 特殊事件价格

特殊事件价格是指旅游企业在某些纪念日、节日或本地区举行特殊活动时，降低产品价格以刺激旅游者消费，增加销售额的策略。采用这种定价策略，必须和广告宣传活动紧密配合，掌握好广告和销售时机，将减价信息及时有效地传递给广大的旅游者。

（四）折扣价格策略

折扣价格策略是指旅游企业的基本价格不变，而通过对基本价格的调整，把一部分价格折扣转让给旅游者，其目的是鼓励旅游者大量购买产品，促使旅游者改变购买时间或者鼓励旅游者及时付款的价格策略。

1. 数量折扣

数量折扣是指旅游企业为了鼓励顾客多购买产品，当购买数量超过一定数额时，则按照购买数量的多少给予一定的折扣，购买数量越多折扣越大。数量折扣分为累进折扣和非累进折扣两种。

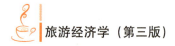

（1）累进折扣。

累进折扣指旅游企业根据一定时间内顾客购买总数计算的折扣。即企业规定在一定时期内顾客购买产品达到一定数量时，按照购买总数可给予的价格折扣，通常折扣随购买数量的增加而增大。这种办法有利于建立企业与顾客之间稳定的业务关系。旅游批发商对其零售商常常采用累进数量折扣。

（2）非累进折扣。

非累进折扣又称一次性折扣，是指旅游企业根据顾客一次购买产品数量的多少而给的折扣。当顾客一次性购买数量或金额达到企业的要求时，可给予某种折扣优惠，一次性购买数量越多折扣越大，以鼓励顾客大量购买。

2. 季节折扣

季节折扣是指旅游企业在淡季时给予旅游者的折扣优惠。由于淡季时客源不足，设施、设备闲置，为吸引游客，旅游企业在淡季制定低价刺激旅游者购买。例如，饭店、航空公司经常在淡季给顾客一定折扣，以增加消费。

3. 支付折扣

支付折扣是指对在约定付款期内以指定支付或提前支付的购买者，旅游企业可以给予一定的折扣。如有的企业采用赊销方式时，支付越早折扣越大等。采用这一定价策略的目的是鼓励消费者迅速付款，加速企业资金周转。

4. 同业折扣

同业折扣也称功能性折扣，是指旅游产品生产企业根据各类中间商在市场中所担负的不同职责，给予不同的折扣。生产商对批发商和零售商经常采取这种折扣。如旅游饭店在经营中，必须加强与旅行社的合作，饭店给旅行社的佣金高低，是决定旅行社是否将旅游者介绍给饭店的重要影响因素之一。许多国外饭店制订了通过旅行社进行推销的计划，旅游饭店除了给旅行社优先订房权力之外，还给它们一定的折扣和佣金。如不少饭店规定，旅行社为旅游者每预订一定数量客房，该饭店就免费向旅行社提供 1 间客房。

三、旅游产品的定价方法

旅游产品的定价方法有很多，其中主要有成本导向定价法、需求导向定价法、竞争导向定价法。

（一）成本导向定价法

成本导向定价法是以旅游产品的成本为主要依据，综合考虑其他因素而制定的价格。主要有以下几种形式：

1. 成本加成定价法

成本加成定价法指将产品单位成本加上一定的比例得出的产品销售价格的方法。这个比例就是加成率。

公式为：

$$单位产品价格＝单位成本×（1＋加成率）\qquad(4-2)$$

【案例 4 - 1】

某种旅游产品成本 200 元，加成率为 20%，则：

单位旅游产品价格＝200×(1＋20%)＝240（元）

这种方法的优点是简便易行，在需求、成本及竞争相对稳定的市场环境下可保证企业获得适当的利润，加成率可随旅游产品、企业财务状况及市场环境不同有所差别。但这种方法只注重产品成本预期利润，而忽视竞争和需求状况，因而在市场环境以及成本变动幅度较大的情况下难以适用。

2. 目标收益定价法

目标收益定价法是旅游供给者根据企业在一定时期内所希望得到的目标收益率而制定价格的方法。这种方法首先需确定目标收益率，再预测总成本和销售量，最后确定产品的价格。

用公式表示为：

$$单位旅游产品价格＝(总成本＋目标利润)/预期销售量 \qquad (4-3)$$

【案例 4 - 2】

某饭店计划接待国际旅游者 30 万人，预计总成本为 9 000 万元，期望达到的收益率为 20%，求：单位旅游产品价格。

单位旅游产品价格＝(9 000＋9 000×20%)/30＝360（元）

这种定价方法的优点是可以保证目标利润的实现；其缺点是以预期销售量推算价格，忽视价格对销售量的影响，只适用于经营垄断性产品或具有很高市场占有率的企业。

3. 投资回收定价法

投资回收定价法的主要目的是确保投资按期收回并获取一定的利润。计算公式为：

$$\begin{matrix}单位产品 \\ 总成本\end{matrix}＝\begin{matrix}单位产品应分摊的 \\ 投资额\end{matrix}＋\begin{matrix}单位产品新发生或 \\ 经常性的成本费用\end{matrix} \qquad (4-4)$$

单位产品价格根据计算出的单位产品总成本和预期的销售量得出。

【案例 4 - 3】

某市新建饭店，共投资 3 000 万元，共有标准间 200 间，预计投资回收期为 6 年，平均客房出租率为 50%，每间客房应分担的经常性服务管理费为 5 000 元，计算保证投资按期收回的单位客房收费标准。

单位客房总成本＝30 000 000/(200×6)＋5 000＝30 000（元）

单位客房日收费标准＝30 000/(360×50%)≈167（元）

利用投资回收定价法来制定价格的优点是可确保投资按期收回，但前提是必须准确预计产品的销售量或设备的利用率。其缺点是未考虑资金的时间价值。

4. 边际变动成本定价法

边际变动成本定价法又称边际贡献定价法，是指旅游企业根据单位产品的边际变动成本来制定产品价格的方法，这种方法是企业在市场竞争十分激烈的情况下，抛开固定成本，只计算变动成本的方法。采用这种方法的企业制定出来的价格只要高于单位产品的边际变动成本，就可以继续经营，否则就应该停止经营。而单位产品的预期收入高于边际变动成本的部分就是边际贡献。

【案例 4-4】

某旅游产品的总成本为 150 元。其中，变动成本为 80 元，固定成本为 70 元。假设现在市场竞争激烈，产品销售困难，企业为了减少亏损，采用边际变动成本定价法来确定产品的价格。那么，产品的价格至少要高于 80 元，如将价格定为 100 元。因为产品的价格为 100 元时，企业每售出一单位产品只亏损 50 元，还有边际贡献 20 元来补偿部分固定成本，如果企业停止销售产品，企业在每一单位产品上就亏损 70 元，因此企业还需要选择继续经营。同理，也可计算出如果产品的定价已经低于 80 元时，企业就应该停止经营。

边际变动成本定价法是企业在特殊时期，不以营利为目标，希望尽量减少亏损的一种定价方法。

（二）需求导向定价法

需求导向定价法是指经营者依据旅游者对旅游产品价值的理解和需求强度来定价，而不是单纯以旅游产品成本来定价。具体定价方法如下：

1. 理解价值定价法

理解价值定价法是指根据旅游者在观念上对旅游产品价值的理解和认识程度来确定价格的方法。旅游者对每一种旅游产品都会有自己的认识和理解，当企业制定的价格与旅游者所理解的价值相符时，他们才有可能接受这一价格，否则就会采取抵制措施。因此，采用这一方法的关键在于判断旅游者对旅游产品价值的理解，并以此为依据确定产品的价格。可以先通过营销手段使旅游者对旅游产品的功能、质量、档次有一个大致的"定位"，然后再根据旅游者的理解价值来确定价格。在使用这一方法时注意理解价值要同销售量、成本及利润综合起来考虑，制定一个既适合市场需要又能为企业带来利润的价格。

2. 区分需求定价法

区分需求定价法又称差别定价法，是指旅游企业针对不同的旅游消费对象，或根据不同时间、不同地点旅游者不同的心理需求，对同种旅游产品分别制定不同的价格。这种定价方法常见的有：

第一，同一旅游产品对于不同旅游者的差别定价。例如，儿童价格和成人价格、国内旅游价格和国际旅游价格、学生价格和一般价格等。

第二，同一旅游产品在不同地点的差别定价。在不同地点销售相同的旅游产品，由于地理位置和销售环境发生变化，旅游者的认知和接受程度不同，因而需要采取不同的价格。

第三，同一旅游产品在不同时间的差别定价。例如，淡季价格和旺季价格、平常价格和周末价格等。

3. 需求价格弹性法

需求价格弹性法是根据旅游者对旅游产品的需求价格弹性来制定价格的一种方法。

【案例 4 - 5】

某景区门票价格为 30 元，日容量为 5 000 人，实际来参观的只有 3 000 人，估计该旅游产品的需求价格弹性为 2，为使客人数增加，使景区能达到最大容量，欲通过调整门票价格来刺激游客参观游览，确定新的价格。

需求价格弹性的计算公式：

$$Ed = -\frac{\Delta Q}{\Delta P} \cdot \frac{P_1}{Q_1} = \frac{Q_2 - Q_1}{P_2 - P_1} \cdot \frac{P_1}{Q_1} \qquad (4 - 5)$$

其中，设 P_1 为变化前的价格，P_2 为变化后新的价格，Q_1 为价格变化前原来的销售量，Q_2 为价格变化后的销售量。

$P_1 = 30$，$Q_1 = 3\ 000$，$Q_2 = 5\ 000$，$Ed = 2$，求：$P2$。

根据公式得：

$$P_2 = -\frac{5\ 000 - 3\ 000}{P_2 - 30} \cdot \frac{30}{3\ 000} = 20 （元）$$

（三）竞争导向定价法

竞争导向定价法是指旅游企业根据市场供求状况和竞争者的价格来定价的方法。这种定价方法是以竞争为中心，同时结合旅游企业自身的经营状况来确定价格。主要有以下两种：

1. 随行就市定价法

随行就市定价法又称为追随核心企业定价方法，是指以市场上同类产品平均价格或优势企业的价格作为依据制定价格的方法。在旅游市场中，"平均价格"已被旅游者接受，同时能保证企业获得与竞争对手大致相当的利润水平，所以，许多企业倾向于与竞争对手保持一致的价格，尤其是对于中小旅游企业来说更是如此，中小企业实力有限，无力和大企业进行正面竞争，宜于采取这种定价方法，以大企业价格为依据，制定出大致相当的价格。这种定价方法既可以应付竞争，减少企业风险，又可以保证企业获得适当的收益。

2. 率先定价法

率先定价法是一种主动定价的方法，指旅游企业根据市场竞争环境，率先制定出适销对路、符合市场行情并能为旅游者所接受的价格，以吸引顾客，争取主动权的定价方法。在竞争激烈的市场环境中，谁先提出具有竞争力的价格，谁就拥有了占领市场的有力武器，也就拥有了在竞争中取胜的条件。

这种方法适用于在旅游市场上占有一定份额，旅游服务质量较为稳定，经营管理水平较高，在同行业和旅游者心目中享有较好声誉的旅游企业。

【本章小结】

1. 旅游价格是旅游者为满足旅游活动的需要所购买的全部旅游产品价值的货币表现。旅游产品与其他产品之间存在着差异，使旅游产品具有特殊性，表现在其价格上也有特殊性。

2. 旅游价格按照出游的范围、旅游产品价格形成与价值的关系、满足旅游者的不同需求、旅游者购买旅游产品的方式不同、消费者的消费心理不同、旅游经营者促销手段等不同标准划分为不同的类型。

3. 旅游产品的价格构成包括旅游企业的营业成本、期间费用、税收及利润四个方面。旅游价格由价值决定，同时还受供求关系、竞争状况、国家政策等因素影响。

4. 旅游价格歧视是旅游价格在市场上的一种重要表现，主要包括旅游差价和旅游优惠价两种形式。

5. 旅游产品有不同的定价目标、定价方法和定价策略。

【复习思考题】

1. 什么是旅游价格？旅游价格的特点是什么？
2. 旅游价格主要分哪几种？
3. 影响旅游价格的因素有哪些？
4. 旅游价格歧视有哪些形式？
5. 制定旅游价格的策略有哪些？
6. 旅游产品的定价方法有哪些？

 案例分析

云安达旅行社报价单

表 4-1　云南—大理—丽江双飞双卧 5 晚 6 日游的报价情况

时间	行程安排	住宿	用餐数
D1	由杭州飞昆明（CZ8654/15：35），接团，市内观光，游金马碧鸡坊（2 小时）	昆明	晚餐
D2	游石林，参观玉石加工厂（30 分钟），欣赏云南茶艺表演（30 分钟），晚上乘硬卧火车至大理	火车	早、中、晚餐
D3	早上抵大理，乘苍山索道，游崇圣寺三塔（1 小时）、蝴蝶泉（2 小时）、天龙八部影视城（2 小时）、大理古城、洋人街（2 小时）	大理	早、中、晚餐
D4	由大理乘车至丽江，游览丽江古城—四方街（4 小时），晚餐自费品尝纳西风味餐	丽江	早、中餐
D5	游玉龙雪山（2 小时）、白水河（2 小时）、甘海子（1 小时），乘车赴大理，晚上乘硬卧火车返昆明	火车	早、中、晚餐
D6	早上抵达昆明，逛花市（1.5 小时），乘飞机赴杭州（CZ8628/11：30），送团		早餐

报价：2 580 元。

标准：入住三星级酒店，提供标准团队餐（八正五早、八菜一汤）。

报价含：空调旅游车费、景点第一门票费、旅行社责任险、丽江古城维护费、导游服务费、昆明—大理往返空调硬卧火车票、杭州—昆明往返机票。

报价不含：航空保险、单房差、客人自愿选择的自费项目。

备注：因不可抗拒因素或客人自身原因放弃行程造成景点减少的，只在当地按旅行社的协议价现退未产生的费用，其他产生的费用由客人现付。旅行社可以根据航班时间调整行程，但服务、住宿、景点不变。

价格制定过程如下：

1. 核算成本

（1）房费。

60 元/人（昆明）＋40 元/人（大理）＋60 元/人（丽江）＝160 元/人

（2）餐费。

15 元/人×8（正餐）＋5 元/人×5（早餐）＝145 元/人

（3）景点门票费。

昆明：石林 80 元。

大理：苍山索道 20 元＋崇圣寺三塔 60 元＋蝴蝶泉 26 元＋天龙八部影视城 25 元＝131 元。

丽江：云杉坪索道 42 元＋进山费 80 元＋古城维护费 40 元＝162 元。

景点门票共计：80＋131＋162＝373（元/人）。

（4）交通费：50 元/人（旅游车费）＋150 元/人（昆明—大理往返空调硬卧火车票）＝200 元/人。

（5）综合服务费：6×10 元/人＝60 元/人。

（6）票务费：1 500 元/人（杭州—昆明往返机票）。

成本＝综合服务费＋房费＋餐费＋景点门票费＋交通费＋票务费
　　＝60＋160＋145＋373＋200＋1 500
　　＝2 438(元/人)

2. 了解竞争对手价格

此产品竞争对手价格为 2 620 元/人，所以此产品报价只能低于 2 620 元/人。

3. 选择定价方法

采用成本定价方法，价格范围为 2 438 元以上、2 620 元以下。

4. 确定最终价格

综合考虑各种因素，采用吉祥数字定价策略，价格最终确定为 2 580 元/人。

案例思考：

本案例中采用了什么定价方法？

第五章

旅游消费

导 言

本章学习目标：通过本章的学习，要求了解旅游消费的基本特征及在旅游经济中的重要性，熟悉旅游消费方式的内容和旅游消费结构的类型及影响因素，充分认识旅游消费均衡理论和消费系数规律，把握旅游消费的发展趋势。

本章难点：旅游消费均衡；旅游消费系数规律

关键术语：旅游消费；旅游消费结构；旅游消费系数；旅游消费均衡

中国旅游日："云旅游"释放消费新需求

今天是第10个中国旅游日。与往年不同，顺德不少景区也通过线上云游等创新方式，搭建旅游消费新场景，提振旅游消费。

清晖园博物馆首次推出线上导赏活动，短短一个小时，就吸引28.5万人次网友一起云赏清晖园。通过镜头，专业向导带领"云"游客一边观赏园内美景、一边讲解清晖园的建筑和历史文化故事。顺德区清晖园博物馆工作人员表示，目前，大型活动暂时还没有办法组织，因此通过线上直播这种形式与游客进行互动。

顺德不少景区、博物馆纷纷推出"云旅游"服务，从图文语音到虚拟VR再到食品直播，带游客足不出户"云赏"顺德的美景、美食。"云旅游"释放出旅游消费的新需求，也提振了市民对旅游市场的消费信心。有市民表示，"云旅游"这种线上的方式能拓宽消费者的视野，也能听到专业的讲解，更深入地了解景点的历史文化。

为了刺激旅游消费，今年的中国旅游日，佛山市文化广电旅游体育局推出"5·19我遨游"佛山首届线上旅游惠民活动。从5月19日开始，分4轮派发1.2万份景区门票、酒店民宿房券、餐饮美食券，吸引市民游客旅游消费，推动文旅市场加快复苏。

资料来源：陈璐璐，刘杨友. 中国旅游日："云旅游"释放消费新需求. 顺德新闻，2020 - 05 - 19.

旅游消费是一种高层次消费，是在人们的衣、食、住、行等基本物质生活需要得到满足之后，伴随着收入提高和闲暇时间增多而产生的精神消费。不断改善和优化旅游消费结构，实现旅游消费的合理化发展，既是满足人们物质文化生活的需要，也是不断提高旅游业经济效益的客观要求。

第一节 旅游消费概述

一、旅游消费的概念

旅游消费是指旅游者在旅游活动过程中，为了满足个人享受和发展的需要，通过消费一定的物质产品和精神产品而引起的各种消费现象和消费关系的总和。

对于旅游消费概念的界定，可以从以下几个方面来正确把握：

第一，旅游消费是一种个体性消费，是否选择旅游活动、消费什么旅游产品、什么时候进行消费等，都取决于旅游者的旅游消费意识、消费习惯、消费能力、消费水平及个体决策行为等。

第二，旅游消费是一种高层次消费，是在满足人们的基本生理需要的基础上，为进一步满足人们的享受和发展需要而产生的高层次消费。

第三，旅游消费是一种精神性消费，是对以物质形态为依托的精神产品和服务产品的消费。

第四，旅游消费是各种旅游消费现象和消费关系的总和。旅游消费是一种服务性消费，而服务性消费的实现有一个必不可少的条件，即人的参与。正是因为人的参与才导致旅游消费主体之间及旅游消费主体与旅游消费客体之间产生种种微妙、复杂的社会现象和关系。

二、旅游消费的基本特征

旅游消费作为人类消费的重要组成部分，由于旅游活动的广泛性、旅游产品的综合性及旅游消费内容的多样性，决定了其具有与一般物质产品和服务产品消费的不同特征，具体体现在以下几个方面：

（一）旅游消费的综合性

旅游者前往异地进行旅游，旅游目的地的游览和娱乐活动是旅游者进行消费的根本动力所在，也是旅游者最根本的需求。但是为了实现其旅游经历，他需要进行各种不同的消费，其中包括对饮食、住宿、交通、购物、通信等多种形式的产品和服务的综合性消费。这些消费是相互联系、相互依托的，一般情况下，如果缺少任何一种形式的消费内容，旅游者的旅游活动就无法正常进行下去。如当交通消费得不到满足时，旅游者将无法进入或不能按时进入旅游目的地；当住宿消费、饮食消费得不到满足时，旅游者就无法使自己的体力得到及时的恢复和补充。这些都表明旅游消费具有综合性的特征。

（二）旅游消费的变动性

旅游消费具有变动性特点，是由旅游者的个体差异性及其他各种因素的影响所造成的，其变动性主要表现在以下三个方面：

1. 旅游消费是弹性较大的消费

此处的弹性主要是需求价格弹性。旅游消费是在基本需要得到满足之后，为了自身的发展和享受的需求而进行的一种消费形式。一般来说，满足人们生存需要的弹性较小，受市场价格和收入的影响程度较小，即价格和收入的变化幅度再大，消费基本生活用品的数量和品种也不会有很大的变动。而旅游消费则不然，除了受价格因素影响之外，收入的变化、社会政治状况的变化、自然条件的变化等，都会对旅游消费产生很大的影响，因而旅游消费是极易产生波动的消费。

2. 旅游消费是无限性的消费

旅游消费主要是满足人们精神上和心理上的需求，这种需求的满足是无止境的，难以有数量上的限制。比如，旅游者花费一定的支出，在购买了游览某一个旅游景点之后，便可以尽情地享受美景，体会大自然给他带来的乐趣。这种消费可完全融入自我，没有人去阻止旅游者享受或体验。从这种意义上说，旅游消费是一种无限性的消费。

3. 旅游消费是季节性的消费

旅游消费的季节性主要表现在两个方面：一方面是某些旅游地受季节的影响，只有在一定的季节里，才对旅游者进行开放，比如滑雪度假区、海滨浴场等；另一方面是由于旅游者闲暇时间的限制，总会选择在某些季节外出旅游。

（三）旅游消费的情感性

旅游消费以劳务性服务消费为主，旅游者对旅游产品进行消费的过程就是旅游从业人员为其提供旅游服务的过程；同时旅游消费的过程又是一个旅游者与旅游服务人员互动的过程。旅游服务人员的仪表仪容、服务技巧、服务技能以及服务态度都直接决定着服务质量的高低，并直接影响旅游者消费的满足程度。旅游者在消费过程中的满足程度在相当程度上取决于双方接触中的情感因素。即便服务所凭借的旅游设备设施等有形产品的质量有时欠缺，但是通过服务人员真挚、热情、友好、周到的服务，同样可以使旅游者的消费得到满足；相反，如果服务人员不注重自身的举止言谈、仪表仪容，在提供服务时表情冷淡、消极怠慢、服务技能低下，即使拥有再完美的服务设施，消费者也不会感到满意，这说明了在旅游消费中，情感因素是一个十分重要的因素。

（四）旅游消费的不可重复性

旅游产品的不可转移性和时间性强的特点，决定了旅游者对旅游产品的消费具有不可重复性。形成旅游产品的旅游吸引物、旅游设施和设备，以及在整个旅游过程中向旅游者提供的各种服务，与其他物质产品不同，它不具有可转移性，必须是旅游者自己到旅游景区进行消费。旅游者在旅游过程中购买旅游产品并加以消费。旅游者对旅游产品在时间上只具有暂时的使用权，而无长期的所有权。旅游活动结束之后，旅游者对旅游产品的使用权也就结束。

旅游产品中所包含的无形部分，也就是旅游者在旅游活动过程中旅游从业人员提供的服务，它的时间性更强，只有当旅游者消费这些服务时，服务才构成产品。旅游产品中的劳务和一般商品中的劳务不同，一般商品中的劳务是以物化形式存在于商品之中，可以储存起来，其价值和使用价值不会消失，消费者可以重复利用。而旅游产品中的服务是随着旅游产品的消费而发生的，旅游活动一旦结束，旅游消费就终止，旅游服务也就终止。因此，旅游消费具有不可重复性。

（五）旅游消费的同步性

旅游消费从本质上来讲，就是为了实现旅游经历而进行的消费。因此，在旅游消费中，旅游服务的消费是其主要的部分。服务是以劳务的形式存在的，是满足某种特殊需要的经济活动。旅游者在游览过程中，尽管其生理需要是最基本的，但服务消费占主导地位。旅游服务消费不仅在量上占有相当比重，而且贯穿整个旅游活动的全过程，旅游者不论是从常住地到旅游地，还是在旅游地的游览观光过程中，都离不开旅游服务、商业服务以及咨询服务等。

以劳务形式存在的旅游服务产品，只有在被消费时，它的价值才能实现，一旦旅游活动结束，旅游者不再享用，旅游服务就不复存在。因此，服务消费同时就是服务产品生产的过程，没有服务消费就没有服务产品的生产，二者在实践上是严格统一的。另外，由于旅游消费的异地性，旅游者的消费必须离开常住地，离开熟悉的基本生活环境，克服空间距离才能实现，为此，旅游服务产品的生产和消费在空间上也是统一的。旅游消费与旅游服务产品的生产在时间上和空间上的统一性，决定了旅游消费的不可重复性。也就是说，旅游服务产品的使用价值，对于消费者来说只有一次，一次生产只能是一次消费，一次消费的结束就是一次生产的完成，旅游消费不可能像购买一般消费品那样，购买后可以反复地使用。对于旅游服务产品效果的评价，一般难以确定一个统一的标准，由于这种服务产品的好坏及质量如何，往往是根据消费者的自我感受来判断的，因此即使是同一服务员提供的服务产品，不同的消费者也会有不同的感受。

三、旅游消费的作用

旅游消费不仅是整个旅游经济活动中的重要环节，而且对于提高劳动力素质，促进人们的全面发展，提高劳动生产率和促进社会经济发展等具有十分重要的作用，主要表现在：

（一）旅游消费是旅游经济活动的重要环节

消费是促进国民经济循环的重要动力。在生产、交换、分配和消费四个再生产环节中，生产是起点，消费是终点，生产和消费相互依存，互为前提。旅游经济活动也是一个周而复始的经济循环过程，因此旅游消费是第一次旅游经济活动过程的终点，又是第二次旅游经济活动过程的起点。

（1）通过旅游消费，满足了旅游者的旅游需求，使旅游产品的价值和使用价值得到实现，从而保证旅游业的再生产能够周而复始地进行。

（2）通过旅游消费，又对旅游业再生产提出了新的要求，促进旅游企业不断对具有吸引力的旅游资源进行开发，增加更多新颖健康的旅游活动内容，合理组织食、住、行、游、购、娱等旅游生产要素，从而生产出更多符合人们需求的旅游产品，既满足了旅游者不断扩大的旅游需求，又促进旅游业的可持续发展。

（二）旅游消费是旅游产品价值实现的重要条件

旅游生产决定旅游消费，旅游消费引导旅游生产。在旅游经济运行中，旅游生产取决于旅游需求，而旅游需求的形成和发展又在很大程度上决定了旅游消费的发展。因此，旅游需求的变化不仅决定了旅游消费的数量和水平，而且通过旅游消费决定旅游生产的发展方向和发展速度。同时，旅游消费又是旅游产品价值和使用价值得以实现的最后条件，如果没有旅游消费则旅游产品卖不出去，旅游产品的价值和使用价值就不能实现，旅游经济活动就难以顺利进行。此外，旅游消费还对旅游产品的质量、结构、经济效益进行最终检查和评判，如果旅游产品不能满足旅游者的需求，不能适应旅游者的多样性消费要求，则旅游产品就会因滞销而无法实现其价值，旅游业的再生产也就无法顺利进行。

（三）旅游消费是提高劳动力素质的重要因素

在现代经济中，劳动力再生产是社会再生产的重要条件，特别是现代化大生产需要社会提供与之相适应的高素质、高质量的劳动力，要求劳动者具有精湛的专业技能，广博的文化知识，高度负责的责任心，积极主动地创造性，以及健康的体魄和饱满的精力。为此，不仅要改善劳动者的物质生活条件，满足劳动者基本生存的需要；还要通过多种方式提高劳动者的综合素质及能力。

旅游消费作为一种高层次的消费方式，能够通过潜移默化的方式对人们进行思想品德及文化素质方面的教育培训，使人们增长知识、开阔视野、陶冶身心、增进健康，使劳动者的体力和智能得到发展，能够激发劳动者的生产热情并使其在工作岗位上全面地发挥自己的才能，从根本上提高整个社会的劳动生产率水平。

（四）旅游消费是丰富人们生活的重要手段

旅游消费作为一种享受性和发展性的高层次消费活动，能够丰富人们的生活，最大限度地满足人们享受和发展的需求。因此，旅游目的地国家或地区必须依托各种旅游资源，凭借各种基础设施、接待设施等物质资料，为旅游者提供舒适、方便、卫生、安全的旅游服务，使旅游者获得美好的消费体验。

四、旅游消费的影响因素

旅游消费作为一种社会生活方式，它的发展不是孤立的、随意的，而是受各种经济和社会因素影响，其中经济发展程度、生活方式变动、国家城市化水平等因素，对旅游消费的影响尤为显著，在一定程度上起着基础性、决定性的作用。

（一）经济发展程度决定旅游消费水平

经济发展程度直接关系到旅游者的闲暇时间和收入水平，从而直接影响旅游者的旅游需求水平和旅游消费水平。经济发展水平越高，人均可支配收入和闲暇时间就越多，引发的旅游消费欲望就越大，消费的支付能力就越强。随着世界经济的发展，旅游消费成为普遍消费，旅游消费已从少数权贵豪富的特权享受，进入寻常百姓的家庭，成为现代生活方式的一个组成部分；旅游活动遍及全球，旅游者的足迹遍及五大洲以至南极洲。

（二）消费社会化促进旅游消费

所谓消费社会化，即人们的生活消费凭借社会服务，从繁重的家务中解脱出来。由此便增加了人们的休闲时间，滋生了旅游消费的主观愿望。旅游活动的诸要素（包括食、宿、行、游、购、娱等）的不少内容都体现了人们消费社会化。此外，社会公共消费事业发展与否，是消费社会化程度高低的一项重要内容，社会公共消费事业的发展为旅游消费创造了条件，使人们实现旅游消费成为可能，而且消费规模越来越大。实践证明，生活社会化程度越高，旅游就越发展。

（三）生活方式变化推动旅游消费

目前我国经济正处于高速增长期，经济发展逐渐改变着人们的生活方式，除了消费社会化外，还有享受时尚化、追求文化消费等方面。所谓享受时尚化，其本质在于在满足基本物质要求基础上，解决生活用品从"有没有"的状态，上升为"好不好"的状态，这表现为求新颖、赶时尚。旅游消费是一种新兴消费领域，在某些方面是社会时尚在消费经济活动中的反映，是人们在生活消费中的一种行为模式的流行现象。旅游消费流行的渠道多、速度快，往往自发地形成一种"消费导向"，为众多消费者接受或趋从。一旦消费者及时掌握了社会上的最新旅游消费信息就会很快蔓延。因此，消费的时尚化生活方式的变化会推动旅游消费。

（四）城市化水平决定旅游消费的潜力

从经济社会发展影响生活方式，进而影响旅游消费的角度看，旅游消费与国家城市化是密切相关的。一般来说，城市居民旅游消费水平高，旅游消费者注重旅游产品的质量，追求消费个性化；农村居民出游主要以探亲访友为目的，旅游消费较低。由于我国存在城乡二元结构，城市居民与农村居民旅游消费差别比较大，城市居民是旅游消费的主导力量，因此，城市化水平决定旅游消费的潜力。

 阅读资料 5-1

《2019 国民旅游消费报告》

2019 年 12 月 24 日，《2019 国民旅游消费报告》（以下简称《报告》）出炉。《报告》称，国民旅游消费需求持续释放，一线、新一线城市消费力处于领先地位；低线城市也爆发出巨大的消费潜力，其中，出境游人次涨幅超过一线城市。《报告》还显示，"90 后"超越"80 后"成为旅游消费绝对主力，他们更注重好玩、有趣、美食，且多次去同一个目的地打卡，在年轻群体中风靡。另外，在国人出境游玩的同时，更多外国人热衷来中国旅行，日本成为 2019 年入境游第一大客源地。

伴随着旅游消费大众化成为趋势，一线、新一线城市居民消费力愈发强劲。《报告》指出，2019 年旅游消费二十强城市依次为上海、北京、广州、成都、深圳、杭州、重庆、南京、天津、武汉、西安、苏州、青岛、长沙、昆明、沈阳、宁波、东莞、郑州、佛山。旅游消费人群开始向更为辽阔的三四线城市扩散。其中，张家界、义乌、喀什、宜兴、西昌、丽水、开封、荆州、遵义、泰安等城市消费潜力持续释放，2019 年人均消费同比增长 50% 以上。

资料来源：2019 国民旅游消费报告出炉："一地多刷"成新潮流. 中国江苏网，2019-12-25，有删减.

五、旅游消费的发展趋势

旅游消费的快速发展，已成为国民经济新的经济增长点。随着旅游业发展的整体环境的变化，旅游消费也呈现出新的发展趋势，这不仅表现在国际、国内旅游升温，吸引更多的海内外游客，而且表现在旅游消费动机的多元化、消费方式的多样化等方面。

（一）旅游消费多元化

进入 21 世纪，由于旅游需求多元化趋势愈来愈明显，旅游消费也呈现出多元化的态势。生态旅游、观光旅游、乡村旅游、文化旅游、特种旅游都呈现出欣欣向荣的发展趋势。这与过去观光旅游一枝独秀形成鲜明的对比。而且，随着社会的进步和旅游业的发展，旅游方式的多元化还将继续发展下去，出现新的旅游产品和旅游方式，如太空旅游、虚拟旅游、探险旅游等。但是，就目前的大众旅游来说，旅游需求中传统的观光旅游、乡村旅游和文化旅游等旅游产品依然居于重要地位。

（二）消费主体逐步扩大

随着经济的增长和社会的进步，我国旅游消费的主体逐步扩大，由早期以城镇等高收入群体为主，逐渐向旅游消费群体全社会化方向发展，农民、老年人、青少年学生和儿童都逐步成为旅游消费的重要群体。当前，旅游已经成为国民的一种生活方式。

 阅读资料 5-2

老年人和"90 后"逐渐成为旅游市场中的重要力量

根据《2019 国民旅游消费报告》，随着年轻消费力量不断崛起，"90 后"超越"80 后"成为旅游消费主力军。个性化深度体验更受欢迎。"95 后"热衷于"一地多刷"，一年中多次到访同一目的地的人数同比增长超过 160%，日本、泰国、中国澳门、美国、马来西亚、越南、菲律宾、印度尼西亚、新加坡是十大热门之选。品当地美食、住民宿、找个当地向导带着玩，年轻群体愿意用这样的方式体验当地文化。出游群体变得日益年轻化，二孩同游的身影越来越多。2019 年，通过某旅游平台预订旅行产品的二孩人数超过 1 100 万人次，相当于葡萄牙整个国家人口。老年人的消费力不容小觑。有超过 300 万名生于 1949 年的"共和国同龄人"，走向全球超 100 个国家。因为假期长，加上很多老年人手握充足的养老金，前往美国、澳洲、加拿大等国家旅行的占比，远高于"90 后"年轻人。

资料来源：2019 国民旅游消费报告出炉："一地多刷"成新潮流. 中国江苏网，2019-12-25，有删减.

（三）旅游消费水平将逐步提高

国外专家对国民经济与国内旅游关系所做的定量分析表明：国民生产总值年增长率在2％左右时，国内旅游与国民生产总值同步增长；当国民生产总值年增长率大于2％时，国内旅游增长率就会是国民生产总值增长率的倍数。但是，与旅游发达国家相比较而言，我国的旅游消费水平还比较低。我国国内旅游市场开发程度还很低，从理论上来说，潜力还很大。历史数据和国外的发展经验都已经表明：随着我国经济社会的全面发展，旅游者的旅游消费水平将逐步提高，特别是商务旅游、会议旅游等高端旅游在我国有较大发展，使得这一趋势更加明显。

（四）自由的旅游消费方式快速发展

过去，我国国内旅游出行方式中团队旅游居于重要地位，但是，随着旅游者追求个性化旅游消费愿望的快速发展，各种比较自由的旅游消费方式快速发展，其突出表现在散客在旅游者中的比例迅速增加，有望在短期内达到西方旅游发达国家70％左右的水平。但在短期内，远距离旅游和出境旅游市场中，团队旅游依然占有重要地位。

 **阅读资料 5－3**

大连发放 1 500 万元旅游消费券，邀全国游客"1元爽游大连"

2021年9月9日上午10时，"1元爽游大连——大连市1 500万元旅游消费券"正式面向全国发放。消费券首笔发放金额为500万元，以消费让利的形式向全国游客发出畅游浪漫大连的"邀请函"。

据悉，全国游客可在云闪付App"大连1 500万元旅游消费券秒杀入口"专区，定时参与秒杀"1元爽游大连"券。抢券成功的游客可在票券有效期内到大连地区参与主题特色游活动的旅游景区或博物馆，使用云闪付App在线下售票窗口支付1元钱自动抵扣220元及以下金额的门票。单个游客在每个周期限抢券1张，单券限在参与景区或博物馆线下抵扣1次。

一直以来，大连市委、市政府高度重视文化和旅游行业的发展，不久前推出《大连市稳市场主体促经济发展若干政策措施》，助力文旅市场复苏。发放1 500万元旅游消费券，即是其中一项重要举措。为了组织好本次旅游消费券的发放，大连市文化和旅游局深入调研分析，以"引客入连"为主要目标，设计了具有爆点的"1元爽游大连"主题品牌IP，吸引游客到大连"打卡""种草"。同时，为了让消费券覆盖面更广，本次旅游消费券通过云闪付App统一发放与核销，确保游客更轻松、更便捷地使用"大连旅游红包"。

为配合旅游消费券的发放，中国银联推出了"银联伴你游中国"及"大连旅游＋最高立减62元"等福利，为游客在大连购买门票、吃饭、住酒店等提供一条龙的云闪付优惠让利。同时，大连各景区纷纷推出精彩的文艺演出、特色活动、专属福利等，更好地服务全国游客。

资料来源：李文菲，徐青洲：大连发放1 500万元旅游消费券 邀全国游客"1元爽游大连". 中国旅游新闻网，2021－09－09.

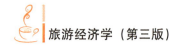

第二节　旅游消费水平及结构

一、旅游消费水平指标

旅游消费水平，是指旅游者在旅游活动中消费旅游产品的数量和对旅游需求的满足程度和水平。旅游消费水平有狭义和广义之分，狭义的旅游消费水平是指旅游者人均消费旅游产品的支出；广义的旅游消费水平不仅包括人均旅游消费的支出数量，还包括对旅游产品消费的质量。旅游消费水平指标是一项综合性指标，既要体现旅游活动中旅游者对旅游产品的消费数量和支出，又要体现旅游者在旅游活动中对物质和精神需求、享受和发展需求的满足程度和水平。为了比较全面地反映旅游消费水平，旅游消费水平的指标体系应该包括旅游消费的数量指标、旅游消费的价值指标和旅游消费的质量指标等。

（一）旅游消费数量指标

（1）旅游者人数：是指在一定时期内旅游目的地国家或地区接待旅游者的总人数。它反映了按旅游人数计算的对旅游产品购买和消费的总规模和水平。

（2）旅游者人天数：是指在一定时期内旅游目的地国家或地区接待旅游者的总天数。它反映了按旅游天数计算的对旅游产品购买和消费的总规模和水平。它既体现旅游消费的人数，又体现了旅游消费的天数，是旅游消费数量最基本的统计单位。

（3）旅游者停留天数：是指在一定时期内旅游者在某旅游目的地国家或地区停留的时间。它反映了每个旅游者消费旅游产品的数量。由于旅游者停留时间长短不一，为了方便统计和计量，实际计算时一般采用旅游者平均停留天数。

（二）旅游消费价值指标

旅游消费价值指标，是以价值形态来衡量旅游消费的数量指标，即旅游者消费总额、旅游者人均消费额、旅游消费率。

（1）旅游者消费总额：这一指标是指一定时期内旅游者在旅游目的地的全部货币支付，包括旅游者在旅游活动中所购买的各种商品和各项服务的开支，如餐饮费、住宿费、交通费、娱乐费和购物花费等。对于旅游目的国家或地区来说，这一指标反映了该国或该地区的旅游收入，具有重要的经济意义。值得说明的是，国际旅游者的消费总额不包括国际交通费，而国内旅游者的交通费则计入旅游消费总额之中。

（2）旅游者人均消费额：这一指标是指一定时期内旅游者消费总额与旅游人数之比，它以价值形态从平均数的角度反映了某一时期的旅游需求状况。我们可以通过该指标分析各客源市场的消费水平，了解旅游者消费的变化情况，进而确定相应的目标市场和营销策略。

（3）旅游消费率：这一指标是指一定时期内一个国家或地区的旅游消费总额与该国或该地区的居民消费总额或国民收入的比率。它反映了旅游需求的强度。用公式表示为：

$$旅游消费率 = \frac{外出旅游消费总额}{居民消费总额} \times 100\% \qquad (5-1)$$

由于旅游消费的综合性和计量上的不可累加性，这里只介绍主要的价值指标，价值指标具有综合性，但易受价格的影响。

（三）旅游消费质量指标

1. 旅游消费结构指标

旅游消费结构与旅游消费水平具有一致性，消费结构出现良性变动，旅游消费水平就高。

2. 旅游消费环境质量指标

随着旅游消费水平的提高，人们对环境的要求越来越高，因此，旅游区的环境状况直接关系到旅游消费的质量。旅游区环境指标主要包括大气污染指数、空气负离子含量、地表水质污染指数、固体废弃物处理率等。

3. 旅游接待设施数量

旅游接待设施是景区直接向旅游者提供服务的物质条件，包括交通、游览、饮食、住宿、购物、娱乐、保健等。旅游接待设施是否与旅游发展规模相适应，游览设施布局是否合理，是否方便游人等都关系到旅游消费质量。

4. 旅游路线的合理性

旅游线路的开发不仅是资源合理利用的手段，也是最大限度满足旅游者消费的途径。旅游线路合理，旅游内容就充实，旅游者的旅游成本低，相应地也提高了旅游消费水平。

二、旅游消费结构的分类

旅游消费结构是旅游者在旅游活动中依托旅游资源、旅游设施和旅游从业者所消费的各种类型的产品和服务的比例和相互关系，其不仅反映了由生产力所决定的旅游消费的质量和水平，从本质上也反映了由生产关系变化所引起的旅游消费的特点。随着现代旅游经济的发展，人们的旅游需求呈现出多样化发展的态势，决定了旅游消费结构也具有多种形式和多方面的内容。

（一）按旅游消费层次划分

按照满足旅游者的不同旅游需求层次，可以将旅游消费结构划分为生存性消费、享受性消费和发展性消费三个层次。生存性消费，是指满足旅游者在旅游活动中对餐饮、住宿等基本生理需求的消费，这是为了维持旅游者在旅游活动中基本的生活需要，是实现旅游者的旅游目的而必不可少的旅游消费。享受性消费，是指满足旅游者在旅游活动中对游览、观赏、娱乐等精神享受的消费，是实现旅游者休闲、游览的旅游目的，丰富旅游活动内容，提高旅游活动的愉悦性而进行的消费，既是旅游活动的主要内容，也是旅游消费的主体。发展性消费，是指满足旅游者在旅游活动中对求知、科考、学习等有关增长知识和智力发展的消费，属于旅游活动中较高层次的消费，其不仅满足旅游者的旅游需求，而且能够促进劳动力素质的提高。

（二）按照旅游消费对象划分

按照旅游消费对象，一般可把旅游消费结构划分为物质消费和精神消费。物质消费，是指旅游者在旅游过程中所消耗的有形物质产品，如客房用品、食品饮料、购买的纪念品等实物产品，这些消费为旅游者在旅游过程中提供了物质上的保证、精神消费，是指满足旅游者对各种山水名胜、文物古迹、民族文化、人文风情等观赏和享受等精神方面的消费，这部分消费是旅游消费结构中的核心部分。

（三）按照旅游消费内容划分

通常，旅游消费包括交通、住宿、餐饮、游览、娱乐、购物、通信、医疗、汇兑等内容，对这些旅游消费内容一般可以划分为基本旅游消费和非基本旅游消费。基本旅游消费，是指旅游者对旅游住宿、餐饮和交通等方面的消费，是进行一次旅游活动所必须且基本稳定的消费，其大多数需求价格弹性较小，因此在旅游消费结构中具有基础性地位，必须以合理的价格优先满足这部分消费。非基本消费，是指与旅游者个性消费特点相联系，并且具有较大需求弹性和变化性的消费，如购物、娱乐、保健医疗、长途通信等，其在每次旅游活动中不一定都发生，主要取决于旅游者的消费偏好、产品特点、旅游价格等因素，因此具有一定的变动性和非稳定性特点。

（四）按照旅游消费主体划分

旅游消费结构还可以按照旅游消费主体划分为个人消费、集团消费和社会消费。

（五）按照旅游消费目的划分

旅游消费结构按照旅游消费目的划分为探亲访友型的旅游消费、度假型的旅游消费、探险型的旅游消费、观光型的旅游消费、商务型的旅游消费等。

三、影响旅游消费结构的因素

（一）收入水平是影响旅游消费结构的经济因素

收入水平决定着旅游者的消费水平和消费结构。旅游消费的主要目的是满足旅游者发展和享受需要的消费，是较高层次的消费，只有旅游者在基本生存需要得到满足后，这种消费才能实现。只有当人们的收入在支付其必需的生活消费之后还有剩余，即存在一定的可支配收入时，才可能外出旅游。而且，旅游者的可支配收入水平越高，旅游消费层次也会越高，旅游消费需求的满足越会充分。可支配收入比较高的旅游者往往对高档的旅游产品有很大的兴趣，其购物消费占全部旅游消费的比例很大；而收入水平较低的旅游者在旅游活动中，其旅游消费以游览为主，对住宿、饮食、交通等的要求不高，购物的花费在旅游消费中占很少的比例。

（二）文化素养是影响旅游消费结构的社会因素

旅游是文化性很强的经济产业。一个人受教育的程度，一个国家、一个民族的整体文化素养，也是影响旅游消费结构的主要因素。同样的旅游资源，对具有不同文化层次的旅游者所产生的吸引力是不一样的。

（三）性别和年龄是影响旅游消费结构的生理因素

一般情况下，青年人对新奇的、刺激性较强的旅游产品易产生浓厚的兴趣，因此，他们往往选择比较有个性及刺激性比较强的旅游活动。同时年轻人在观光游览、娱乐购物中也舍得花费，一般在这方面的开支较大，而对交通、住宿、餐饮方面的要求较低。老年人则由于生理上的原因，在住宿、交通等方面的开支较大，倾向于选择高档舒适的住宿环境、交通环境和良好的饮食条件，对于消耗体力和刺激性、危险性较强的娱乐活动则没有多少兴趣。性别对于旅游消费结构也有一定的影响。例如，女性旅游者不但与男性旅游者在选择旅游目的地上有差异，而且在旅游消费中的购物花费比例差距比较大。

（四）旅游产品是影响旅游消费结构的供给因素

旅游产品因素包括旅游产品结构、产品的主题吸引力、项目设施以及服务质量等。生产的发展水平决定着消费水平，旅游消费结构在很大程度上受制于旅游产品结构。一个国家或地区向旅游者提供住宿、餐饮、交通、游览、娱乐和购物等各类旅游产品的生产部门是否协调发展，旅游产品的内部结构比例是否适当，都会直接影响到旅游消费结构。当旅游业与各相关产业部门的结构搭配不合理，没有形成一个相互协调、平衡发展的产业网时，就会导致旅游产业比例失调，各要素发展不平衡，必然造成旅游供求失衡，破坏旅游产品的整体性。例如，某一地区交通工具短缺，尽管旅游资源具有较强的吸引力，旅游者也无法进入，或者即便能够进入也出不去。旅游产品主题的吸引力是旅游供给中一个极其重要的因素。当前我国各地大量兴建人造景观，或是粗制滥造，或是雷同，旅游纪念品的开发缺少新意，所有这些都造成了旅游消费比例的不合理。因此，只有及时地调整旅游业的内部结构，使旅游产品的供给结构合理，才能全面地满足旅游者多方位、多层次的需求。

四、旅游消费结构的合理化

一般来说，旅游消费结构合理化包含四层含义：一是旅游消费要有适度的发展速度；二是旅游消费结构中包含丰富多彩的消费方式；三是旅游消费结构要不断升级、优化；四是非基本旅游消费比例要不断增加。

适度的发展速度，是指旅游业的发展速度要与同消费有关的其他部门的发展速度相适应。若旅游消费发展过快，必然会导致与旅游相配套的其他旅游服务设施跟不上，最终造成旅游者利益受到损害。旅游消费方式的丰富多彩，要求旅游消费必须多样化，避免单调刻板、千篇一律的旅游方式。旅游消费结构优化是指旅游过程中的六大要素之间及其各自内部的支出比例要合理恰当，并随着旅游需求的变化，不断调整旅游产品结构，在结构不断地升级中实现优化。总之，旅游消费结构优化要体现出旅游消费的经济性、文化性、精神享受等要求，以最大限度地满足旅游者的消费需求，促进旅游者身心健康和社会全面发展。

（一）旅游消费结构合理化的要求

旅游消费合理化是一个动态的发展过程，它是指旅游消费从不合理状态向合理化状态不断演进的过程。它要求旅游经济的发展根据旅游消费的趋势，通过政策引导调整旅游产品结构，使旅游产品供给日益多样化、多元化，使我国的旅游消费结构日趋成熟、优化。合理的旅游消费结构应满足下列要求：

1. 有利于旅游产业的良性循环

旅游消费结构影响甚至决定旅游消费资料的生产比例和发展速度，如果旅游消费结构合理，旅游消费各要素在发展速度和发展进程上保持相对平衡的比例关系，各要素协调发展。包括旅游业内部食、住、行、游、购、娱之间及其各自内部的支出比例要恰当，发展速度要与旅游相关的经济部门的发展速度相适应。旅游消费资料的生产比例和发展速度合理，旅游经济平衡发展。

2. 有利于提高旅游消费效果

旅游消费效果是指在旅游者的消费过程中，投入与产出、消耗与成果、消费支出与达到消费目的之间的对比关系。旅游消费效果最直接的体现就是旅游者消费的最大满足。合理的旅游消费结构体现出旅游消费的经济性、文化性、精神享受性等特点，能最大限度地提高旅游消费的经济社会效益，促进消费者身心健康和全面发展。

3. 有利于环境保护

良好的旅游环境属于高品位旅游资源和旅游产品的重要组成部分，是旅游消费得以顺利高效进行的必备条件。因此，合理的旅游消费首先必须有利于环境的保护和生态平衡的维持，某些特定的旅游活动，如狩猎、钓鱼、采花旅游等必须以不损害自然界的生态平衡为限，严禁滥捕、滥猎、滥采。其次，合理的旅游消费还应该通过旅游活动的开展，一方面增强人们对自然资源和历史文物的保护意识，另一方面筹集资金，建设必要的排污设施，改善旅游区的环境状况。

4. 有利于促进社会文明的进步

旅游消费是人们文化生活的组成部分，是一种包含着较多精神内容的高层次生活方式，合理的旅游消费结构能给旅游者以新颖、舒适、优美、健康的感受，激发人们热爱生活、追求理想、奋发向上、努力学习的情感，提高其思想、艺术、文化修养，防止和打击各种腐败和不健康的现象，用丰富多彩的旅游活动内容和服务项目来充实旅游者的精神世界。

（二）旅游消费结构合理化的途径

1. 进一步提高旅游消费水平

随着人们生活水平的不断提高，旅游需求日益增加，我国国内旅游人数已达到世界第一，但由于旅游消费意识不强，旅游总体消费水平偏低。主要表现在：基本旅游消费支出比重过大，非基本旅游消费比重过低；物质资料消费偏多，精神资料消费偏少；旅游消费城乡差别、工农差别和地区差别比较大，相当一部分农民没有进入旅游消费领域。因此，需要分析旅游消费的潜力，特别是应重视农村居民旅游消费潜力的挖掘，开发参与型、休闲型、文化型旅游产品，进一步提高旅游消费水平。

2. 促进旅游消费多样化，实现旅游消费市场的结构优化

旅游消费多样化是指旅游消费的内容丰富多彩，形式多种多样。旅游消费结构优化是指在满足旅游需求的基础上，寻求旅游消费各要素间的最佳组合。由于消费者的旅游需要各种各样，既有参观游览、学习访问的需要，又有亲身体验的参与性旅游需要；既有消除疲劳、增进健康的需要，又有增长知识、修身养性、促进体力和智力发展的需要。因此，旅游消费内容和旅游活动方式应具有选择性，满足人们多样化的消费要求。

目前，我国旅游资源开发的热情高涨，但是结构不够合理，"冷热"不均，在旅游项目上重复建设现象比较严重，一些旅游景区宾馆（饭店）供大于求、交通营运能力过

剩。为此，应大力优化旅游结构，一方面应保证在旅游淡季和旅游"温冷点"有一定的消费规模，以提高旅游设施、设备的利用率；另一方面，在旅游旺季和旅游"热点"，旅游消费的水平和结构应与旅游地的接待能力相适应。

3. 积极倡导旅游绿色消费

绿色消费是指在社会消费者中，不仅要满足我们这一代人的消费需求和安全、健康，还要满足子孙后代的消费需求和安全、健康。绿色消费关注身体健康，更加关注子孙后代的消费，关注人类的生存环境。旅游业比其他产业更直接依赖环境因素，旅游消费者应更加珍惜我们的生存环境，政府应采取有效措施促进绿色消费。首先，按可持续发展的要求设计开发有益于社会及旅游消费者健康的绿色旅游产品，体现出高层次精神文化消费的内涵。其次，引导旅游者转变消费观念，进行绿色消费，通过消费绿色旅游产品来体现自己的生态保护意识。最后，在消费过程中注重资源和环境的保护，减少对旅游资源的破坏和污染的排放，加强污染物的处理和循环利用，实现旅游业的可持续发展。

注重消费体验　把握旅游消费升级新趋势

注重体验与文化，意味着文化和旅游消费进入新的发展阶段。旅游消费升级需要业界反思旅游业态、旅游模式、旅游产品是否适应人们物质、文化与心理需求，需要反思工作重点是否与新发展阶段脱节，从而找到解决问题的路径。2021年国庆假期，旅游市场呈现由量向质转化的特点，旅游业在复苏的同时，消费升级趋势明显，旅游产品越发注重文化和体验，游客满意度不断提升。

文化、科技赋能驱动旅游消费升级。文化、科技广泛植入、融进各种旅游活动，其主要表现之一是与影视相关的事件发生地、影视拍摄地成为旅游吸引物。电影《长津湖》热映，辽宁的红色旅游景点、浙江天台的寒山湖都成为热门景区。在上海，四行仓库假日期间迎来参观高峰。近年来四行仓库的客流量与日俱增，受电影《八佰》热映影响，想身临其境体验仓库保卫战场景的游客络绎不绝。

文化赋能推动旅游消费升级表现在音频、短视频运用叙事策略拓展故事题材，从而增强旅游目的地传播效果。长沙近年来成为网红城市，长沙美食的声名远扬，夜间经济的摄人心魄，橘子洲头、岳麓山等景点走俏……这些与音频、短视频运用叙事策略有很大关系。根据荔枝集团发布的《2021国庆国民收听大数据报告》，年轻人出游收听情感类广播剧需求大增。北京环球影城从开业到成为热门旅游地，资深播客对环球影城的音频叙事功不可没。

新的消费观念不再是年轻人的专利，人们假日消费更多转向符号性的心理满足。住宿业开始打破局限于住宿的理念，转向各种缤纷的主题内容；餐饮也充满地域、人文色彩，转向满足游客的心理体验。杭州暄和·仁和饭店运用市场细分，为亲子游打造专款产品，充满浓浓的"杭州味道""杭州故事"，店堂氛围、菜品文化、游船出行都刻意追求游客价值。

文旅融合、新业态引领驱动旅游消费升级。文旅融合通过丰富产品内涵与功能，拓宽产品体验的深度与广度，开启游客的五感体验。武汉的"汉风国潮·礼赞祖国"时尚大秀不仅给游客带来一场听觉、视觉盛宴，还带来触觉、感觉的体验。传统剧目和非遗融合、地域特色和时尚结合，既展示了中华传统文化技艺，又糅合最新消费时尚，给游客带来高品质享受与体验。这类文旅融合产品在假期中表现抢眼，飞猪平台大数据统计显示，博物馆、非遗及文旅融合类相关商品订单量环比上涨逾15倍。

在旅游新业态新模式中，不乏"快闪店""首店经济""首发经济"的身影。一些快闪店无缝衔接文化和旅游产品，进入游客假期行程中。快闪店的品牌化运作、场景化营销、数字化创意往往引人注目。假日期间，南京有快闪店甚至与艺术节结合，打破品牌传播、实体零售、场景营销、时尚展演的界限。从全国范围看，2020 年快闪店行业交易额规模达到 3 200 亿元，其中场地交易额规模突破 800 亿元。随着人工智能、VR、AR 等新技术在快闪店运用，快闪店等文旅业态前景可期、空间广阔。

要把提升消费体验作为行业发展重要内容。一是要善于捕捉旅游消费热点。发展沉浸式旅游体验，在智慧文旅、人工智能、数字文博、遗产旅游、演艺娱乐等产业融合领域发力。二是要拓宽文旅融合深度。适应人们休闲方式个性化和多元化需要，进一步进行市场细分，增大文化附加值，发展周边产品与衍生品，推动文旅产品整体增值。三是要发展智慧旅游。以数字旅游再造产业链，以新型旅游产业体系驱动消费进一步升级。

资料来源：张苗荧. 注重消费体验 把握旅游消费升级新趋势. 中国旅游新闻网，2021 - 10 - 12.

第三节　旅游消费系数规律

旅游消费系数是指个人或家庭的旅游消费占其总消费支出或收入的比重。它揭示了旅游消费与旅游收入之间的深层次关系。

从理论上讲，影响旅游发展的因素都是影响旅游消费系数的因素，一般认为，这些因素主要包括：第一，客源地因素。主要包括客源地的旅游需求的水平和旅游者个人的情况，前者包括经济发展的程度、人口特征等，后者包括旅游者个人的收入、带薪假期等因素。第二，旅游目的地的供给因素。包括资源的吸引力、旅游价格等因素。具体归纳起来，主要有以下几点：经济发展水平、资源和交通、价格和汇率等。第三，交通和信息因素。包括旅游地交通线路的便捷性及安全性、旅游地交通工具的状况，居民个人拥有交通工具的状况，以及客源地旅游信息状况等。第四，居民与旅游地之间的社会、历史和文化联系。

但是，在上述的所有因素及其子因素中，各因素的重要程度是不一样的，一般说来，收入水平和闲暇时间是其中最重要的因素。

在不考虑其他因素的情况下，收入水平和闲暇时间两个因素都与居民旅游消费量呈正向相关关系，即居民收入水平的提高和闲暇时间的增加，都会导致旅游消费的增加；反之亦然。然而，根据西方经济学的研究，闲暇时间和收入水平之间又呈反向关系（平狄克、鲁宾费尔德，2000）：在劳动的价格没有达到一定的高度之前，劳动时间与劳动价格成正向关系，劳动时间的供给会随着劳动价格的上涨而增加，但是当劳动价格达到了相当的高度之后，就会出现相反的情况，劳动的供给会随着劳动价格的增加而减少。这种情况就势必会造成这样一种普遍现象：我国低收入者的闲暇时间比较多，而高收入者则闲暇时间比较少。

这三个因素之间的关系相互作用，势必会形成这样的局面：在居民的收入没有达到一定的水平之前，旅游消费会随着居民收入的增加而增加。因为此时居民的闲暇时间有保证，旅游消费的收入弹性处于高弹性阶段，收入的提高会大大促进居民的旅游消费，旅游消费系数呈现出增长的趋势；但是，当居民的收入达到了一定的水平之后，旅游总体消费虽然会随着居民的收入增加而增加。但是，这种增加由于受随之减少的闲暇时间制约，此时，居民的旅游消费时间弹性处于高弹性阶段，闲暇时间的减少会大大降低居民的旅游消费，以至于出现旅游消费系数降低的情况。

也就是说，旅游消费系数会随着经济收入的增加而呈现出先增加再降低的倒"U"形规律，如图 5-1 所示。

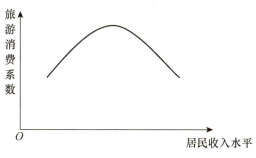

图 5-1　居民旅游消费系数规律

第四节　旅游消费均衡

通常，旅游者在旅游产品的购买和消费时所预期或感受到的满足程度是不同的，那么，旅游者应如何客观地比较和选购旅游产品，以及如何评价和比较不同旅游产品给旅游者带来的效用及满足程度，对此可以应用经济学中的效用均衡分析方法，建立旅游者效用均衡分析模型进行分析和比较。

一、旅游消费效用的概念

旅游消费效用，是指旅游者在购买或消费旅游产品时所预期或感受到的满足程度。一种旅游产品对旅游者是否具有效用，取决于这种旅游产品是否具有满足旅游者需要的能力，以及旅游者是否有消费这种旅游产品的欲望。同一种旅游产品对不同的旅游者来说，其满足程度往往因人而异，不同旅游产品对于同一个旅游者来说，其满足程度也是不一样的。这种程度差别的强弱，往往是旅游者在旅游过程中的感受与主观愿望相比较而得到的，主要靠旅游者的主观印象去评价。因此，旅游消费效用这一概念与人的需求是联系在一起的，它是旅游者对旅游产品满足自己旅游需求的一种主观心理评价。

旅游消费效用通常可以分为总效用和边际效用。总效用是指旅游者在一定时间内从一定数量的旅游产品的消费中所得到的效用总和；而边际效用是指旅游者在一定时间内每增加单位旅游产品消费所得到的效用增量。通常，在一定时间内，在其他旅游产品消费数量保持不变的前提下，随着旅游者对某一旅游产品消费量的增加，旅游者从增加的每一单位旅游产品中所得到的效用增量即边际效用是递减的，这就是边际效用递减规律。例如，当一个旅游者特别饥饿时，吃第一个面包给他带来的效用是最大的，以后随着该旅游者所吃面包数量的增加，虽然总效用是不断扩大的，但每一个面包给他带来的边际效用则是递减的；当他吃饱时，所吃面包的总效用达到最大值，而这时面包的边际效用却降为零；如果他再增吃面包，就必然会感到不舒服，即新增加面包的边际效用将为负值，从而引起总效用也开始下降。

二、旅游消费效用均衡

旅游消费效用均衡，就是研究旅游者个体如何把有限的旅游消费支出，合理地分配在各种旅游产品的购买中以获得最大的效用。这是一种旅游者在既定的旅游消费预算限制下，以获得和实现最大效用的决策方法。根据经济学中的基数效用论和序数效用论，应用分析消费者效用均衡的方法，对旅游者这一特殊的消费群体进行效用均衡分析，就形成了旅游者效用均衡分析方法。这一方法是以无差异曲线和预算线为工具来进行分析的。

（一）无差异曲线和偏好

无差异曲线，是用来表示消费者偏好相同的两种旅游产品的所有组合，它表示各种不同的旅游产品组合能给旅游者带来相同的效用和满足程度。其特点如下：

第一，同一平面内可有无数条无差异曲线。

第二，距离原点越远的无差异曲线所代表的消费者的满足程度越高。

第三，任何两条无差异曲线都不相交。

第四，无差异曲线向右下方倾斜，凸向原点。

所谓偏好，就是爱好或喜欢的意思。对各种不同的旅游产品组合，旅游者的偏好程度是有差别的，正是这种偏好程度的差别，反映了旅游者对不同产品组合效用的评价。于是，就可以在坐标图中画出无差异曲线，在无差异曲线上的任意一点都表示一种旅游产品的组合，每一种组合都具有相同的旅游消费效用。图 5-2 中旅游产品 YQ_1 和旅游产品 XQ_2 构成旅游消费组合 A，旅游产品 YQ_3 和旅游产品 XQ_4 构成旅游消费组合 B，旅游者可以从旅游消费组合 A 和旅游消费组合 B 中获得同等的旅游消费效用。

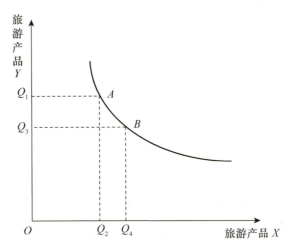

图 5-2 旅游消费的无差异曲线

(二) 预算线

一般来讲,当人们的基本生理需要得到满足之后,就会将多余的收入用于提高文化生活水平的消费上,以满足人们享受与发展的需要。旅游消费作为一种高层次消费,将随着人们收入水平的提高而不断增加。但由于人们的收入是有限的,因此旅游者用于旅游消费的支出也是有限的,这就是预算约束。

预算约束可以用预算线来表示,它表示在旅游者的可自由支配收入和旅游产品价格既定的条件下,旅游者的全部可自由支配收入所能购买到的两种旅游产品的组合。通常,一个有理性的旅游者在进行旅游消费时总要选择一下,在既定旅游消费支出限制和旅游产品价格既定的条件下,采用何种消费方式才能使他得到最大的旅游消费满足。假定旅游者只消费 X 和 Y 两种旅游产品,在旅游消费支出和旅游价格制约下,旅游者的旅游消费预算可以用以下公式来表示:

$$I = P_X Q_X + P_Y Q_Y$$

（5-2）

式中: I——旅游者用于旅游消费的预算支出;

P_X, P_Y——分别为旅游产品 X 和 Y 的价格;

Q_X, Q_Y——分别为旅游产品 X 和 Y 的购买量。

根据公式,假定全部预算收入只用于购买旅游产品 X 或旅游产品 Y,则在图 5-3 中可以得到,在购买旅游产品 X 和 Y 时,旅游消费预算线是连接 Q_X 和 Q_Y 两点的一条直线,表明在一定的收入和价格条件下,旅游者用全部旅游预算支出能够购买旅游产品组合的轨迹,如购买 Q_{X1} 与 Q_{Y1} 的组合和 Q_{X2} 与 Q_{Y2} 的组合,均可以在既定的预算支出条件下获得最佳的旅游产品购买组合。

(三) 旅游消费效用均衡的决策

由于旅游者的消费行为是在主观偏好和收入约束下进行的,把无差异曲线与开支预算线结合在一起,就可以确定旅游消费者最大效用的均衡,即旅游者消费的最大满足。所谓旅游者消费的最大满足,是指旅游者在支出一定时间和费用的条件下,通过

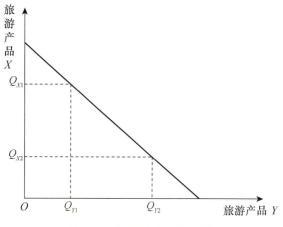

图5-3　旅游消费的预算线

旅游消费获得的精神上与物质上的最佳感受。在无差异曲线图上，能够使消费者得到最大满足的点，即消费者最大效用均衡点恰好是无差异曲线与开支预算线的切点，如图5-4所示。

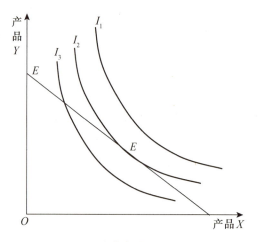

图5-4　消费者最大效用均衡

在图5-4中，开支预算线与无差异曲线 I_2 相切，这也是预算线能达到的最高的无差异曲线，因此，切点 E 所对应的 X 产品和 Y 产品的数量组合，既符合消费者的开支预算，又能使消费者获得最大满足。

上述决策是在严格的经济学假设条件上的基本理论规律。在现实生活中，由于旅游消费者的选择除受收入、个人兴趣爱好、假日闲暇时间等个人因素，以及旅游产品的价格、自然环境、政治等诸多因素影响，这些因素都是旅游者制定旅游消费决策时重要的权衡依据。因此，这里说的旅游消费的最大满足只是理论分析的理论状态，现实中很难实现。

旅游消费效用均衡的几种应用

1. 旅游消费与其他产品的消费决策

即旅游者在旅游消费和其他产品消费的关系中，如何进行选择和决策才能获得最大满足。如某消费者有2 000元可供消费，他想购买一部分生活用品，同时还想外出旅游一次。他在购买生活用品和消费旅游产品之间如何达到均衡？首先，假定该消费者可以获得满足的组合方式如表5－1所示。即在没有限制条件下，任一产品组合都可使旅游者得到充分满足。

表5－1 某旅游消费者获得同等满足的各种组合

组合方式	A	B	C	D
旅游产品（天数）	5	10	15	20
生活用品（单位）	38	22	10	4

由于受到2 000元预算开支的限制，旅游消费者不能随意选择任何一种组合，而必须根据可以支配的2 000元来选择使他获得最大满足的产品组合。假设购买一个单位的生活用品需要50元，国内旅游平均每天花费100元，他可能有的消费组合方式如表5－2所示：

表5－2 预算约束下某消费者获得同等满足的各种组合

组合方式	A	B	C	D
旅游产品（天数）	5	10	15	20
生活用品（单位）	30	20	10	0

那么，该消费者应该怎样决策呢？将该消费者的消费预算开支线和无差异曲线画在同一坐标系中，如图5－5所示。无差异曲线与消费预算线相切于C点，该点即为旅游者的消费均衡点。即用10天的时间进行旅游消费，同时购买10个单位的生活用品，这2 000元的开支才能使该消费者获得最大满足。

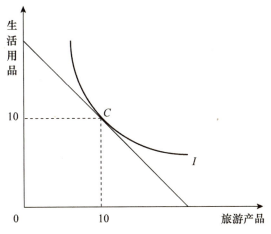

图5－5 旅游者最大效用均衡

2. 旅游产品（旅游目的地、旅游线路）的选择决策

当某旅游者决定利用假期进行旅游时，首先面临是对旅游产品（旅游目的地、旅游线路）的选择。影响旅游者对旅游目的地做出决策的因素不仅有旅游目的地的吸引力，还有旅游者的收入、假期长短和不同旅游产品的价格。如果旅游者预备开支1 500元用于旅游消费，他是把预算全部用于黄龙的10日游，还是九寨沟的7日游？或者两地各游览一定天数？这就存在着如何决策才能使他得到最大满足的问题。假设旅游者对黄龙和九寨沟旅游两条旅游线路的几种旅游消费组合方式都能让该消费者获得最大满足。如表5-3所示。

表5-3　旅游消费者获得同等满足的各种组合

组合方式	A	B	C	D
黄龙（天数）	4	6	7.5	12
九寨沟（天数）	10	7	5	3

假设旅游者到黄龙旅游平均每人每天花费100元，而到九寨沟旅游每人每天需花费150元，在1 500元预算开支的约束下，旅游消费的可能组合如表5-4所示。

表5-4　预算约束下某消费者获得同等满足的各种组合

组合方式	A	B	C	D
黄龙（天数）	5	6	7.5	9
九寨沟（天数）	6.7	6	5	4

那么，如何进行旅游消费决策才能获得最大效用，就取决于旅游者个人的消费倾向和旅游开支预算两个方面。无差异曲线与开支预算控制线相切于C点，表示在这点上，黄龙旅游7.5天，九寨沟旅游5天，该旅游者获得了最大消费效用均衡，如图5-6所示。

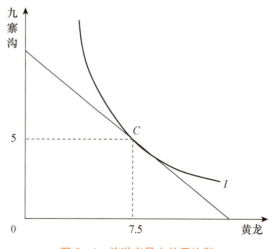

图5-6　旅游者最大效用均衡

3. 旅行方式的决策选择

游客在选择旅行方式时，要考虑时间和费用及旅行的舒适程度等因素，我们这里只考虑收入和时间两个因素对旅行方式的影响。时间和收入都是稀缺资源，在时间的使用上也必然存在着机会成本，这种机会成本就是时间的价值。关于时间价值的度量，目前还没有一个统一的标准，这是因为不同人的时间机会成本有很大差别，即便同一个人在不同的时候，其机会成本也不尽相同。一般来说，可以把游客平均每小时的工资收入作为其在途中耗费时间的机会成本，也可以用游客在单位时间内所创造的国内生产总值来量化机会成本。一般来说，在选择旅行方式时，高收入的人的货币效用较小，而闲暇时间变得相对重要，所以在选择旅行方式时就倾向于多支出货币少支出时间；反之，低收入的人则宁愿多付出时间而少支付货币。不同的游客或者同一游客在不同的时候会对各种旅行方式产生不同的选择，这种选择行为可以用无差异曲线的分析方法来解释。

如图 5-7 所示，纵轴表示货币支出，横轴表示时间支出，无差异曲线表示的是能给游客带来同样旅行满足程度的货币支出和时间支出的组合点的轨迹。在无差异曲线上的 A 点，游客可以多支出货币少支出时间，即选择一种快捷的旅行方式，如空中旅行；在 B 点，游客可以通过多支出时间而少支出货币，即选择一种较慢的旅行方式，如乘轮船旅行。

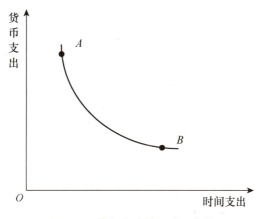

图 5-7 旅行方式的无差异曲线

收入和时间构成一个游客的旅行约束。假定游客单位时间的价值为 P_X，时间支出量为 X，货币支出量为 Y，则 $P_X \cdot X + Y = C$ 就构成了一个人的旅行资源总量。该资源总量形成了对旅游者的约束。它在平面上表现为一条直线，直线的斜率为 P_X，它完全由游客每单位时间的价值来决定。如图 5-8 所示。

游客总是希望以最小的支出达到最大的效用。显然，在既定的条件下，游客的均衡点在 E 点，如图 5-9 所示。根据这个时间支出和货币支出的组合点，游客可以选择一个适当的旅行方式。

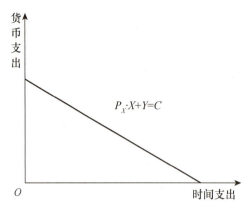

图5-8 个人旅行总资源的约束曲线

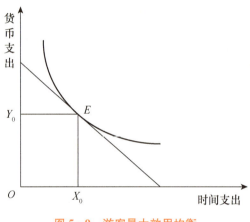

图5-9 游客最大效用均衡

【本章小结】

1. 旅游消费是指旅游者在旅游活动过程中，为了满足个人享受和发展的需要，通过消费一定的物质产品和精神产品而引起的各种消费现象和消费关系的总和。旅游消费具有综合性、变动性、情感性、不可重复性和同步性等特征。旅游消费在整个旅游经济活动过程中具有非常重要的作用。

2. 旅游消费作为一种社会生活方式，其发展受到各种经济和社会因素的影响，进而呈现出许多新的发展趋势。

3. 反映旅游消费水平的指标体系包括消费数量指标、消费价值指标、消费质量指标。旅游消费结构是旅游者在旅游活动中依托旅游资源、旅游设施和旅游从业者所消费的各种类型的产品和服务的比例和相互关系，根据人们旅游需求多样化的发展态势，旅游消费结构也具有多种形式和多方面的内容。影响旅游消费结构的因素包括经济、社会、生理和供给等方面，分析这些因素有利于从整体上把握并促进旅游消费结构的合理化。

4. 旅游消费系数是指个人或家庭的旅游消费占其总消费支出或收入的比重，它揭示了旅游消费与旅游收入之间的深层次关系。

5. 旅游效果效用是指旅游者在购买或消费旅游产品时所预期或感受到的满足程度。它取决于旅游产品是否具有满足旅游者需要的能力，以及旅游者是否有消费这种旅游产品的欲望。对旅游消费效用进行分析，常用的方法有无差异曲线和预算线分析法。

【复习思考题】

1. 旅游消费的基本特征有哪些？
2. 旅游消费方式的影响因素有哪些？
3. 试结合实际分析旅游消费的发展趋势。
4. 可以从哪些角度对旅游消费结构进行分类？
5. 试分析旅游消费系数规律。
6. 怎样进行旅游消费效用均衡分析？

"先囤后约" 好玩又省钱

2021年"双十一"，旅游产品销售取得不俗成绩。在线旅游平台飞猪数据显示，"双十一"活动商品成交额同比增长超60%，包括山东航空、长隆、上海迪士尼度假区、万达、北京环球度假区等在内的12个品牌成交额突破1亿元。这给旅游从业者带来了信心和动力。经过多年发展，"双十一"早已成为旅游行业销售冬春旅游产品、布局新一年发展的重要节点。与过去旅游促销靠打价格战、比拼"地板价"不同，如今，旅游促销已向注重品质、凸显特色转变。

"囤旅游"成新趋势，在一年一度的促销季，"囤"旅游产品正成为许多消费者的习惯。数据显示，"双十一"期间，北京环球影城冬春漫游卡、北京环球影城非指定日双次票及两家度假酒店（北京环球影城大酒店及诺金度假酒店）房券三大新品累计销量超7万件，8家航空公司"随心飞"产品累计销量超10万件。飞猪旅行商品首次参与"双十一"主会场"每200减30"的活动，并推出会员快速升级计划，大量交通、酒店、民宿、度假类新品也在此期间集中首发。此外，用户增长也成为旅游企业的一大收获。例如，希尔顿新增会员数超40万，长隆新增会员数超12万。旅游企业、在线旅游平台等推出的系列服务措施，也为消费者"囤旅游"解决了后顾之忧。同程旅游相关负责人介绍，国庆后至元旦前是一年中的传统旅游淡季，而"双十一"线上购物狂欢的模式助力旅游业迎来新一波的热潮。在当前情况下，提出"好货安心囤"的概念，让消费者能够灵活地安排时间，安心出游。除推出人气爆款、当季热品、特价机票酒店、超级预售等涵盖用户多种需求的高性价比旅游产品，也为消费者提供"提前订，随时退"的贴心服务，方便游客在疫情平稳后"划算出游"。

新玩法更受欢迎。当前，年轻人成为旅游消费主体，他们更青睐个性化、特色化产品，更加注重旅游的体验感。这一新消费趋势直接推动了旅游产品的改变。更加灵活、丰富的酒店套餐、"随心飞"类产品成为热销款。例如，在机票销售方面，除了传统的"搜索—预订—出票"模式，"浏览—囤票—使用"的"囤机票"模式受到年轻消费者的青睐，成为新趋势。2021年"双十一"，飞猪平台首发了多款"随心飞"产品，可以满足消费者可变化的出行需求。"预约未来旅行"成为2021年"双十一"旅游促销中的一大共同点，"囤货"成为各大旅企主推的主题。这类可以"提前订，随时退"的旅游产品，服务模式更加灵活，成为旅游企业全新的营销模式。

资料来源：尹婕."先囤后约"好玩又省钱. 中国旅游新闻网，2021-11-24.

案例思考：

1. 网络时代的旅游消费趋向呈现哪些特点？

2. 旅游企业如何才能优化线上线下的旅游消费结构？

第六章

旅游收入与分配

导　言

　　本章学习目标：通过本章的学习，要求学生能够理解旅游收入的含义、分类与旅游收入指标体系构成，熟悉旅游收入分配与再分配的内容和流程，了解旅游卫星账户的含义，掌握旅游收入漏损的含义、形式和形成原因以及减少旅游收入漏损的措施。

　　本章难点：旅游收入分配与再分配；旅游外汇漏损

　　关键术语：旅游收入；旅游卫星账户；旅游收入分配；旅游外汇漏损

导入案例

端午节假期国内旅游出游人次破亿

　　文化和旅游部 6 月 24 日公布 2023 年端午节假期文化和旅游市场情况。经文化和旅游部数据中心综合测算，全国国内旅游出游 1.06 亿人次，同比增长 32.3%，按可比口径恢复至 2019 年同期的 112.8%；实现国内旅游收入 373.10 亿元，同比增长 44.5%，按可比口径恢复至 2019 年同期的 94.9%。文化和旅游行业复苏势头强劲，文化和旅游产品供给丰富。

　　假日期间，丰富的文旅产品和服务充分满足游客细分需求。文化和旅游深度融合场景不断推陈出新，赛龙舟、吃粽子、唱山歌等非遗和传统民俗活动受到游客欢迎。各地还将传统民俗、民间艺术有机融入博物馆、美术馆、图书馆、戏剧场、电影院等文化空间。文化和旅游部专项调查显示，假日期间访问文博场馆、历史文化街区，参与各类非遗项目，参加音乐节、演唱会等文化活动的游客占比达 87.9%。

高铁游、自驾游、周边游等成为端午节假期受欢迎的旅行模式。夜经济成为端午假期文旅消费市场亮点。根据调查，端午假期参与夜间游的游客比例达22.3%，较2022年同期提高7.9个百分点。

资料来源：徐壮. 端午节假期国内旅游出游人次破亿. 中国经济网，2023-06-25.

旅游收入是旅游经济活动的主要成果，也是国民收入的重要组成部分，它一方面反映了旅游经营企业在旅游经营活动中的价值运动和价值实现过程；另一方面也体现了旅游业对国民经济发展的贡献。同时，旅游分配和再分配是旅游经济运行的前提。因此，对旅游收入及其分配进行考察就显得非常重要。

第一节　旅游收入的概念及分类

一、旅游收入的概念

旅游收入是指旅游目的地国家或地区在一定时间内（以年、季度、月为计算单位），通过向旅游消费者销售旅游产品和服务所获得的货币性收入的总和，也就是旅游目的地国家或地区向旅游者提供旅游资源、设备设施、交通工具、旅游劳务和旅游购物品所换取的货币。

目前，世界上大多数国家按照国际惯例和世界旅游组织拟定的《关于旅游统计的建议草案》为标准测定、计算旅游收入，它具有明显的分类、范围、方法、时间和币制上的特征。

（1）分类。从全球范围看，旅游收入可分为国际旅游收入和国内旅游收入两大类。后者根据经济区域，还可进一步细分为省、市甚至县域旅游收入。

（2）范围。从统计范围看，由于新兴旅游产品和出游方式的出现以及取值范围的变化，旅游业的内涵日趋丰富，旅游收入统计口径也发生相应的变化。比如，"一日游"过去未列入旅游收入的范围，1993年以后，我国已经正式将它归入旅游收入的范畴。又如，按照惯例，国际交通费用虽是旅游消费的一部分，不列入旅游目的地国家的旅游收入之中，但美国在计算旅游收入与支出时，以交通工具的国家属性作为取值标准。如果旅游者乘美国公司的航班入境，则交通费用算入国际旅游收入之中；反之，如美国人乘本国班机出境旅游，则交通费用归入国内旅游收入。

（3）方法。从统计方法看，在我国，已由官方测算向抽样统计转变，实行向旅游消费者直接取值的"买方统计"。当然，还需要海关、公安和统计部门的通力合作。抽样统计可细分出旅游者的目的、动机、身份、年龄、性别、职业、出游方式和消费数额等群体特征。

（4）时间。从统计时间看，旅游收入均按年、季、月为时间段，累计测算。

（5）币制。从统计币制看，世界旅游组织以美元为单位统计世界各国的旅游收入。

除美国及少数国家外，其他国家以美元计量国际旅游收入，以本国货币统计国内旅游收入，再将美元折算成本币，两者相加后，即得出国际、国内旅游的总收入。

二、旅游收入的重要地位

旅游收入直接反映了某一旅游目的地国家或地区旅游经济的运行状况，既是衡量旅游经济活动及其效果的一个不可缺少的综合性指标，也是某一国家或地区旅游业发达与否的重要标志，还体现出旅游业对旅游目的地国家或地区做出的贡献大小及其对国民经济的促进作用和影响程度。

（一）体现旅游业对国民经济的贡献

发展旅游业的目的是发展同全世界各国人民之间的友好往来，促进国际经济、文化、技术交流，满足国内外旅游者对旅游产品的需求。旅游业是国民经济中的一个重要部门，目前已成为全球最大的产业之一，无论在广大发展中国家还是发达国家，旅游业都已成为重要的税收来源。在中国，大多数省市区将旅游业作为支柱产业或重要产业来扶持。因此，旅游收入越高，旅游业对国民经济发展的贡献率越高；反之，旅游业对国民经济发展的贡献率则越低。旅游收入的总量和增长速度不仅对旅游企业的发展起着决定性作用，而且对国民经济的发展也起着举足轻重的作用。

（二）实现货币回笼和创汇

旅游经营活动包括国内旅游业务和国际旅游业务两部分。通过开展国内旅游业务活动，可引导人们进行合理消费，让人们在旅游活动中增长见识、丰富知识、开阔眼界，同时通过销售旅游产品和提供服务，实现货币回笼。通过开展国际旅游业务活动，努力销售本国各类旅游产品，取得旅游外汇收入，为国家外汇政策做出贡献。

（三）反映旅游业经营活动的成果

旅游收入作为销售旅游产品总价值的货币表现，其总量和增长速度反映了整个旅游经济活动的运行状况。旅游收入越高，意味着旅游接待数量越多，旅游服务质量越高，旅游目的地的旅游产品越畅销，旅游者对旅游需求的满足程度越高。

旅游收入体现了旅游经济活动的成果，旅游收入的增加标志着流动资金周转的加速。每一次旅游收入的取得，都标志着在一定时期内、一定量的流动资金所完成的一次周转。因此，在一定时期内，旅游收入取得的越快越多，就意味着流动资金周转次数多、速度快，占用的流动资金越少，旅游企业的经济效益就会更好。

旅游收入总量和增长速度与旅游业的利润总量和增长速度成正比关系。在积累资金和消费资金比例保持不变时，旅游业利润总量和增长速度越高，旅游业的积累资金也越多，对旅游业的持续发展的促进作用也就越大。

三、旅游收入的分类

旅游收入可从来源、需求弹性、构成等角度进行分类，并可以在分类的基础上对旅游收入的性质和内容加以分析。

（一）按旅游收入来源分类

按旅游收入来源可将旅游收入分为国内旅游收入与国际旅游收入。

1. 国内旅游收入

国内旅游收入主要是指旅游目的地国家或地区的旅游经营部门和企业，因经营国内旅游业务，向国内旅游者提供产品和服务而取得的以本国货币计量的收入，它是国内生产总值的一部分。国内旅游收入来源于从事国内旅游的本国居民的消费支出，是本国物质生产部门劳动者新创造价值的转移。因此，国内旅游收入的增加一般不会导致一国财富总量的增加，属于国民收入的再分配范畴。国内旅游收入体现了国家与企业、企业与企业、企业与居民之间的经济分配关系。

根据我国目前的统计口径，从旅游者的主体构成角度看，国内旅游收入均来自旅游者的食、住、行、游、购、娱等直接消费数额，也包括长途交通费、市内交通费、邮电通信费等间接消费额。当然，在团体游客的包价旅游中，上述食、住、行、游等直接消费费用已付给旅行社，其中包含长途交通费和市内交通费，其他费用（如邮电通信费等）由团体游客自己承担。衡量国内旅游收入的指标，主要是出游人数、平均出游率、平均出游天数、每次出游的人均消费及消费结构等。

2. 国际旅游收入

国际旅游收入主要是旅游目的地国家或地区的旅游经营部门和企业，因经营国际旅游业务，向外国旅游者提供旅游产品和旅游服务等所取得的以外国货币计量（通常以美元为计量单位）的收入，通常被称为"旅游外汇收入"。在数值上等于入境旅游者在旅游目的地国家或地区的旅游消费支出，属于旅游收入的初次分配。在中国（不含港澳台地区），国际旅游收入包括外国人在中国内地以其所在地区的货币形式支付的旅游消费支出，也包括港澳台同胞在中国内地以其所在地区的货币形式支付的旅游消费支出。

与贸易一样，它也属于一种创汇形式，即旅游者在地域上是入境旅游，但在对外贸易上是目的地国产品和服务的出口，故又称为不出国门的"无形贸易"，因而与有形商品的过境转移、支付有所不同。旅游外汇收入扣除相应的旅游外汇支出，就是旅游外汇净收入，是旅游业为社会新创造的价值，是国民生产总值的组成部分之一。国际旅游收入的增加就意味着旅游目的地国家或地区国民收入的增长，体现着旅游客源国与旅游接待国之间所形成的国际经济关系。

影响国际旅游收入的因素很多，除旅游设施、可进入性、目的地的吸引力外，大致可从客源国和目的地国（接待国）的经济、政治、文化和历史以及国际经贸关系等角度进行考察。

（1）经济因素。包括：人均国民生产总值、个人可支配收入、税收、外汇储存额、外汇汇率、企业跨国经营规模等。比如2008年受全球金融危机的影响，中国入境旅游收入比2007年往年同期减少30％左右。

（2）政治因素：包括客源国对出境旅游的政策，目的地国的政治局势、治安情况等。比如海湾战争、波黑内战使该地区旅游活动基本停顿。

（3）历史文化因素。包括：语言、民族、习俗、历史文化渊源、文化类型上的认同程度。

（4）国际政治经济关系。包括双边及多边关系，这一因素影响到出入境的可能性与方便程度。

3. 国内旅游收入与国际旅游收入的区别

第一，旅游收入和旅游支出等量关系的差异。国内旅游收入与本国居民的国内旅游消费支出在数量上是相等的，而国际旅游收入与国际旅游者在旅游过程中的消费支出在数量上是不相等的，通常是前者小于后者。旅游目的地国家或地区的国际旅游收入只包括国际旅游者入境后在旅游目的地国家或地区内的食、住、行、游、购、娱等方面的支出，这只是入境旅游者旅游开支的一部分，甚至只是其中的一小部分。国际旅游者的旅游消费支出的相当大部分用于支付国际交通费以及国外旅游经营商的佣金。这种关系可用下式表示：

国际旅游收入＝国际旅游者总支出－国际交通费－外国旅游商或代理商的收入

第二，旅游收入计量货币单位的差异。国内旅游收入以本国货币计算，而国际旅游收入则以外汇计算。由于货币兑换率的经常变动，同量的外汇收入在不同时期以本国货币表示的国际旅游收入数额上就会有较大差异。因此，在衡量一国旅游收入时，采用不同的货币单位具有不同的含义，尤其是对不同时期的旅游收入进行比较时，要注意外汇汇率的变化，确保其可比性。

第三，旅游收入对国民财富的贡献差异。国内旅游收入是国民收入再分配的一种方式，其增加一般不会导致国内财富总量的增加；国际旅游收入是外来经济对本国经济的"注入"，其增加反映了国内财富总量的增加。

(二) 按旅游需求弹性分类

旅游者的旅游需求不仅具有多样性、变化性等特点，也有轻重缓急之分。因此按旅游需求弹性的不同，旅游收入可分为基本旅游收入和非基本旅游收入。

1. 基本旅游收入

基本旅游收入是指在旅游过程中，旅游目的地国家或地区的旅游部门和企业向游客提供旅游交通、食宿、景点游览等必需的基本旅游设施和旅游服务所获得的货币收入的总和，在数值上等于每个旅游者为完成旅游活动所必须支出的费用总和。对每一个旅游者来说基本旅游收入是缺乏弹性的，是一种相对固定的支出。基本旅游收入与旅游者人次数、旅游者的停留时间和旅游者的消费水平成正相关变化。

2. 非基本旅游收入

非基本旅游收入，一般是指在旅游活动中，旅游目的地国家或地区的旅游相关部门和企业，通过向旅游者提供医疗、电信、购物、美容、银行、保险、修理、娱乐等旅游设施和服务所获得的货币收入的总和，是旅游者在旅游过程中可能发生的各种费用支出。旅游者这一类支出具有较强的选择性和灵活性，需求弹性较大。对旅游目的地国家或地区来说，非基本旅游收入的增减，虽然也受旅游者人数、旅游者人均消费水平、旅游者停留天数的影响，但不呈明显的正比例变化，这使得非基本旅游收入具有很大的不稳定性。通常，在旅游业较发达的国家和地区，非基本旅游收入在旅游总收入中所占比重较大，是旅游收入的一个重要组成部分，而在旅游业相对落后的国家和地区，非基本旅游收入所占比重较小。

由于基本旅游收入具有相对刚性的特征，而非基本旅游收入则具有较大的弹性特征，因而两者在旅游收入总量中所占比重的大小，成为衡量一个国家或地区社会经济发展程度和旅游业发展水平的重要参考指标之一。旅游业越发达，旅游经济运行机制越完善，非基本旅游收入比例就越高。目前，我国旅游业外汇收入构成中，基本旅游消费支出比例过高，这说明我国旅游业发展尚不够深入，在扩大非基本旅游收入方面潜力巨大。

基本旅游收入和非基本旅游收入的划分是相对的，根据不同地区的特点，可以有所不同。以购物为例：对于一般旅游目的地，其购物收入都被视为非基本旅游收入，而对于我国香港而言，其"购物天堂"的独特魅力吸引着四面八方的游客赴此采购。因其旅游形象独特，我国香港的购物收入应被视为一项基本旅游收入。

（三）按旅游收入构成分类

按旅游收入的构成可分为商品性旅游收入和劳务性旅游收入。

1. 商品性旅游收入

商品性旅游收入主要指为旅游者提供物质形式的旅游产品而得到的收入，包括销售旅游商品和提供餐饮等所获得的收入。商品销售收入是向旅游者销售旅游商品而获得的收入，包括销售各种生活用品、工艺美术品、药品、书报杂志等获得的收入。餐饮销售收入主要指为旅游者提供膳食、饮料等而获得的收入。商品性旅游收入主要以有形旅游产品的交易为主，有形旅游产品交易的成功意味着有形旅游产品的使用价值和所有权的一次性、长期性的转移，也体现了有形旅游产品价值的一次性实现。

2. 劳务性旅游收入

劳务性旅游收入一般是指为游客提供各种劳务性服务而获得的收入，包括旅行社的业务费收入、住宿费、交通费、邮政通信费、文化娱乐费以及其他各项费用收入。劳务性旅游收入以无形旅游服务产品交易所取得的收入为主，劳务性旅游产品交易的成功意味着产品使用价值和价值的暂时转移。

这里应当明确，劳务性与商品性是一种理论上的区分。在实践中，餐饮食品价格本身也包含着服务性收费，而交通住宿中也包括提供的实物商品费用，在现实统计中也只能做相对的划分。

（四）按时间长短分类

按时间长短分类，可将旅游收入划分为年度、季度和月度收入等类别。

这种分类方法的优点是：时间概念强，便于及时掌握经营状况，以便了解旅游者的需求动向，制定相应的经营方案，扩大旅游收入；便于比较各个不同时期的旅游收入增减变化情况，有利于发现影响旅游收入变化的各种因素，寻求增加旅游收入的新途径；便于企业开展经济活动分析，根据供求变化，协调各类经济活动。总之，从时间角度划分旅游收入，有利于加强旅游企业的经济核算，加速资金周转，改善经营管理，提高劳动效率和经济效益。

第二节　旅游收入指标及影响因素

一、旅游收入指标

旅游收入指标是反映旅游经济现象数量方面的指标，说明旅游经济现象的实质，反映旅游经济现象的水平、规模、速度和比例关系。旅游收入指标是用货币单位计算和表示的价值指标，是补偿劳动消耗、实现旅游业再生产的先决条件，也是旅游目的地国家或地区的旅游企业和有关部门掌握和分析旅游经济活动的重要工具。旅游收入指标可分为以下几种。

（一）旅游收入总量指标

旅游收入总量指标，是指在一定时期内，旅游目的地国家或地区的旅游经营部门和企业，向国内外旅游者出售旅游产品和其他服务所获得的货币收入的总额。旅游收入总量综合反映了旅游目的地国家或地区旅游经济的总体规模和旅游业的总体经营成果。主要有国际旅游收入、国内旅游收入、旅游总收入、旅游净收入等指标。

1. 国际旅游收入

国际旅游收入（或旅游外汇收入）是指在一定时期内，旅游目的地国家或地区向国外旅游者提供旅游产品和劳务所获得的外国货币收入总额（通常用美元统一计算），也是国外旅游者入境以后全部消费支出的总额。国际旅游收入是衡量一国国际旅游业发展水平的重要指标之一，也是反映该国旅游创汇能力的一项综合性指标。

在国际旅游业中，它常被用于同外贸商品出口收入和其他非贸易外汇收入进行比较，以说明一国国际旅游收入在全部外汇收入中的地位和对弥补国家外汇收支平衡所做的贡献。该指标一般以美元为计量单位。如 2019 年我国国际旅游收入 1 312.54 亿美元，比上年增长 3.3%。在我国，旅游外汇收入通常采用以下公式进行计算：

$$R_t = N \times E \times T \tag{6-1}$$

其中，R_t 为旅游外汇收入；N 为接待的外国旅游者和港澳台地区旅游者的人数；E 为外国旅游者和港澳台地区旅游者在中国内地的人均每天旅游消费支出；T 为外国旅游者和港澳台地区旅游者在中国内地的平均逗留天数。接待的入境旅游者人数和入境旅游者在中国内地的平均逗留天数可通过海关的登记记录获得。而入境旅游者在中国内地的人均每天旅游消费支出则通常以抽样调查的方法获得。

2. 国内旅游收入

国内旅游收入是指经营国内旅游业务而取得的本国货币收入。一定时期一国国内旅游收入的多少反映一国国内旅游发展的状况。如 2020 年我国国内旅游收入 2.23 万亿元，比 2019 年减少 3.50 万亿元，同比下降 61.1%。其中，城镇居民国内旅游花费下降幅度更大，达到 62.2%，农村居民国内旅游花费下降 55.7%。

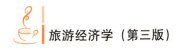

3. 旅游总收入

旅游总收入是指在一定时期内，旅游目的地国家或地区的旅游企业和其他部门，向旅游者提供产品和服务所获得的收入总额。它反映该国或地区旅游发展的总体规模和总体的经营成果。

旅游总收入包括国际旅游收入和国内旅游收入两部分，通常以本国货币单位来表示。因此旅游总收入的计算，是先把国际旅游收入按目的地国家或地区当时的外汇汇率折算成本国家或地区的货币收入再加上国内旅游总收入。

4. 旅游净收入

旅游净收入，是指一定时期内，旅游目的地国家或地区所获得的旅游总收入扣除用于补偿消耗的物质资料转移价值的金额，具体表现为旅游行业的工资、利息、地租、利润和税金等，是当年旅游业新创造的价值。旅游净收入加上折旧就是旅游国内生产总值（旅游GDP），是整个旅游目的地国家或地区国内生产总值的重要组成部分。

目前，由于旅游经济的综合性特点和旅游统计体系还不完善，旅游净收入和旅游国内生产总值尚未纳入旅游统计中。但是，旅游卫星账户的广泛应用和旅游经济核算的加强，旅游净收入和旅游国内生产总值将成为反映旅游收入的重要指标，并将成为考核旅游经济的综合性指标。

（二）旅游外汇收入指标

旅游外汇收入指标，是指在一定时期内旅游目的地国家或地区向海外旅游者提供旅游产品和其他劳务所获得的外国货币收入的总额，也是外国旅游者入境后的全部消费总额。

（三）人均旅游收入指标

人均旅游收入指标，是指旅游目的地国家或地区在一定时间内，平均从每一个旅游者消费中所获得的收入，也是旅游者在旅游目的地国家或地区旅游活动过程中的平均货币支出额。人均旅游收入是某一期的旅游收入总量与旅游者人次的比值。它不仅反映了旅游者在旅游目的地的平均消费水平，而且反映了旅游目的地国家或地区向每一个旅游者提供旅游产品和相关劳务所获得的平均价值量。衡量人均旅游收入的指标主要包括人均每天消费支出、人均旅游外汇收入、国内人均旅游花费等。

1. 人均每天消费支出

旅游者人均每天旅游消费支出，是指旅游者在旅游目的地国家或地区的整个旅游过程中，平均每人每天用于食、住、行、游、购、娱等方面的消费支出。该指标反映了旅游目的地国家或地区因接待国内外旅游者而获得的按旅游者平均的每天旅游收入水平。

人均每天消费支出水平，一般采用抽样调查的方法得到基础数据，经过统计修正后作为计算依据。由于国际旅游者和国内旅游者在旅游消费中使用的货币不同，因此，对国际旅游者和国内旅游者的人均每天旅游消费支出的抽样调查也是分别进行的。

2. 人均旅游外汇收入

人均旅游外汇收入指标是指在一定时期内，旅游目的地国家或地区接待每一人次海外旅游者所获得的旅游外汇收入额，也是每一人次海外旅游者在旅游目的地国家或地区的人均外币支出额。人均旅游外汇收入指标的高低与入境旅游者的构成、支付能力、在境内停留时间以及旅游目的地国家或地区的旅游接待能力有密切的关系。该指标的数值是一定时期内该国或地区旅游外汇收入总额与该国或地区接待的海外旅游者人次数的比值,通常用美元为计量单位。人均旅游外汇收入常用海外旅游者人均每天旅游消费支出与海外旅游者的平均逗留天数相乘得出。

3. 国内人均旅游花费

国内人均旅游花费,是指在一定时期内国内每个旅游者出游的平均花费,其计算方法通常是用国内旅游者人均每天旅游花费和平均出游天数相乘,也可用国内旅游总花费与国内旅游者出游人次数相除得出。

(四) 旅游创汇率指标

旅游创汇率指标,是指旅游目的地国家或地区在一定时期内经营国际旅游业务所取得的全部外汇收入扣除了旅游业经营中必要的外汇支出后的差额,并与全部旅游外汇收入的比值,即用旅游外汇净收入除以旅游外汇总收入。计算公式为:

$$C_t = (R_t - E_t)/R_t \times 100\% \qquad (6-2)$$

其中,C_t 为旅游创汇率;E_t 旅游业外汇总支出;R_t 为旅游外汇总收入。

为发展旅游业而支出的外汇称为旅游外汇收入的"漏损"或"流失",主要用于购买进口设备设施和原材料,进行境外的宣传促销及驻外办事处的费用支出,偿付外商投资利息、利润分红和国外管理人员费用,购买外国旅游者需要的进口消费品等。这些项目的外汇支出使旅游目的地国家或地区已收入的外汇中的一部分又流向国外,外汇流出的部分越少,旅游外汇净收入率就越高。旅游创汇率既反映了旅游目的地国家或地区增收节支、尽量减少外汇流失的情况,又反映了该国家或地区通过发展旅游业而实现创汇的能力和水平。

上述旅游收入主要指标可以为旅游经营者掌握旅游发展的规模、速度、结构、水平,制定旅游发展规划,选择最佳旅游市场,改善经营管理水平,提高旅游产业经济效益等提供依据和信息。

二、旅游收入的影响因素

旅游产业是个关联性、依托性很强的产业,某一旅游目的地国家或地区的旅游收入的增减,会受到各种不同因素的影响,这些因素主要包括以下几个方面。

(一) 旅游目的地旅游产品的需求价格弹性

旅游收入等于旅游产品价格与销售量的积。一般来说,旅游产品价格的提高会导致旅游收入的增多,但是,这一论断并不是在任何情况下都是正确的。其间有一个旅游收入同旅游需求价格弹性的关系(具体请参阅本书第三章第一节)。旅游收入、旅游价格与旅游需求价格弹性三者的关系见表6-1。

表6-1　旅游收入、旅游价格与旅游需求价格弹性三者的关系

	$Ed_P > 1$	$Ed_P < 1$	$Ed_P = 1$
旅游价格上升	旅游收入减少	旅游收入增加	旅游收入基本不变
旅游价格下降	旅游收入增加	旅游收入减少	旅游收入基本不变

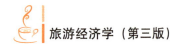

（二）接待的旅游人次数

旅游目的地国家或地区接待的旅游人次数是决定其旅游收入高低的基本因素，通常旅游收入与接待旅游人次数成正相关关系。尽管每一位旅游者的旅游消费水平会有很大差别，但只要是某个国家或地区所接待的旅游人次增加，它的旅游收入也会随之增加。一个国家或地区接待旅游人次的多少，与该国或地区旅游资源的丰富程度、吸引力强度、政局稳定与否、政府的政策等方面有着直接的关系。

（三）旅游者支付能力与平均消费水平

在旅游接待人数既定的条件下，旅游者的支付能力和人均消费水平是旅游目的地国家或地区旅游收入增减变化的另一决定因素。旅游者的平均消费水平和支付能力与旅游目的地国家或地区的旅游收入呈正比例关系。

旅游者支付能力与平均消费水平的高低不仅与旅游者的年龄、社会阶层、家庭状况、职业、个人可自由支配收入和个人偏好等因素有着密切的联系，而且与旅游客源地的社会经济发展水平密切相关。例如，一般情况下，客源地经济发展水平越高，旅游者在旅游目的地的人均每天的旅游消费支出也越高。

（四）旅游产品质量和旅游资源的吸引力

旅游目的地国家或地区旅游资源的丰富程度、开发程度、旅游产品特色，是吸引旅游者的重要方面；而旅游产品的质量和品位高低，又是吸引旅游者进行购买的重要原因。所以，要充分利用旅游目的地的旅游资源及其吸引物，不断对旅游产品进行深层次的开发，调整产品结构，提高产品质量，从而吸引更多的旅游者，提高旅游者的消费支出，延长旅游者的停留时间，进而增加旅游收入。

（五）旅游者在旅游目的地的停留时间

在旅游人次数、旅游者消费水平既定的条件下，旅游者在旅游目的地停留时间的长短对旅游目的地的旅游收入增减有着直接的影响。旅游者在旅游地停留就要消费，就要有消费支出，停留的时间越长，其消费支出就越多，旅游目的地的收入便会增加。旅游者在旅游地停留时间的长短，除了与旅游者个人闲暇时间的长短有关外，更重要的是与旅游地的可游景点的丰富程度、吸引力大小以及旅游活动的安排、组织等因素相关。

（六）外汇汇率

外汇汇率的变化，是影响旅游目的地旅游收入的又一重要因素。外汇汇率是各国不同种类货币之间的相互比价。如旅游目的地国相对旅游客源国的货币升值，汇率提高，将会抑制旅游客源国的旅游需求，减少旅游目的地国的入境旅游人次数，从而使该国旅游外汇总收入减少；反之，如果旅游目的地国相对旅游客源国的货币贬值，汇率降低，而旅游目的地国的旅游价格未作相应提高，则会刺激旅游客源国的旅游需求，增加旅游目的地国的入境旅游人次数，从而使旅游外汇总收入增加。一般来说，旅游目的地国的货币贬值，更有利于当地旅游产业的发展，增加旅游收入。因为对于外国旅游者而言，旅游目的地国货币贬值相当于旅游目的地国的旅游价格便宜，旅游者用同等数量的本国货币可以购买更多的旅游产品。

（七）旅游统计因素

一国的旅游收入是通过一定的方法统计出来的数据，因此，旅游收入的总水平还受统计因素的影响。旅游收入有些来自直接旅游部门，也有些来自间接旅游部门，因此，旅游收入中有一部分不易分辨、搜集和统计，还有相当部分是隐藏在其他种类收入中，存在漏统计或重复统计的现象。例如，旅游者在旅游过程中支付的小费是无法统计到旅游目的地国的旅游收入之中的。再如，在探亲旅游者中，旅游者常把房费、餐费、当地交通费直接支付给他们的亲朋好友，或是以购买一定数目的礼品、土特产品的形式或以其他方式换取免费的食宿，这种交换方式产生的旅游收入也是无法进行统计的。另外，旅游部门之间、旅游部门与非旅游部门之间对旅游收入常常出现重复统计的现象。例如，旅行社与交通部门、饭店、餐饮部门之间，旅游部门与农业、商业、建筑业、园林部门、轻工业部门之间，由于旅游收入分配的转换方式所致，遗漏和重复统计的现象经常发生。许多提供非基本旅游产品的第三产业，如文娱、美发、购物、修理等部门以及通信、银行、保险等服务部门，常常难以准确地区分它们的营业收入中有多少来自旅游者，有多少来自本地居民。当然，还有各国规定的统计制度和统计方法的差异性等，都会对旅游收入的精确度产生一定的影响。

第三节　旅游卫星账户

在社会经济发展过程中，产生了一系列特殊的社会经济现象，如教育、卫生、健康和旅游等，尽管这些现象以一种特有的力量影响着经济决策，却难以量化考查，从而无法全面、客观地反映在国民经济核算的中心框架中，这就使得现在国民经济核算体系不能全面、准确地反映当前经济发展状况。

一、旅游卫星账户及相关概念

（一）旅游卫星账户的概念

所谓旅游卫星账户，也称为旅游附属账户，是指在国民账户体系之外，按照国际统一的国民账户的概念和分类要求，单独设立的一个模拟账户，是以整个旅游经济为对象的宏观分析与核算，是对旅游目的地在一定时期内，整个旅游经济运行及其经济成果进行全面统计、计算和测定。

1993 年，联合国首先提出用于计算旅游产业对国民经济贡献的"旅游卫星账户"统计系统，之后，世界旅游组织便采用了该方法。1999 年 6 月，世界旅游组织在法国召开了"旅游影响经济的度量方法"世界大会，大会达成共识：应该按照现有的国民经济核算体系，设计一套辅助账户统计系统，来对旅游产业的各类产出进行计算。2000年，联合国发布了《旅游卫星账户：推荐方法框架》，使旅游产业成为世界经济领域首先拥有由联合国通过国际标准的产业。据 WTO 提供的信息，目前世界上已经实施旅游卫星账户的国家有：澳大利亚、加拿大、智利、美国、法国、墨西哥、新西兰、挪威、多米尼加、新加坡和瑞典。

旅游卫星账户是一个新的统计工具，旨在帮助各国依照一个共同的核算框架来测量旅游以及相关商品和服务，从而可以将旅游产业与其他传统产业作一个可信的比较，并进一步对国家或地区之间的旅游经济活动进行比较。正是有了旅游卫星账户，才能将旅游产业的经济活动作为一种经济现象归入宏观经济统计的主流。

如何科学地测量旅游经济活动的复杂性，寻找和创建新的手段和方法，从而提供具有国际可比性、可信度和一致性的数据与信息，寻求在国民经济核算体系中客观全面地描述旅游产业对社会经济的影响，是制定和实施我国旅游产业发展战略的一项极为重要的基础工作。从全国范围看，关于"旅游卫星账户"的理论研究和实际应用已经引起了学术界的关注，但具体的研究成果还处于初级阶段，例如浙江和厦门等地已经利用现有的国民经济统计体系中的有关数据建立起本地区的卫星账户模型，并已经取得了一些有价值的成果。

（二）编制旅游卫星账户的相关概念

（1）旅游。指任何时候为休闲、娱乐、观光、度假、探亲访友、就医疗养、购物、参加或从事经济、文化、体育、宗教活动，离开常住国（或常住地）到其他国家（或地区），其连续停留时间不超过 12 个月，并且在其他国家（或地区）的主要目的不是通过所从事的活动获取报酬的行为。

（2）旅游行业。是指随着旅游行为存在而存在的行业。旅游行为涉及食、住、行、游、购、娱六大要素。旅游行业涉及多个行业，主要包括：住宿业、餐饮业、交通运输业、商业、娱乐业等。

（3）旅游产品。指提供给旅游者的商品和服务，是社会总需求的一部分。包括：住宿设施（汽车旅馆、宾馆、宿营帐篷及其他住宿设施）、餐饮服务（住宿设施内提供的餐饮服务、餐馆和其他餐饮服务）、交通工具（飞机、铁路、水路、出租车等）、旅游服务机构、娱乐场所等。

（4）旅游供给与需求。全社会生产的旅游产品称为旅游供给；国内旅游者和国际旅游者在旅游过程中的总花费，称为旅游需求，包括本地旅游需求、省际旅游需求和国际旅游需求。一般来说，旅游供给应大于旅游需求。

（5）旅游业增加值。因出售旅游商品和提供旅游服务而增加的价值，称为旅游业增加值。

（6）旅游就业岗位。指从事旅游产品生产的岗位，是能够反映旅游业发展水平的因素之一。包括：专职、兼职和自雇，在进行旅游就业人数统计时，只统计直接从事旅游活动的人员，不统计间接从事旅游活动的人员。

二、旅游卫星账户的内容

旅游卫星账户并不像传统产业（如农业、汽车工业等）核算那样，从生产或提供同质产品和服务方面考虑，而是从经济活动的需求方面考虑的。因此，为了从需求方面认识旅游业，旅游卫星账户重新界定了两个重要概念：旅游消费和旅游需求。其中，旅游消费基于物质生产领域的"产业"概念，基本上等同于旅游业的概念，旅游需求则强调旅游更为广泛的"经济"领域的影响，包括因旅游发展而派生的消费需求等，基本等同于旅游经济的概念。这样，通过明确区分"旅游业"和"旅游经济"之间的差别，就能够准确把握旅游消费和旅游需求的内涵及相互联系。

旅游卫星账户以世界旅游组织的《旅游卫星账户：推荐方法框架》为指南，以一国经济内商品和服务的一般供求平衡为基本出发点，用需求法定义旅游者、旅游消费、团体旅游消费、旅游股东资本总额等概念，用供给法定义旅游特征产品、旅游特征活动、旅游增加值、旅游就业等概念，规范旅游统计的范围和方法，建立若干个基本表式以及相关账户和总量指标。这些表式主要包括：国内旅游产品供需表、旅游增加值表、旅游花费表、固定资本形成总额表和旅游就业表等。

从外在表现形式看，旅游卫星账户由一组账户和表式组成，同时包含了一系列与旅游相关的概念、定义、分类、总量指标及核算规则。其基本组成如表6-2所示。

表6-2　旅游卫星账户主要构成

旅游卫星账户构成	主要内容
旅游卫星账户的概念	旅游消费，旅游活动，旅游需求，旅游企业，旅游特征产品，旅游特定活动，第二住宅和常住环境，旅游经营者，旅游形式，国民账户体系—1993
旅游卫星账户的分类	社会总产品分类，旅游产品的分类，旅游特征产品列表，旅游活动的国际标准分类
旅游卫星账户表式	按产品和形式分类的境内旅游消费表，按产品和形式分类的国内旅游消费表
旅游卫星账户延伸内容	区域性（地区、省、市等）旅游卫星账户，旅游卫星账户国家展望，旅游卫星账户功能展望，旅游卫星账户机构展望，旅游劳动力账户体系
旅游卫星账户总量	境内旅游消费，旅游公共消费，旅游总固定资产，旅游就业，总体旅游需求，旅游国内总产出（旅游GDP），旅游增加值，旅游产业增加值

旅游卫星账户的内容丰富而细致，远远超出了表中所列项目。例如，概念体系中"旅游消费"还包含着"国内旅游消费、入境旅游消费、出境旅游消费、国民旅游消费"等几十个概念；旅游卫星账户的表式也多达十个，如入境旅游货物花费表（货币交易）、国内旅游货物花费表（货币交易）、旅游全过程的总花费表（货币交易与货币和非货币交易）、旅游业的生产账户（净值）、旅游就业表、旅游固定资本形成总额表等。

从本质上看，旅游卫星账户是为了适应旅游分析需要，对现有国民经济核算体系进行数据剥离和再整理。因此，旅游卫星账户自身既是一个逻辑严密的框架体系，又可视为国民经济核算体系的一部分，两者在基本概念、核算方法上是一致的。从整体上看，旅游卫星账户没有改变传统经济核算的基本范围，其主要目的是在"旅游"这一主题下汇集数据，而这些数据实际已包括在传统的国民经济核算中，只是没有独立列示出来。编制旅游卫星账户的主要工作就是要将原本隐含的旅游活动进行显化处理，这就需要对原有数据进行重新分组，将与旅游有关的类别细化，将与旅游无关的类别归并在一起。

三、旅游卫星账户测算方法

（一）旅游供给

进行旅游供给的测算，主要是运用投入产出账户。第一，识别能够提供旅游产品的行业，根据旅游所包含的六大要素（食、住、行、游、购、娱），将国民经济行业中与旅游相关的行业挑选出来；第二，计算比重，在旅游业所涉及的各行业中，计算出用于提供给旅游者的供给占总供给的比重；第三，将与旅游相关的各行业的旅游供给相加，即可得到旅游总供给。

（二）旅游需求

进行旅游需求的测算，主要运用国内旅游调查和国际旅游调查的数据。第一，通过以上两个旅游调查，将旅游产品按照投入产出表中列出的产品进行分类，然后将需求数据填入投入产出表中，以便协调旅游供给和旅游需求之间的关系。例如，从调查资料中取得的交通运输业和住宿业产品的信息非常充足，可以直接分离到投入产出框架中。第二，计算出旅游需求后，可以用供给份额把需求分配到相应的子行业中。

（三）旅游业增加值

旅游业增加值通过投入产出表中的投入表计算出来。如果没有用于分配的有关供给份额的信息，也可通过子行业的信息来计算旅游业增加值。

（四）旅游就业岗位

旅游就业岗位也是通过分行业的数据计算出来的。将与旅游相关的行业挑选出来，计算出在相关行业中，旅游就业岗位的比重，得出整个旅游行业的就业岗位数据。

四、旅游卫星账户的作用

应用旅游卫星账户作为分析工具，可实现在国民经济核算体系中客观、全面、定量地描述旅游产业对社会经济的影响，反映旅游业在创汇、增加政府税收、创造就业、提供投资和就业机会、带动相关产业发展等方面的社会经济效应，测算旅游业对国民经济的贡献率；测算旅游业对税收、居民收入和国民收支平衡等方面的影响，使旅游产业对社会经济影响的测量结果具有与其他行业的可比性和国际可比性。

旅游卫星账户作为一个国民经济核算的工具，除了提供国民经济核算中有关旅游业的准确内容与数据外，从经济学意义上，它可以比较全面地反映旅游活动的供需情况、供需的对应与平衡情况，从而了解旅游需求和产业的市场总体均衡状况，核算旅游业的产业规模，从而全面分析旅游业在国民经济中的产业地位，此外作为一个较全面的数据库，旅游卫星账户的基础数据还可以为政府的公共政策提供依据。

阅读资料 6-1

2020 年度全国文化文物和旅游统计年报数据质量控制培训班举办

2020 年 3 月 31 日，由文化和旅游部主办、湖南省文化和旅游厅承办的 2020 年度全国文化文物和旅游统计年报数据质量控制培训班在湖南省长沙市举办。

2020 年，全国文化和旅游统计系统紧紧围绕文化和旅游高质量发展这一核心，以统计督察整改为契机，详细制定整改方案，制定出台、整合修订了一系列制度，编辑印发了《统计年鉴》《统计公报》等统计资料，统计制度体系更加完善，统计工作基础不断夯实，统计服务水平有效提高。

本次培训班强调，广大文化和旅游统计人员要切实将思想和行动统一到中央决策部署上来，坚定信心、开拓进取，依法依规开展统计调查工作，认真完成2021年文化和旅游各项统计工作任务，进一步做好常规统计报表工作，进一步强化统计季度监测工作，进一步加大统计督察指导力度，进一步提升统计分析研究水平。

培训期间，相关技术人员为学员进行了文化和旅游统计系统操作培训和游客抽样调查方法讲解。为帮助大家快速熟悉旅游统计内容，掌握旅游调查问卷收集填报方法，培训班还安排了问卷收集实操环节，将学员分成小组赴景区开展问卷调查工作。

培训为期2天，来自全国各省、自治区、直辖市文化和旅游部门的文化文物和旅游统计工作人员近140人参加培训。

资料来源：2020年度全国文化文物和旅游统计年报数据质量控制培训班举办. 中华人民共和国文化和旅游部官方网站，2021-04-02.

第四节　旅游收入的分配与再分配

旅游收入分配是指旅游营业收入在直接经营旅游业务的部门、企业以及全社会范围内的分配。旅游收入分配与国民收入分配一样，是通过初次分配和再分配两个过程实现的，最终形成社会各个部门、各个阶层的收入。

一、旅游收入的初次分配

旅游收入的初次分配是在直接经营旅游业务的旅游部门和企业内部进行的。初次分配的内容是在旅游营业总收入中扣除了当年旅游产品所消耗掉的成本后的旅游净收入。旅游净收入又是旅游从业人员所创造的新增价值，旅游净收入在初次分配中最后可分解为职工的工资、企业的盈利以及政府的税收。其过程如图6-1所示。

（一）旅游净收入

营业收入扣除生产经营中的各类成本，就得到旅游净收入。这里不是一个分配过程，而是一个补偿过程。首先，旅游企业在生产经营中，必定会消耗各种物质资产，为了维持再生产，旅游企业必须将所获得的营业收入投入生产经营所需的原材料和辅助材料、设备折旧、房屋折旧和易耗品等补偿。

其次，旅游收入中还有一部分流入其他部门的成本，如：支付贷款利息构成金融部门的收入，支付保险金构成保险部门的收入，支付房租而形成的房地产部门的收入等。

（二）旅游净收入的分配

旅游净收入按照劳动力、资本和公共投入等因素，相应以职工工资、企业留存收益和政府税收的形式进行分配。

旅游企业为维持正常运转，必须雇佣大量的员工，员工以自己投入的劳动力为依据所获得的报酬（含工资、福利和奖金）即是职工工资。这是职工个人和家庭生活的需

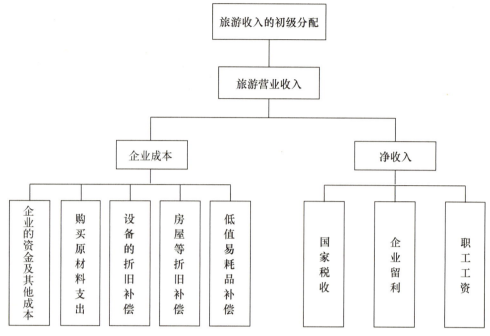

图 6-1 旅游收入初次分配流向

要，同时也是实现劳动力简单再生产和扩大再生产的需要。

旅游企业按照国家税收政策的规定向政府纳税，成为国家财政预算收入的一部分，由国家统筹安排和使用。从 1994 年开始，我国实行了新税制，规定旅游经营中的劳务性收入缴纳营业税，营业税的税率是企业营业收入额的 5％；旅游经营中的商品性收入缴纳增值税，基本税率是增值额的 17％，低税率为 13％；在企业总收入中，扣除营业成本、营业费用、租金、利息、营业税等各项税费之后，形成旅游企业经营利润。企业以经营利润额为基数，按照法律规定额缴纳所得税（企业所得税税率从 2008 年 1 月 1日起改为 25％）。

旅游企业的自留利润被称为企业净利润，这部分利润才是企业按有关规定可以自行安排使用的。在我国旅游部门和企业中也要依据《公司法》规定，提取企业净利润的 10％列入公司法定公积金，法定公积金累计额为公司注册资本的 50％以上的，可不再提取。法定公积金主要用于弥补公司的亏损，扩大公司生产经营或转增资本，但法定公积金转为资本时，所留存的该项公积金不得少于注册资本的 25％。

另外，旅行社作为旅游企业，其初次分配过程与前述分配过程有所不同，应加以说明。由于旅行社的特殊职能和地位，使其在旅游收入的初次分配中具有独特的作用。旅行社不仅是从事旅游产品流通的企业，而且是整体旅游产品的生产者。旅行社根据市场的需求，首先向住宿、餐饮、交通、游览、娱乐等部门和企业预订单项旅游产品，经过加工组合，形成不同的包价旅游产品，出售给旅游者，由此获得包价旅游收入。这种包价旅游收入首先表现为旅行社的营业总收入，但与饭店、餐馆、交通部门等旅游企业不同，旅行社的营业总收入中，很大一部分的成本项目是其他旅游部门或企业的营业收入。旅行社要根据所签订的经济合同中所规定的支付时间、支付方式，双方约定的价格、数量以及其他有关规定，向这些为自己提供单项旅游产品的旅游部门和企业分配其应得的营业收入。当这些部门和企业获得营业收入后，才按照前述分配方式进行旅游收入的初次分配。从这个意义上说，旅行社首先参与旅游收入的初次分配，在旅游收入分配中又体现为旅游营业总收入转化为其他旅游部门和企业营业收入的过程。因而，旅行社的经营活动既是旅游营业收入的来源，又决定了旅游营业收入的分配，具有双重职能。

二、旅游收入的再分配

旅游收入的再分配是指在旅游收入初次分配的基础上，按照价值规律和经济利益原则，在旅游企业及旅游行业外部进一步分配的过程，从而实现旅游收入的最终用途。同其他经济活动一样，旅游经济活动也是一个社会生产的不断重复和扩大的过程，因而旅游收入的再分配是旅游经济活动的重要一环。它既是旅游业能够不断扩大生产、满足其自我发展和自我完善所必需的物质条件的需要，也是满足旅游从业人员的各种物质和文化需求，使劳动者家庭得到满足，劳动力不断再生产的需要。同时，通过旅游收入的再分配，使全社会的相关部门获得了应有的派生收入，旅游业的经营成果影响到旅游业外部，从而体现了旅游业对旅游目的地国家或地区整个社会、经济的促进作用，主要流程见图 6-2。

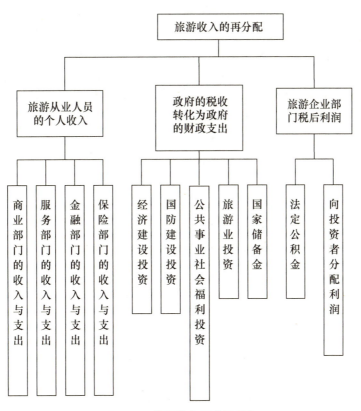

图 6-2 旅游收入再分配流向

（一）旅游企业收入的再分配

即企业自留利润部分参与的再分配。企业自留利润是旅游收入初次分配的结果。企业要进行扩大再生产，而将提取的法定公积金用于购买扩大再生产的生产要素，使企业的自留利润转化为其他部门的营业收入。

（二）职工工资的再分配

即支付给旅游从业人员的个人报酬部分参与的再分配。旅游从业人员获得的工资报酬，要到市场上购买他们生活所需的各种物质资料和服务，以满足个人和家庭成员的物质文化生活需要。个人收入的支出，形成了社会经济中相关部门的营业收入。

（三）政府和旅游相关收入的再分配

旅游收入中上缴政府的各类税金，构成政府的财政收入，通过政府预算支出的方式实现再分配，其支出主要用于国家的经济建设、国防建设、国家事务管理、公共事业、社会福利开支以及国家储备基金等。其中一部分可能作为旅游基本建设或重点旅游项目开发基金又返回到旅游行业。

三、旅游收入分配的重要作用

旅游收入，经过初次分配和再分配运动过程而实现了最终用途，不仅满足了各旅游要素投入主体的经济利益追求，而且对旅游目的地国家和地区的社会经济发展也具有积极的促进作用。旅游收入分配的重要作用主要表现在以下几方面：

（一）旅游收入分配促进旅游业发展

旅游收入经过初次分配和再分配后，形成积累基金和消费基金两大部分。其中积累基金不仅可用于旅游业的扩大再生产，而且可用于与旅游业相关部门和企业的扩大再生产，从而为全社会的扩大再生产提供了前提。尤其是一部分积累基金，通过有计划地再投入到旅游开发建设中，开发新的旅游产品和开拓新的旅游市场，有利于促进旅游业进一步发展。而其中消费基金部分投入消费以后，扩大了社会需求和消费，为劳动就业提供了良好条件，为旅游业发展输送了大量的劳动力，并促进社会劳动力资源的有效使用和合理流动。

（二）旅游收入分配促进产业结构的调整

旅游收入分配还直接影响投资结构与产业结构的变化。随着旅游收入的增加和分配，必然促使旅游需求增加并带动旅游供给能力不断提高，促使各种食、住、行、游、购、娱的设施规模不断扩大；而随着旅行社、旅游饭店、旅游交通、旅游景点、旅游购物等方面的数量不断增加，规模不断增加，又必然拉动为旅游业提供配套设施设备的相关部门和企业供给数量的增加。于是，通过旅游收入的初次分配和再分配过程，必然促进整个社会投资结构的优化，进而影响产业结构的变化和调整，促使旅游目的地国家或地区产业结构的进一步合理化，推动旅游业和社会经济的不断发展。

（三）旅游收入分配带动社会经济发展

根据现代经济学理论，旅游收入在初次分配和再分配过程中，其用于生产性消费和生活性消费的比例会随每一次分配循环而不断增加，最终形成乘数效应而使国民收入总量增加。尤其旅游业是一个综合性产业，通过旅游收入的初次分配和再分配过程，不仅诱发对旅游业自身的投入及开发，还会带动交通运输业、商贸业、建筑业、工农业等物质生产部门，以及金融、文化、教育、卫生、体育等非物质生产部门的投入与发展，从而促进整个社会经济的繁荣和发展。

第五节　旅游外汇收入漏损

旅游外汇收入反映一个国家或地区旅游业发展的水平，同时也会发生外汇流失现象，尤其在一些旅游业不太发达的国家，存在着大量的旅游外汇流失，这些外汇的流失是这些国家的损失，减弱了旅游乘数效应的发挥及对国民经济的有利影响。防止外汇流失是每个国家都要关注的问题。

一、旅游外汇漏损的含义

旅游外汇漏损是指旅游目的国（地区）或旅游社团和企业，由于需要购入外国商品（进口商品）、劳务或者因为贷款等原因而导致的外汇流失现象。外汇漏损主要包括购进本地区以外的物资和商品、本地区居民或雇员出外旅游消费、国外或外地投资者带走的利润、贷款利息、向外地投资、外籍外地雇员部分工资、在外地的广告和促销费用、驻外办事机构开支以及储蓄储备等。

二、旅游外汇漏损的形式

（一）按外汇漏损的企业分类

按外汇漏损的企业分类，旅游外汇收入漏损可以分为直接漏损和间接漏损两种。

1. 直接漏损

直接漏损是旅游企业直接的外汇支出。这类旅游外汇漏损主要包括以下几种：

（1）购买旅游开发建设与经营运转所需要的各种进口物资的外汇支出。这些进口物资包括各种原材料、各种建筑和装饰材料、机械设备、食品饮料、高档消费品、燃料、各种办公设备、车辆及其他运输工具、陈设用品等。

（2）为发展旅游业而向国外筹措的外债和贷款的利息及合资或独资旅游企业中外国投资者所获利润的外流。

（3）旅游业雇佣外国雇员的薪金和其他外籍人员的劳务费用。

（4）政府旅游管理部门、各个旅游团体组织或旅游企业在国外进行旅游推广宣传所支付的各种费用和成本。

2. 间接漏损

间接漏损不是旅游企业直接的外汇支出。这类旅游外汇漏损主要有以下几种：

（1）向旅游业供应各种物资和服务的各有关企业或其他机构为满足旅游业需要而从国外进口各种物品和劳动力所造成的外汇漏损。

（2）使用进口物资或劳动力程度较高的各种基础设施因旅游业的发展而引起其耗用加大、进口增多而造成的外汇支出。

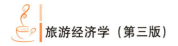

（二）按外汇漏损的渠道分类

旅游外汇漏损按外汇漏损的渠道可分为合法漏损和黑市漏损。

合法漏损是指国外旅游者将携带的外币通过合法渠道换取当地货币用于购买产品和服务而产生的漏损。

黑市漏损是指外国旅游者在旅游目的国（地区）购买旅游产品和服务，并非一定用其所携带的外币或用通过正式渠道汇兑得到的当地货币来支付，一部分是通过在当地外汇黑市非法套汇而得到的当地货币来支付的。这样，从旅游目的地官方的角度来看，便造成部分外汇漏损。国际旅游者在旅游目的国（地区）的实际花费总额减去该目的国（地区）官方公布的旅游外汇收入总额的差值为黑市漏损额。

（三）按外汇漏损发生的时间分类

旅游外汇漏损按漏损发生的时间分为先期漏损和后续漏损两种。

1. 后续漏损

后续漏损亦称诱导性漏损，是指旅游从业人员个人生活消费中所涉及的外汇外流。直接或间接从旅游企业获得工资收入的各类从业人员，为了自己的生活需要，有时也要用工资收入购买各种进口物品，旅游接待国（地区）因为这些进口物品所支付的外汇便形成旅游外汇后续漏损。

2. 先期漏损

先期漏损是指旅游经营商向旅游者销售某一国家（地区）的旅游产品所获得的全部收入中未进入这一旅游目的国（地区）的那部分收入。造成这种先期漏损的因素包括旅游预订方式、旅行距离、使用何国（地区）交通工具及交通工具的类别、旅游者进入旅游目的国（地区）的线路等。

三、影响旅游外汇漏损的因素

影响旅游外汇漏损的因素很多，概括起来主要有：

（1）旅游目的国的经济发展水平，包括国内生产总值和人均国内生产总值水平、农业产出和加工能力、制造业产出能力等。

（2）旅游目的国各种资源的自给能力。

（3）旅游目的国有关法规、政策，包括有关进口物资的规定、涉及外汇收入与管理的财政金融政策、对旅游业给予资助和贷款等方面的优惠政策、建筑方面的有关规定。

（4）旅游目的国的人口规模和旅游业发展规模。

（5）旅游目的国对外进行旅游促销所需开展工作量的大小。

（6）旅游非法漏损。主要指由于外汇监管、法律执行等原因造成的非法漏损情况。

从长期宏观角度看，旅游外汇收入漏损率的变化会出现波动性特征，并且与旅游目的国的社会经济和旅游业的发展程度有着密切关系。在旅游目的国的国际旅游业初创阶段，旅游漏损率一般较低，这是因为这一阶段旅游业的开发和经营规模都有限，旅游者的人数和消费水平也不高，因此旅游外汇漏损都处于低水平。随着旅游目的国国际旅游业的规模不断扩大，旅游业所需外来贷款和进口数量也会大量增加，旅游漏损国内替代会交织发展，漏损会出现波动性。

四、减少旅游收入漏损的措施

旅游漏损会使旅游外汇收入大量漏损，影响旅游乘数效应的发挥，不利于旅游目的国或地区的经济发展，因此必须采取各种措施减少旅游漏损。这些措施主要有以下几种：

（1）提高漏损的国内替代。主要从要素方面，全面提高漏损的替代：一是对引进的技术和先进设备进行消化吸收，生产本国替代性产品；二是鼓励旅游行业与其他行业之间的合作，提高本国的旅游自给能力；三是重视人才培养，减少人力资源性外汇漏损；四是增加低漏损旅游产品和服务供给。

（2）通过政策法规进行控制。制定和完善经济法规和外汇管理方法，鼓励、支持替代性技术和产品开发漏损，鼓励高漏损产品和服务的国内替代，鼓励低漏损产品和服务发展，减少和消除非法渠道漏损。

（3）利用互联网和人工智能。利用互联网进行旅游宣传促销、虚拟旅游产品和服务开发，可缩小旅游目的地国家与旅游消费者之间的感知距离，降低营销漏损。利用人工智能技术，以虚拟方式、人工替代等方式减少外汇漏损。

【本章小结】

1. 旅游收入是指旅游目的地国家或地区在一定时间内，通过向旅游消费者销售旅游产品和服务所获得的货币性收入的总和。旅游收入可根据来源、需求弹性、构成等角度进行分类，并可以在分类的基础上对旅游收入的性质和内容加以分析。

2. 旅游收入指标包括旅游收入总量指标、旅游外汇收入指标、人均旅游收入指标、旅游换汇率指标和旅游创汇率指标五大类。

3. 旅游卫星账户是指在国民账户体系之外，按照国际统一的国民账户的概念和分类要求，单独设立的一个模拟账户，它是对旅游目的地在一定时期内，整个旅游经济运行及其经济成果进行的全面统计、计算和测定。

4. 旅游收入分配是指旅游营业收入在直接经营旅游业务的部门、企业以及全社会范围内的分配。它是通过初次分配和再分配两个过程实现的。

5. 旅游外汇漏损是指旅游目的国（地区）或旅游社团和企业，由于需要购入外国商品、劳务或者因为贷款等原因而导致的外汇流失现象。旅游外汇收入大量漏损，会影响旅游乘数效应的发挥，不利于旅游目的国（地区）的经济发展，因此有必要控制旅游漏损。

【复习思考题】

1. 什么是旅游收入？其种类有哪些？
2. 如何衡量旅游收入？影响旅游收入的因素有哪些？
3. 旅游卫星账户研究的内容有哪些？有何作用？
4. 什么是旅游收入分配？它的初次分配和再分配是如何展开的？
5. 旅游收入漏损有哪些形式？
6. 造成旅游收入漏损的因素有哪些？如何减少和避免？

立足国内大循环　更好释放旅游消费需求

　　改革开放以来，中国旅游业得益于外循环，从无到有，迅速成长为国民经济战略性支柱产业之一。同时，旅游业发展充分融入国家战略。在改革开放初期，发展旅游业的主要目标是作为窗口行业引进外资和外国先进的管理经验。20世纪80年代，我国外汇非常紧张，实行优先发展入境旅游市场的战略，努力为国家创汇。相关资料显示，我国入境旅游收入从1978年的2.63亿美元，上升到1988年的22.47亿美元，十年增长了7.5倍，为我国改革开放做出了重大贡献。1998年以后，扩大内需成为我国重要的发展战略，旅游业逐步将战略重点转向国内，"十五"期间，我国完成国内旅游业投资6 257.73亿元，旅游业投资增速大大高于同期固定资产投资增速。同时，从"十五"规划以后，国家逐步把发展国内旅游业作为旅游业三大市场的重点。1998年国内旅游业总收入为2 391.2亿元，到"十二五"末的2015年已达到34 195.1亿元，增长了约13倍，为我国扩大内需作出了重要贡献。目前，中国旅游业已经加入国际国内双循环中，形成旅游业三大市场各有优长的格局。

　　从长远看，我国旅游业依然要坚持国际国内双轮驱动，为国家扩大对外开放、全面深化改革、满足人民不断增长的物质文化需要等服务。在当前背景下，中国旅游业应立足国内大循环，大力发展国内旅游。首先，我国幅员辽阔、旅游资源丰富、各地差异性大，发展国内旅游具有强大的基础条件。世界经济论坛发布的全球旅游业竞争力报告中，中国的自然和人文旅游资源等指标多年排名世界前列。其次，近年国民旅游消费需求旺盛，但受各方面因素的制约，大量旅游需求释放到国外。相关统计显示，2019年我国出境旅游花费总额2 546亿美元，出境旅游人均花费高达1 500美元，而2019年国内旅游人均花费仅为953元人民币。最近几年的国民休闲旅游调查显示，由于非经济因素制约，国内旅游需求未得到有效释放。再次，我国国内旅游业体量巨大，相关资料显示，2019年全年我国国内游客60.1亿人次，国内旅游收入57 251亿元，如果国内旅游需求完全释放，旅游业对经济的贡献会更大。旅游业关联带动性强，一业兴，百业旺。据统计，旅游业综合带动系数仅低于工业和建筑业，大大高于初级产品加工、交通运输、金融等行业。国内旅游就业门槛儿低，对农民工再就业具有极大的吸纳能力。国内旅游还具有弥合收入差距的重要作用。最后，旅游业非常敏感，但韧性强。最新调研发现，在很多疫情控制好的地区，当外向型工业企业依然低迷萎缩的时候，旅游业已经快速复苏，有些地区已经复苏到历史最好水平的70%。当前，我国已经成为全世界疫情控制最好的国家之一，国内旅游完全可以恢复繁荣。此外，大力发展国内旅游，也是解决党的十九大报告提出的发展不平衡不充分的问题、让经济发展惠及广大民众的重要方面。

　　特别需要指出的是，近期我国旅游业以内循环为重点，并不是不要发展入境旅游，当各国疫情得到有效控制后，仍要大力发展入境旅游。近期，我国旅游业发展应立足国内大循环，要利用各种产业政策，包括放量土地供给、加大财政金融支持等手段，在利好政策引导下，让市场发挥作用，吸引更多旅游投资，释放国内旅游潜在市场需求，让更多人参与国内旅游。

　　资料来源：戴学锋. 立足国内大循环 更好释放旅游消费需求. 中国旅游新闻网，2020 - 09 - 03.

案例思考：

如何更好地释放旅游消费需求？

第七章

旅游经济效益与效应

导 言

    本章学习目标：通过本章的学习，要求掌握旅游经济效益和效应的含义及类别，了解旅游经济效益和效应的评价内容、评价指标体系和核算方法，熟悉提高旅游经济效益和经济效应的途径，为以后从事旅游经济管理工作打好基础，并通过对旅游乘数理论的学习进一步认识旅游收入对社会经济发展的重要作用。

    本章难点：旅游经济效益与效应的区别

    关键术语：旅游经济效益；旅游宏观经济效益；旅游经济效应

清明假期国内旅游收入 187 亿元

    文化和旅游部 5 日发布的清明节假期文化和旅游市场情况显示，经文化和旅游部数据中心测算，2022 年清明节假期 3 天，全国国内旅游出游 7 541.9 万人次，同比减少 26.2%，按可比口径恢复至 2019 年同期的 68.0%；实现国内旅游收入 187.8 亿元，同比减少 30.9%，恢复至 2019 年同期的 39.2%。全国文化和旅游系统未发生重特大安全事故。

    资料来源：王珂.清明假期国内旅游收入 187 亿元.人民日报，2022－04－06.

第一节　旅游经济效益概述

追求经济效益是一切经济活动的基本方针和核心准则。经济效益是指经济活动过程中，生产要素（资本、物质资料、劳动、经营管理才能）的占用、投入、消耗与有效成果产出（产品和服务）之间的数量比例关系，即人们在从事经济活动过程中，投入与产出的比较。一般认为，生产同样数量、质量的产品和服务，要素投入越少，则经济效益越高；在一定的要素投入总量和结构下，成果产出越多，则经济效益越好。

一、旅游经济效益的概念

旅游经济效益，是指旅游经济活动过程中的劳动占用和消耗同有效成果之间的比较，即从事旅游经济活动的投入与产出的比值。旅游经济活动的有效成果是多方面的，既包括向旅游者提供旅游产品和服务，以满足游客多样化的旅游消费需求，又包括通过旅游经济活动获取应有的利润，从而为企业发展积累资金，还包括促进人们生活质量水平的提高和环境的改善。为了更好地理解旅游经济效益的概念，我们有必要搞清楚这三种关系：

（一）劳动占用与经济效益

劳动占用是指旅游企业在生产经营过程中占用的生产资料，其价值形态表现为物化劳动，其使用价值形态主要表现为固定资产。

旅游业，特别是饭店业，是资金密集型行业，固定资产投资在总投资额中占的比重较大，通常要占总投资的80％左右。固定资产的回收期较长，而且变现能力差，投资以后往往难以改变。按照固定资产的经济用途，可分为经营用固定资产和非经营用固定资产。经营用固定资产，是指直接参与和服务于旅游经营过程中的固定资产，如房屋及建筑物、机器设备、家具设备、交通运输工具、地毯、电器设备、文体娱乐设备和其他设备等；非经营用固定资产，是指不直接参与和服务于旅游经营活动的固定资产，如职工食堂、职工宿舍、托儿所、俱乐部等使用的房屋、设备等。无论是营业用固定资产，还是非营业用固定资产，每年都要计提折旧，是旅游企业成本的组成部分。因此，折旧费的大小，也是影响企业利润多少的重要因素。在其他条件既定的情况下，占用的固定资产越多，其折旧费就越大，企业成本就越高，利润额就越小，经济效益就越差；占用的固定资产越少，其折旧费就越小，企业成本就越低，利润额就越高，经济效益就越好。

然而，并不是说固定资产占用越少越好，它必须有一个基本前提，那就是不影响正常经营活动的开展。在这里，在保障旅游经营活动顺利进行的条件下，要尽量减少固定资产的占用，从而减少折旧费。在旅游企业固定资产管理中，要尽量减少非营业用固定资产。只有这样，才能最大限度地提高固定资产利用率，从而提高劳动占用经济效益。

（二）劳动耗费与经济效益

劳动耗费是指旅游企业在组织旅游活动过程中向旅游者提供物质产品和服务时所耗费的物化劳动和活劳动。物化劳动，是指生产资料的价值；活劳动，是指劳动力的价值。旅游企业在从事旅游活动过程中向旅游者提供产品和服务，必然要耗费一定的生产资料和人力，并发生各种相关的费用开支。这些耗费在企业财务管理和经营核算上视作旅游成本。

旅游成本是反映旅游经济效益的一个综合性指标，在旅游企业经营活动中具有十分重要的作用。为了有效地管理和控制旅游成本，取得较好的经济效益，必须根据旅游成本的性质，进行科学分类。按照旅游成本的经济内容，可将旅游成本划分为营业成本、营业费用、管理费用和财务费用。

营业成本，是指旅游企业从事经营活动所支出的全部直接费用。由于旅游业包括许多不同类型的服务企业，因此不同类型服务企业的营业成本的具体内容也是不相同的。在旅游经济活动中，必须加强经营管理，使营业成本降到最低限度，从而将经济效益水平提升到最佳状态。

销售费用即营业费用，是指企业在销售商品或提供服务过程中发生的各项费用，包括发生的包装费、运输费、装卸费、保险费、展览费和广告费，以及为销售本企业商品或提供服务而专设的销售机构（含销售网点、售后服务网点等）的职工工资及福利费、类似性质的费用、业务费等费用。所以，经济效益与营业费用也是密切相关的，在达到经济效益最大化的过程中就要尽量使企业在不影响正常营业的情况下合理降低营业费用。

管理费用，是指旅游企业决策和管理部门在其经营管理过程中发生的各种费用，它是不能直接计入营业成本的其他支出。在其他条件既定的情况下，管理费用越少，企业利润越多，经济效益就越好。因此，要想获得较好的经济效益，就必须努力降低管理费用，把管理费用降到管理行为合理化为止。

财务费用，是指旅游企业为筹集经营资金而发生的各种费用，主要包括利息、汇兑损失、手续费和其他费用等。在企业总收入既定的情况下，财务费用越高，利润额就越少，其经济效益就越差；相反，财务费用越低，利润额就越多，其经济效益就越好。因此，财务费用与经济效益成反比例关系。但是，财务费用也有与经济效益成正比例关系的情况，如当企业经营管理和经营条件既定的条件下，财务费用的增多意味筹资规模越大，经营收益越多，经济效益越好。

综上所述，旅游企业要讲求经济效益，就必须控制劳动耗费，降低企业成本水平，减少各种费用开支，提高资金利用效率。

（三）旅游企业经营成果与经济效益

旅游企业经营成果，是指旅游经济活动的最终产出。它包括两层含义：一是指旅游收入；二是指旅游经营利润。旅游收入是旅游经营者在其生产经营过程中为旅游者提供物质产品和服务之后所取得的全部货币收入，是旅游企业的产值。在旅游经营成本既定的条件下，旅游收入越多，旅游利润额就越大，旅游经济效益就越好；反之，旅游收入越少，旅游利润就越小，旅游经济效益就越差。因此，在其他条件既定的情况下，旅游收入、旅游利润与旅游经济效益之间成正相关关系。

二、旅游经济效益的特点

任何事物都有其特殊性，旅游经济效益也不例外。讲求旅游经济效益，要重视研究旅游经济效益的特点。掌握旅游经济效益的特点，有利于正确评价旅游经济效益的主要指标，有利于把握影响旅游经济效益的主要因素，寻找提高旅游经济效益的基本途径。

旅游业作为一个综合性的经济产业，有其自身的特点和运行规律。因此，旅游经济效益既有和一切经济活动相同的特点，又有区别于其他经济活动的不同特点，具体有以下几方面：

（一）微观与宏观的统一性

旅游经济活动通常由旅行、餐饮、住宿、交通、观赏、娱乐等多种活动所组成，因而旅游经济效益实质上是食、住、行、游、购、娱等多种要素综合作用的结果，而各种要素作用发挥的好坏，最终也必须体现在经济效益上。同时，旅游经济效益不仅要体现旅游企业的经济效益，使旅游经济活动的主体及其组织得以生存和发展，而且还要体现整个旅游产业的宏观经济效益，并通过旅游经济活动及其较强的产业带动效应，把旅游经济活动所产生的经济效益通过辐射作用渗透到其他产业和部门，促进人们生活质量的改善和提高，充分体现出旅游经济的宏观效益及社会价值。

（二）衡量标准的多样性

在市场经济条件下，旅游经济活动必须面向市场，以旅游者为中心。这就要求旅游经营部门和企业在组织旅游活动时，必须树立为旅游者服务的经营思想和观念，从旅游者的消费需求考虑，尽可能提供适销对路、物美价廉的旅游产品和服务，这是获取经济效益的前提。在充分满足人们旅游消费需求的基础上，取得合理的经济收入和利润，不断提高旅游业的宏、微观经济效益。因此，从以上两方面来衡量旅游经济效益，可采用以下指标体系进行综合分析和评价，即接待游客人数、游客逗留天数、旅游收入、旅游外汇收入、旅游利润和税收、客房率、游客人均消费、游客投诉率、资金利润率、成本利润率以及服务质量等多项指标。

（三）质和量的规定性

旅游经济效益不仅有质的规定性，而且有量的规定性。旅游经济效益的质的规定性，主要表现为取得旅游经济效益的途径和方法必须在国家有关法律、法规和政策的范围内和指导下，通过加强管理、技术进步和改善服务质量来实现。旅游经济效益的量的规定性，是指旅游经济效益不仅能用量化的指标来反映，而且还能通过对指标体系的比较作分析，发现旅游经济活动中的问题，从而寻求提高旅游经济效益的途径和方法。旅游经济效益质和量的规定性是有机统一的整体，离开了质的规定而片面追求量的目标，就会偏离旅游经济发展的宗旨和方向，甚至成为不良社会行为生长的土壤；反之，若只考虑旅游经济效益的质的规定性，而没有量的追求，就没有积极开拓的进取精神和科学的经营管理方法，难以实现旅游经济效益。因此，只有把旅游经济效益的质和量有机统一起来，才能保证旅游经济活动健康、正常的开展，促进旅游经济效益的不断提高。

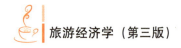

三、旅游经济效益的评价内容

旅游经济效益的评价，就是对旅游经济活动的效果和水平进行综合评价。评价的内容不仅包括直接的旅游经济效益，还应该包括旅游经济活动所产生的社会效益和环境效益等。

（一）旅游的综合效益

旅游活动首先为一个国家的经济发展和人民生活水平的提高带来经济效益，同时也对人民生存的自然环境带来影响，并对社会发展及人民文化生活的改善做出综合的贡献，这些综合的贡献主要体现在经济效益、社会效益和环境效益三个方面。

任何旅游经营部门和企业，为了向旅游者提供旅游产品，必然要耗费一定的社会劳动，占用一定的资金，从而形成旅游经济活动的成本和费用。如果旅游经济活动只讲满足社会需求，而不计成本高低，则是违背经济规律的。因此，要讲求经济效益，就必须把经济活动的有效成果（特别是利润和税金）同要素占用和消耗进行比较，以评价旅游经济活动的合理性和旅游经济效益的好坏。这是旅游经济效益的评价内容。

旅游带来的社会效益，表现为促进各相关经济与非经济部门的发展，扩大就业，提高人们的生活水平，改善服务，创造舒适、美观、和睦、安全的环境，改善人们的生活质量，提高人们的文化水平和素质，从而提高整个社会的质量，给社会带来非用货币测量的物质文明和精神文明，从而提高旅游的经济效益。

旅游的环境效益是指旅游活动对自然环境与生态平衡的贡献与影响。旅游资源开发利用的好坏，直接关系人类生存与经济效益。因此，开展旅游活动必须注意环境保护，合理开发、有效利用资源，减少对环境的污染。在美化环境、保护资源，保持生态平衡中，通过人们高质量的生活、工作环境，不仅提高旅游的经济效益，也提高整个社会的经济效益。

从根本上说，旅游经济效益、旅游社会效益与旅游环境效益是一致的，但三者不一致的现象也经常发生。尤其是在一些地区的旅游业发展中，片面追求经济效益而忽略了社会效益与环境效益，导致综合效益下降。因此，需要在旅游经济发展中，深刻理解旅游经济效益内涵，树立综合效益观念，采取有效措施，趋利避害，促进整个社会效益的提高。

（二）直接经济效益与间接经济效益

经济效益分为直接经济效益和间接经济效益，前者指经营旅游业所带来的经济收益，主要表现为旅游外汇收入；后者指旅游业对国民经济的促进作用和相关产业的发展，表现为有利于国家和地区的收支平衡，改变产业和投资结构；基础设施的建设促进建筑业的发展；旅游商品和食品供应促进工农业及第三产业的发展。故从某种意义上讲旅游业的间接经济效益超过直接经济效益。社会效益体现在增加劳动就业机会，促进不同地区、不同国家人民间的信息、文化和感情交流。环境效益表现为旅游业促进环境的美化、绿化，使人们重视文物古迹的修复和重建，改变城市文化面貌。

（三）长远经济效益与近期经济效益

任何经济活动都是以经济效益为中心，这是市场经济条件下开展经济活动的基本出发点，旅游经济活动也不例外。旅游经济活动不仅要追求近期效益，更要有战略眼光，注重长远效益。但在实际工作中，往往只注意追求眼前的既得利益，盲目开发，掠夺经营，用眼前的利益换取损害长远的、持续稳定的发展。旅游经济长远效益与眼前效益的统一才是旅游经济效益的内涵所要求的。

（四）正经济效益与负经济效益

旅游经济效益既然是投入与产出的比较，那么当产出大于投入时就为正效益，产出小于投入时就为负效益。对于社会效益和环境效益来说，有利于社会、环境的就是正效益，不利于社会及环境的就是负效益。旅游经济效益应包含正负两个方面。

（五）微观经济效益与宏观经济效益

旅游经济效益，按照经济视角的不同，可以分为微观经济效益与宏观经济效益。

旅游微观经济效益即旅游企业经济效益。在市场经济条件下，各旅游企业作为相对独立的经济实体，有自身独特的物质利益追求与体现，它构成了旅游企业微观经济效益的主要内容。旅游宏观经济效益是指旅游产业的经济效益。旅游业是一个综合性产业，它与国民经济其他许多部门和行业有着密切的联系，旅游业的经济效益必然会从整个社会中表现出来，从而体现为旅游宏观经济效益。

旅游宏观经济效益与旅游微观经济效益表现为全局与局部的关系。微观经济效益是宏观经济效益的基础，没有企业的经济效益，就没有整体社会的经济效益。宏观经济效益是企业经济效益的总体表现。因此，当微观经济效益与宏观经济效益发生矛盾时，应从全局出发，微观的局部利益应服从宏观的全局利益，两者相互关联、共同构成旅游经济效益体系。因此，研究旅游经济效益，首先要把重点放在如何提高旅游企业的微观经济效益上，即以旅游微观经济效益为出发点，把旅游宏观经济效益建立在微观经济效益的基础上。

四、旅游经济效益的评价过程

（一）旅游经济效益评价的原则

评价旅游经济效益时，需要遵循的主要原则是：

1. 价值和使用价值统一的原则

商品本身就是价值和使用价值的统一体。使用价值是价值的物质承担者。在商品经济条件下，既然生产成果都以商品的形式出现，那么，讲求经济效益就必然要把价值和使用价值统一起来，没有使用价值，也就没有价值。产品不适销对路，就不能实现其价值，就不可能得到盈利，从而也就谈不上经济效益。从价值形态上评价经济效益，本身就包含了使用价值的因素。在评价旅游经济效益时，除以价值形态为主进行比较以外，还必须注意到使用价值，把价值和使用价值统一起来。

2. 宏观经济效益与微观经济效益统一的原则

宏观经济效益与微观经济效益的关系，从根本上说是全局利益与局部利益的关系。如果宏观经济效益很差，微观经济效益的提高就难以持久。同时，微观经济效益是宏观经济效益的基础，没有微观经济效益的提高，宏观经济效益的提高也是难以实现的。在市场经济条件下，宏观经济效益与微观经济效益是统一的，但是，它们有时又是有矛盾的。旅游企业必须在服从全局的前提下，兼顾各方面的利益。不能以损害国民经济整体利益来达到提高企业经济效益的目的，当然，也不能空谈宏观经济效益而忽视或不顾企业经济效益的提高。

3. 长远经济效益和当前经济效益统一的原则

长远经济效益与当前经济效益虽有矛盾的一面，但又有统一的一面，当前利益是长远利益的有机组成部分，应当把它们两者恰当地结合起来，既要重视当前的经济效益，又不能借口当前利益而忽略长远的经济效益。

4. 直接经济效益与间接经济效益统一的原则

在市场经济条件下，国民经济是一个有机的统一体，各部门、各企业之间是相互联系、相互制约的。有些部门、项目或产品的经济效益还间接地通过其他部门、项目或产品反映出来。因此，我们在评价某一企业、某一建设项目、某一产品的经济效益时，必须考虑这种经济联系，进行全面分析，既要考察其直接效益，也要考虑其间接效益，才能得出正确的结论。

5. 经济效益和社会效益统一的原则

在市场经济条件下，经济效益固然是评价一切经济活动的主要根据，但不能因此而不注意经济活动对于诸如生态平衡等方面的影响。在某些情况下，这些影响往往还会成为评价经济活动的主要依据。当然，只强调社会效益而不讲经济效益也是不对的，必须把经济效益和社会效益统一起来。

（二）旅游经济效益的评价指标

评价旅游经济效益，可采用以下几个指标：

1. 旅游业总收入与外汇总收入

外汇总收入是国际旅游业经营活动成果的总体指标，指报告期内直接对游客提供商品性和劳务性服务而收入的外汇。商品性收入包括销售各种生活用品、工艺品、旅游纪念品、书报杂志等实物形式的商品收入以及为游客提供膳食、饮料等获得的收入。劳务性收入包括旅行社的旅游业务费、饭店宾馆的房费、长途及市内交通费、参观游览和文化娱乐以及其他外汇收入。

旅游业总收入指通过开展旅游经济活动从国内外旅游者支出中所得的全部收入，它反映了旅游产业发展的总体规模效益，是考核评价旅游经济效益的重要指标。

2. 投资创汇率

投资创汇率指一定时期内企业外汇收入与企业投资总额之间的比率。

$$投资创汇率 = \frac{外汇收入总额}{投资总额} \times 100\% \tag{7-1}$$

3. 资金利税率

资金利税率指一定时期内（通常为一年）企业的纯利润加上上缴税金与该时期内企业资金平均占用额之比。企业资金平均占用额包括企业固定资产净值和流动资金平均占用额。

$$资金利税率 = \frac{年纯利润 + 年上缴税金}{固定资产净值 + 年流动资产平均占用额} \times 100\% \tag{7-2}$$

第二节 旅游企业经济效益与评价

一、旅游企业经济效益的概念

旅游企业经济效益是指旅游企业（旅行社、旅游酒店、游览点、娱乐场所、旅游车船公司等）在向旅游者提供旅游产品和服务过程中，对物化劳动和活劳动的占用与耗费同企业所获得的经营成果的比较。即旅游企业的产品成本与销售收入的比较。提高旅游企业经济效益的途径，一方面是扩大销售收入，另一方面是降低成本。

旅游企业经济效益的好坏，不仅决定着其自身的生存和发展，而且直接影响整个旅游业的宏观经济效益。因此，必须对其进行科学的考察、分析和评价，以探寻提高旅游企业经济效益的途径和措施。

二、旅游企业成本及核算

（一）旅游企业成本

旅游企业成本，是指旅游企业在生产经营旅游产品或提供旅游服务时所耗费的物化劳动和活劳动的价值形态，也就是提供物质产品、精神产品和服务时所支出的全部费用。旅游企业的成本通常可以按照费用类别、成本性质以及成本与产品的关系进行划分。

1. 按费用类别划分

按照费用的种类，旅游企业成本可分为营业成本、营业费用、管理费用和财务费用四大类。

（1）营业成本。

旅游企业营业成本是指旅游企业从事经营活动所支出的全部直接费用。其中饭店营业成本指饭店在经营过程中发生的各项直接支出，它主要包括餐饮原材料耗用成本、销售商品的进价成本和其他成本等。旅行社营业成本，是指直接用于接待旅游团体或个人，为其提供各项服务所支付的费用，包括旅行社已计入营业收入总额的房费、餐费、交通费、文娱费、行李托运费、票务费、门票费、专业活动费、签证费、陪同费、劳务费、宣传费、保险费、机场费等代收、代付费用。

（2）营业费用。

营业费用指企业各经营部门在经营中发生的各项费用，包括运输费、装卸费、包装费、保管费、燃料费、水电费、保险费、展览费、广告宣传费、通信费、差旅费、洗涤清洁卫生费、低值易耗品摊销、物料消耗、折旧费、修理费、营业部门人员的工资（含奖金、津贴、补贴）、职工福利费、工作餐费、服装费和其他营业费用等。

（3）管理费用。

管理费用是指旅游企业决策和管理部门在企业经营管理中所发生的费用，也就是不能直接计入营业费用的其他支出，包括行政办公经费、工会经费、职工培训费、劳动保险费、外事费、租赁费、咨询费、审计费、诉讼费、土地使用费等。

（4）财务费用。

财务费用是指旅游企业为筹集经营资金所发生的各种费用，包括利息支出、汇兑损失、金融机构手续费等。

对上述四种费用的划分，目的是能够准确地了解旅游企业成本费用发生的范围和数量，以便加强成本控制和管理，为提高旅游企业经济效益指明方向和途径。

2. 按成本性质进行划分

按照成本性质，旅游企业成本可划分为固定成本和变动成本两部分。

固定成本是指在一定的业务范围内，不随业务量的增减变化而固定不变的成本。其主要包括固定资产折旧费、修理费、租赁费用、行政办公费、管理人员的工资等。尽管固定成本总额不随业务量的增减而发生变化，但是随着业务量的增加，分摊到单位旅游产品或服务上的固定成本却会相对减少。因此，在一定条件下（即固定成本总额不变），努力提高旅游设施的利用率，提高劳动生产率，必然会降低单位旅游产品或服务的成本，增加旅游企业的盈利。

变动成本是指随着业务量增减变化而发生相应变化的成本。其主要包括各种原材料的消耗、水电费用、燃料费用、低值易耗品费用、服务人员的工资和奖金等。由于变动成本总是随业务量的增加而增加，因此降低单位旅游产品和服务的变动成本，就能使单位成本和总成本都降低，从而增加企业的经济效益。把旅游企业的成本划分为固定成本和变动成本，有利于把成本和业务量结合起来考察，为旅游企业的经营决策提供科学的依据。

3. 按成本与产品的关系划分

按照成本与产品的关系，旅游企业成本可划分为直接成本和间接成本。

直接成本指企业经营中发生的能直接认定到某一核算对象的成本。如某一经营部门设备设施的折旧费、食品原材料成本、客房和餐厅的低值易耗品、旅行社已计入营业收入的各单项旅游产品的价格、旅游企业营业部门在经营中发生的各项费用等，它们都是生产各种产品的直接消耗费用，可根据原始凭证分别直接计入各种产品成本中。

间接成本是指为经营旅游产品在企业各部门中共同性的消耗，它在费用发生时无法直接计入某种产品的生产费用中，而需要根据一定标准，用间接方法分摊于若干种产品成本中。间接成本包括企业经费、劳动保险费、租赁费、排污费、水电费等，它是企业整个经营活动的耗费，不是为哪一部分产品的生产而进行的专门投入。

（二）旅游企业成本核算

产品成本核算是指根据有关的财务制度和计划、定额，监督企业各项生产费用的支出，反映成本目标和成本计划的执行情况。为了正确计算产品成本，应明确划分应计入和不应计入产品成本的费用界限。旅游企业成本费用的核算必须按照责权发生原则，严格区分本期或下期应分摊成本费用的界限，以及属于直接费用还是间接费用的界限。

在产品生产消耗比较准确和稳定的情况下，应制定各种费用的消耗定额，研究产品费用的构成和控制的最低限度，不断提高定额管理水平。成本核算除了用定额法外，大多数是在各部门投产后的事后核算。

为了最大限度地降低成本，企业财务部门职工必须关心成本核算，并将企业的成本责任分解到各部门和个人，实行责任成本核算。

三、旅游企业的利润及核算

（一）旅游企业的利润

旅游企业的利润是指旅游企业在一定时期的经营过程中，各项收入和各项支出相抵后的余额。旅游企业的利润计算方法可以划分为三个层次：第一个层次为营业利润，反映企业经营的毛利润；第二个层次为利润总额，体现企业经营者与全体从业人员的业务经营成果；第三个层次为净利润，反映企业最终的全部净经营成果。

1. 营业利润

营业利润是旅游企业利润的主要来源。它是指旅游企业在销售旅游商品、提供劳务等日常活动中所产生的利润。

$$营业利润＝营业收入－营业成本－税金及附加－销售费用－管理费用$$
$$－财务费用－资产减值损失＋投资净收益 \qquad (7-3)$$

其中，营业收入是指旅游企业的各项经营业务的收入；营业成本是指旅游企业在经营活动中发生的各种直接支出；税金及附加，是指旅游企业与营业收入有关的，应由各项经营业务负担的税金及附加，包括增值税、教育费附加及城市维护建设税等。资产减值损失是指企业在资产负债表中，经过对资产的测试，判断资产的可收回金额低于其账面价值而计提资产减值损失准备所确认的相应损失；投资净收益指企业投资收益减去投资损失后的净额。投资收益和投资损失是指企业对外投资所取得的收益或发生的损失。

2. 利润总额

利润总额是企业在营业利润的基础上加上营业外收支额后的余额，也就是人们通常所说的盈利。

$$利润总额＝营业利润＋营业外收入－营业外支出 \qquad (7-4)$$

其中，营业外收入是指与企业经营业务没有直接联系的收入，它包括固定资产盘盈和变卖的净收益、罚款净收入、确实无法支付而按规定程序经批准后转作营业外收入的应付款、礼品折价收入和其他收入等；营业外支出是指与企业经营业务没有直接联系的支出，它包括固定资产盘亏和毁损、报废的净损失、非常损失、赔偿金、违约金、罚息和公益救济捐赠等。

3. 净利润

净利润是指在利润总额中按规定交纳了所得税后公司的利润留成，一般也称为税后利润或净收入。

$$净利润＝利润总额－所得税 \qquad (7-5)$$

其中，所得税又称所得课税、收益税，指国家对法人、自然人和非法人组织在一定时期内的各种所得征收的一类税。

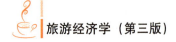

通过对企业利润的分析，是为了让企业了解和掌握影响利润的各种因素，以便有针对性地进行利润决策，从而提高企业的经济效益。

（二）旅游企业利润的核算

利润是企业经营最终成果的集中反映。它是衡量企业经济效益高低的一个重要指标。为了保证企业利润核算的真实性，期末进行利润核算前，应做好核对账目、财产清查和调整账项等核算前的准备工作。

旅游企业利润核算的指标主要有四个：资金利润率、产值利润率、工资利润率、成本利润率。由于企业利润的实现与企业的营业利润、投资净收益和营业外收支净额有关，因此，在利润核算中主要对营业利润、营业外收支等方面进行核算。利润核算完成后，根据规定和程序进行利润分配：

（1）弥补上年亏损。企业发生年度亏损，可用下一年度的利润弥补。下一年度的利润不够弥补的，可在 5 年内延续弥补，延续 5 年仍未弥补完的亏损，用所得税税后利润弥补。

（2）企业利润按国家规定依法缴纳所得税。

（3）企业缴纳所得税后的利润按下列顺序分配：第一，支付被没收财务损失和各项税收的滞纳金、罚款；第二，弥补企业以前年度亏损（指超过用所得税税前利润弥补亏损的期限，仍未补足的亏损）；第三，按税后利润的 10% 提取法定盈余公积金；第四，向投资者分配利润，企业以前年度未向投资者分配的利润，可以并入本年度分配。股份制企业在提取公积金后按照下列顺序分配：支付优先股红利；按公司章程或股东会议决定提取任意盈余公积金；支付普通股红利。

四、旅游企业经济效益的指标体系

旅游企业的经济效益是通过分析旅游企业的收入、成本、利润的实现，以及它们之间的比较来体现的。旅游企业经济效益指标，是反映旅游企业经营活动有效成果和要素占用与消耗的量化标志。对旅游企业经济效益的评价一般是通过分析旅游企业经济效益的指标来实现的，为此，首先应该把握好各主要目标的经济含义和计算方法。

（一）旅游企业的营业收入

营业收入是指旅游企业在出售旅游产品或提供旅游服务中所实现的收入，其包括基本业务收入和其他业务收入。营业收入的高低，不仅反映了旅游企业经营规模的大小，而且反映了旅游企业经营水平的高低。例如，通过旅游营业收入同企业职工人数的比较，就可以反映旅游企业劳动生产率的水平，公式如下：

$$\bar{S} = \frac{T_s}{\bar{p}} \qquad (7-6)$$

式中：$\bar{S}$ 是人均旅游营业收入；

T_s 是年旅游营业总收入；

$\bar{p}$ 是年职工平均数。

（二）旅游企业的经营成本

经营成本就是旅游企业从事旅游经济活动所耗费的全部成本费用之和，也是旅游企业的固定成本与变动成本之和，用公式表示如下：

$$T_C = C_o + C_b + C_m + C_a \qquad (7-7)$$

式中：T_C 是旅游经营成本；

　　　C_o 是营业成本；

　　　C_b 是销售费用；

　　　C_m 是管理费用；

　　　C_a 是财务费用；

或

$$T_C = C_f + C_v \qquad (7-8)$$

式中：C_f 是固定成本；

　　　C_v 是变动成本。

分析旅游企业的经营成本，一方面要分析成本的发生及构成情况，从而有利于加强对成本的控制及管理；另一方面把经营成本同企业职工人数进行比较，可以反映旅游企业的成本水平。计算公式如下：

$$\bar{C} = \frac{T_C}{P} \qquad (7-9)$$

式中：$\bar{C}$ 是人均经营成本。

（三）旅游企业的经营净利润

经营净利润是指旅游企业的全部收入减去全部成本，并缴纳税收后的余额，包括营业利润和营业外收支净额。旅游企业的经营净利润指标，集中反映了企业从事旅游经济活动的全部成果，体现了旅游企业的经营管理水平和市场竞争力。通常，经营净利润的计算如下：

$$P = T_S - T_C - T_b - A_L + I_P \qquad (7-10)$$
$$T_P = P + (D_S - D_C) - T \qquad (7-11)$$

式中：P 是旅游营业利润；

　　　T_b 是税金及附加；

　　　T_P 是旅游经营总利润；

　　　I_P 是投资净收益；

　　　D_S 是营业外收入；

　　　D_C 是营业外支出；

　　　A_L 是资产减值损失；

　　　T 是所得税。

五、旅游企业经济效益的评价

评价旅游企业经济效益，可从以下几个方面进行。

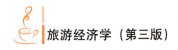

（一）团体人均停留天数

其计算公式为：

$$团体人均停留天数 = \frac{\sum 团体游客人数 \times 停留天数}{\sum 团体游客人数} \qquad (7-12)$$

（二）旅游者平均停留天数

其计算公式为：

$$旅游者平均停留天数 = \frac{\sum 旅游者人数 \times 停留天数}{\sum 旅游者人数} \qquad (7-13)$$

（三）客房出租率

客房出租率反映旅游住宿设施的利用情况。报告期内客房实际出租天数除以报告期内客房可出租天数的百分比。其计算公式为：

$$客房出租率 = \frac{\sum 报告期内每天出租客房数}{报告期内实有客房数 \times 报告期天数} \times 100\% \qquad (7-14)$$

（四）平均每间客房日收入

其计算公式为：

$$平均每间客房日收入 = \frac{本期客房营业收入额}{本期营业天数 \times 本期可出租客房间数} \qquad (7-15)$$

（五）平均每间客房占用服务人员数

其计算公式为：

$$平均每间客房占用服务人员数 = \frac{饭店服务人员数}{饭店可出租房间数} \qquad (7-16)$$

第三节　旅游宏观经济效益与评价

一、旅游宏观经济效益的概念

旅游宏观经济效益，是指旅游产业在旅游经济活动中，以尽可能少的劳动和资源的占用和耗费，获得尽可能多的经济效益、社会效益和环境效益。旅游宏观经济效益体现了旅游产业自身的直接效益，由旅游产业的带动而引起国民经济中相关产业部门的间接效益，以及社会经济发展和生态环境改善的间接效益等。因此，研究旅游宏观经济效益就不能孤立地研究旅游产业，还必须对相关的社会经济和生态环境进行分析和研究。

二、旅游宏观效益与成本

（一）旅游宏观成本

旅游宏观成本，是指为开展旅游经济活动而形成的整个社会的耗费和支出，即旅游的社会总成本。除了旅游企业所发生的旅游经营成本以外，其他旅游宏观成本可大致划为分有形成本和无形成本两大部分。

有形成本是指为开展旅游经济活动而必须付出的直接成本，主要体现在经济上的支出。具体包括：发展旅游业必需的有关道路、机场、水电、排污、码头等基础设施的投资；旅游景区（点）、接待等专用设施等方面的投资；引进国外的旅游设备、设施及购买原材料的支出等；国家各级旅游组织及相关机构用于旅游方面的市场调研、宣传促销、考察交流、外联、科研等方面的支出等。

无形成本是指为发展旅游业而导致社会、经济和生态环境等方面产生的消极影响，是开展旅游经济活动而支付的"间接成本"。随着旅游业的发展及大量旅游者的涌入，首先会对旅游目的地的环境和生态造成消极影响，如疾病的流传、环境的污染、生态平衡的破坏，从而带来的破坏和影响。其次，会造成对传统文化、艺术及各种文物古迹的破坏和影响。特别是大量海外游客涌入，对旅游目的地国家和地区的传统道德观念、社会安定等都会带来一定的消极影响。最后，会引导旅游目的地的消费超前增长，从而刺激通货膨胀、物价上涨，对社会经济增长和经济结构产生消极的作用。总之，旅游经济活动的消极影响往往为人们所忽略，而要解决这些问题需要投入大量的成本费用，就是旅游宏观成本的重要组成部分。

（二）旅游宏观效益

旅游宏观效益，是反映通过开展旅游经济活动而为全社会带来的成果和收益。它不仅包含旅游产业自身所获得的经济收益，也包括对相关产业、部门的带动，对社会文化的促进，以及对整个社会、经济所产生的积极作用等。具体讲，旅游宏观效益也可分为有形效益和无形效益两大部分。

有形效益是指开展旅游经济活动而直接给社会带来的经济效益，它可以通过一定的方法统计和测算。具体包括：各类旅游企业所实现的利润和上缴的税金；通过旅游经济活动而创造的外汇收入；围绕旅游经济活动而提供的劳动就业人数；随着旅游业的发展而带动其他经济部门，如文化、教育、科技、卫生等方面的发展；对旅游资源的开发利用及对社会经济繁荣的促进等。

无形效益是指发展旅游业给社会带来的，难以测算的效益。这些效益虽然无法用量化的形式表现出来，但它对社会的促进作用是显而易见的。例如，通过旅游经济活动促进了国家之间、民族之间、人民之间的相互了解，增进了友谊；通过旅游经济活动给旅游目的地国家和地区带来了广泛的经济、文化和科学技术信息，促进这些国家和地区科学技术的进步和教育事业的发展；通过对旅游资源的开发利用，促进了自然环境的保护和对各种民族文化、历史遗产的保护和维修，弘扬了优秀的民族文化传统；此外，旅游经济活动对陶冶人们的情操，增强人们的爱国主义观念，促进精神文明建设以及带动边疆地区的社会经济发展等都具有积极的影响作用。

三、旅游宏观经济效益指标体系

旅游宏观经济效益涉及面很广，内容丰富，通常要求从多方面、用多种指标进行分析和评价。目前，用于分析和考核旅游宏观经济效益的指标主要有以下几个：

（一）旅游创汇收入和旅游总收入

旅游创汇收入反映了旅游业通过开展旅游经济活动，直接从海外游客的支出中所得到的外汇收入。由于外汇收入在一国的国际收支平衡中有着重要的意义，而旅游业又是除了出口产品以外最主要的创汇途径，因此旅游创汇收入指标在旅游宏观经济效益的考核评价中就占有十分重要的位置。对旅游创汇收入的计算，通常是以年度内旅游产业内部各部门（如旅行社、饭店业等）的创汇总计来表示，货币单位统一使用国际通行的结算币种——美元。

旅游总收入，是指通过开展旅游经济活动从国内外旅游者的支出中所得到的全部收入，其反映了旅游产业发展的总规模收益，也是考核评价旅游宏观经济效益的重要指标。

（二）旅游就业人数

旅游就业人数指标反映了旅游产业发展过程中，为社会提供的劳动就业人数的总量。旅游业是一个以服务为主的综合性产业，具有对劳动力的高容纳性特点，可以从不同的工种、不同的部门为社会提供大量的就业机会。据世界旅游组织统计，全世界每年新增的劳动就业人数中，每15个人中就有1人从事旅游业工作。而对于许多经济发达国家来说，社会经济越发展，旅游业就业人数就越多。因此，旅游业就业人数的多少，也反映了旅游业自身发展的规模及其对社会经济发展的推动作用。其计算公式为：

$$旅游就业人数 = \frac{一定时期直接、间接的旅游就业人数增加量}{同期旅游经济增加量} \qquad (7-17)$$

（三）旅游带动系数

旅游带动系数是指旅游直接收入的增加对国民经济各部门收入增加的促进作用。根据国际上有关研究表明：每1美元的直接旅游收入可带动相关产业增加2.5美元的间接收入；旅游业每增加1名直接就业人员，可带动相关产业增加2.5个人就业。据中国有关部门研究测算，在中国，旅游业每收入1美元，第三产业产值相应增加10.7元；旅游外汇收入每增加1美元，利用外资金额相应增加5.9美元。

（四）旅游业的财政贡献

旅游业的发展，一方面可以为地方政府提供更多的财政收入，增强地方政府的财力，另一方面可以增加当地居民的收入。

发展旅游业可明显增加地方政府的财政收入。由游客消费引起的政府收入来源包括以下几种：一是旅游企业的销售税。旅游企业的营业收入乘以销售税率，就可得出相应的政府销售税收入。二是旅游企业上缴的增值税、企业所得税、旅游企业经营执照费等。三是有些国家政府为加速本国旅游业发展征收的旅游消费税或类似税费。它可按税率直接从对各类别旅游花费额的计算中得到。四是旅游企业付给员工的工资和股份制企业分给个人股东的红利，政府对这部分收入按规定征收所得税。

旅游业发展对财政收入的贡献，可以从三个方面来看：一是旅游产业的直接贡献，即旅游企业对财政的贡献。二是旅游产业的间接贡献，即相关行业对财政的贡献。三是旅游产业的诱导贡献，即与旅游直接或间接相关的部门和从业人员的消费，导致了更多部门和企业的收入增加，从而对财政做出贡献。

（五）对产业结构的优化

我国是一个农业在国民经济结构中占有较大比重的国家，产业结构相对落后，其重要表现是第三产业比重过低。在国家环保和产业政策及"入世"的强大压力下，我国的产业结构面临全面而紧迫的调整。由于旅游业是第三产业的重要组成部分，发展旅游业在解决第三产业比重过低、社会就业这些问题上，都能产生积极的效应。旅游业是一个关联性很大的产业，旅游业的发展不仅可以带动餐饮业、交通运输业、房地产业等与旅游业直接相关的产业的发展，而且还可促进商业、通信、金融、农业、轻工业等产业的发展，从而可以提高我国的产业结构层次，达到优化产业结构的目的。

（六）对生态环境和社会文化的影响

旅游业发展对生态环境和社会文化的作用通常难以用数量全面地表示，只能依靠主观判断。为了最大限度地减少主观判断的误差，可组织有关专家对其进行各方面的综合评价，并分别以正负数表示其积极作用和消极作用。

第四节　旅游经济效应

一、旅游经济效应的概念及类型

（一）旅游经济效应的概念

旅游业的经济效应，又称旅游效应，是指在旅游产品开发与经营的过程中，以及旅游者的活动中，对旅游地国家（区域）的经济、环境和社会文化所产生的影响（戴伯勋、沈宏达，2001）。随着旅游业的迅速发展，旅游业的经济效应也会越来越大。

（二）旅游经济效应的类型

按照不同的划分标准，旅游业的经济效应可以划分成不同的类别。

1. 按照其经济价值的性质分类

按照经济价值的性质划分，旅游业的经济效应可以分为积极的经济效应和消极的经济效应两种。

所谓积极的经济效应可以理解为旅游业为旅游地国家（地区）经济发展所带来的正面的（或者说有利的）影响。与其相对应，消极的经济效应则指的是旅游业为旅游地国家（地区）经济发展所带来的负面的（或者说不利的）影响。需要指出的是，虽然旅游业的经济效应可以分为截然不同的两类，但是就某一旅游地来说，两种经济效应是可以同时存在的，只不过两种作用的强度不同罢了。比如，旅游业的发展增加了某国（地区）居民的人均收入，但是它同时也可能会抬高当地生活资料的价格水平。另外，对于同一国家（地区）来说，某种经济效应在有些时间段内是积极的，而在另一时间段内则可能是消极的。但是，有一点可以肯定，经济效应在结构上总有积极和消极之分。

2. 按照其表现形式分类

按照旅游业经济效应的表现形式划分，经济效应可以分为隐性的经济效应和显性的经济效应。

旅游业显性的经济效应是指那些外在化的，具有明显数量结构或物质形态的经济效应形式，通常也可以称为直接的经济效应。例如，直接由于旅游业的发展而增加的就业机会、增加的旅游业收入等，都属于这一类。

旅游业隐性的经济效应是指因旅游业的发展而产生的，但在形态上无法直接观察到的经济效应，它主要包括间接的经济效应及诱导的经济效应。间接的经济效应指的是最初一轮旅游花费在经济系统中流动，使目的地国家（地区）的产出水平增加、就业增加及个人收入增加等。另外，由于外来旅游者消费导致的国家（地区）工资总额的增加，即意味着当地人们的消费总额会随之增加，这种消费的增加通常会成为国家（地区）经济发展的又一种推动力，旅游者消费导致的这种经济效应称为诱导性的经济效应（楚义芳，1992）。

3. 按照其产生的时间分类

按照旅游业经济效应产生的时间划分，可以分为即时的经济效应和滞后的经济效应。

即时的经济效应是指旅游活动或旅游业的生产经营活动发生时就立刻产生的经济效应。例如，随着旅游者的流入而直接向当地经济注入的货币收入。

滞后的经济效应一般是指旅游业即时效应从量变到质变过程的结果，也包括一些暂时潜在而不发，要在以后某个时间才显露出来的某些经济效应形式。

二、旅游经济效应的内容

（一）积极的经济效应

旅游业已经成为国民（区域）经济的重要组成部分，对国民（区域）经济的发展有着积极的作用和影响。概括来说，旅游业在增加外汇收入、大量回笼货币、扩大就业机会、带动相关产业、改善投资环境、促进贫困地区脱贫及推动经济发展等方面的作用和影响比较显著（罗明义，1999；谢彦君、陈才、谢中田，2000）。

1. 增加外汇收入

在经济全球化发展的今天，外汇是国际经济交流的中介。外汇收入主要通过外贸和非贸易两种途径获得。通过旅游业发展，扩大国际旅游业外汇收入的途径，具有换汇成本低、不受一般的贸易保护限制、节省运输开支及物资商品消耗少等优势。

2. 回笼货币

一个国家（区域）发行的货币量超过市场上商品的价格总和时，就会发生通货膨胀，从而引发一系列的社会问题和经济问题。所以，货币回笼就显得尤为重要，旅游业通过向人们提供旅游产品来回笼货币，其回笼的货币越多，在这方面起的作用就越大。

由于旅游业拥有广阔的发展前景，从而在回笼货币方面显示出巨大的潜力，成为国家（地区）回笼货币的重要渠道之一。

3. 扩大就业

就业问题是国民（地区）经济发展中至关重要的一个问题，它不仅关系到每一个劳动者的生存与发展，而且，涉及一系列社会问题。但是，由于科技的发展和劳动生产率的提高，加上人口的增加等原因，失业问题已经成为全球性的问题。

任何部门和行业的发展都能为社会带来一定的就业机会，但旅游业同其他行业相比，特别是同重工业相比，更有利于解决就业问题，这主要是因为旅游业是劳动密集型产业的缘故。旅游业产生的就业机会有两种：一种是直接的就业机会，它是由于旅游者的直接消费产生的，包括各种旅游企业中的就业人数，如各种接待设施、商店和酒吧等；另一种是间接的就业机会，它是由于旅游业发展而引起的其他相关行业的发展而产生的就业机会，如旅游业的发展为建筑业、制造业及交通业等所带来的就业机会。

4. 带动相关产业

旅游业虽然是一个非物质生产部门，但是，它的带动作用却很强，它不仅能带动物质部门生产的发展，同样能带动第三产业的迅速发展。一方面，旅游业的发展必须建立在物质资料的基础之上，没有一定水平的物质生产条件，就不可能为旅游业的发展提供基础，因此，要发展旅游业，就必然要促进各种物质产品生产的发展；另一方面，旅游业作为国民（地区）经济的一个相对独立的综合性产业，其存在和发展与其他行业密切相关，能够直接或间接的带动交通运输、商业服务、建筑业、邮电业、金融、外贸、轻纺工业等相关产业的发展，从而促进整个国民（地区）经济的发展。

5. 改善投资环境

投资是经济发展的主要推动力，旅游业的发展可以从多个方面改善投资环境、加深对外交流与合作。主要表现在：第一，国际旅游业是对外开放的一个"窗口"，它能促进各国（地区）人民加深了解与合作，这是进行投资的先决条件；第二，旅游业为经济合作提供必要的物质条件，旅游业的发展为外商投资、兴办企业、经商、考察、谈判等提供了食、宿、行等各个方面的便利条件；第三，旅游业促进了科技人员和信息的交流，旅游业本身就是一个开放的行业，在旅游者中有大量的科学家、学者、企业家等，随之而来的信息交流，促进了经济、文化和科技的发展；第四，旅游业本身就是一个引进外资较多的产业，也是投资者乐于投资的行业。

6. 促进经济落后地区发展

经济落后地区的发展问题是全人类面临的一大难题，世界许多国家和地区都十分关注并提出许多解决此问题的对策。从我国的实际情况来看，经济落后地区多数是边远地区和山区，发展难度较大，但是这些地区也多是旅游资源丰富的地区。因此，经济落后地区借助旅游资源优势发展旅游业，可以实现弯道超车，促进区域经济全面发展。

（二）消极的经济效应

旅游业在给经济带来显著利益、产生积极经济效应的同时，也会产生以下一些消极的经济效应（谢彦君、陈才、谢中田，2000）：

1. 旅游业过度超前发展会导致产业结构失调

旅游业是一项综合性和依托性极强的产业，旅游业的综合性决定了旅游业的发展必

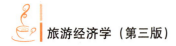

须与国民（地区）经济发展相适应，只有在与旅游业有关的产业可以承受的范围内，旅游业才能够得以正常发展。旅游业高度的依托性决定了旅游业的发展要受交通、电力、通信等相关行业的严重制约，这是旅游业自身无法解决的问题。过度的超前发展，最终会制约旅游业的持续发展。

2. 过度依赖旅游业致使国民（地区）经济趋于脆弱

由于旅游业本身的脆弱性，决定了经济发展不能过度依赖旅游业。因为旅游业是一个很不稳定的产业，它对政策、季节、突发事件等都极为敏感，所以，一个国家（地区）不宜主要依靠旅游业发展经济。

3. 旅游业的发展可能导致物价上涨

旅游者往往能以较高的价格购买零售商品，其原因是旅游服务零售商在与为本地人服务的零售商的竞争中占有很大优势，他们能通过提高价格把费用的负担转嫁给旅游者，从而获得较高的利润，这就从客观上导致了物价的上涨。

三、影响旅游经济效应的因素

旅游对于一个国家（地区）经济影响的程度决定于许多因素，其中，最为重要的因素包括以下几个。

（一）旅游花费

旅游者在目的地国家（地区）的旅游花费是旅游业产生经济效应的最根本的因素，它是决定旅游对经济全面影响程度的最关键因素，特别是国际（地区外）旅游者在目的地国家（地区）的旅游花费更是如此，因为它完全是旅游目的地国家（地区）经济影响的一个外生变量。只有旅游花费量足够大，旅游的经济效应才能较明显的显现出来。

（二）旅游花费的漏损

因接待旅游者而获得的旅游收入，最终会以各种方式由于发展旅游业的原因而漏出相当的数量，这就是旅游漏损。用于从国外（地区外）购买货物和服务的比重越高，留在目的地国家（地区）经济系统中的比重就越低，其国民（地区）经济效应就越小；反之亦然，如果漏损的比重越低，留在国民（地区）经济系统中的比重就越高，旅游业的经济效应就越大。

（三）经济规模

国家（地区）的大小与其经济规模有一定程度的联系。就发展中国家（地区）来说，通常是国家（地区）的人口和土地面积规模越大，经济规模也就越大，规模大的经济系统拥有更广泛的经济活动，它为旅游业提供货物和提供服务的能力也就越强。根据经济学理论，如果其他方面的因素相同，则经济规模越大，注入该经济系统的旅游花费所引起的各轮经济效应之和也就越大，反之则小。国际（地区外）旅游者在旅游目的地国家（地区）的花费来自该国家（地区）之外，它对该国（地区）经济具有启动的作用。旅游目的地国家（地区）的经济规模越大，旅游花费所导致的总的经济效应就越大，但也正是由于其总体经济规模大，其旅游业对于经济影响的相对量同经济规模小的国家（地区）相比却可能较小。

（四）旅游企业与整体经济的关联程度

旅游企业与国民（地区）经济中其他部门的联系程度，极大地影响着旅游业经济效应的大小。在旅游企业为满足旅游者的需要而生产"旅游产品"时，需要来自旅游部门之外的物质和服务的投入。国内（地区内）所提供的投入额越大，旅游业对整体经济的影响也就越广泛和深入，即每单位旅游花费对于各经济部门影响的总和越大。一般说来，目的地国家（地区）的经济结构越现代化、经济发展水平越高，旅游业与经济中其他部门的关联程度就越大，旅游业的经济效应也就越大，反之亦然。除了上述影响旅游业经济效应的因素之外，旅游花费的密集性及再流通程度、目的地对于旅游需求季节性的适应程度等因素，也都对旅游业经济效应有着不同的经济影响。

四、旅游的乘数效应

（一）旅游乘数的含义

旅游经济研究中运用到的乘数分析法，最初来自经济学家凯恩斯的投资乘数理论，旅游学家布伦·阿切尔教授逐步将其运用到分析旅游业对经济的影响中。旅游乘数是指旅游花费在经济系统中（国家或地区）导致的直接、间接及诱导性变化与最初的直接变化本身的比率。它定量地反映旅游业对旅游地国家（地区）经济的隐性影响与显性影响的对比程度，有助于我们更全面地了解旅游业的经济效应。

通常运用到的旅游乘数有三种：旅游收入乘数、旅游消费乘数、旅游就业乘数。旅游乘数的大小取决于目的地国家（地区）四个方面的经济因素：经济规模与经济结构、为了满足外来旅游者的消费需求而进口货品和服务的程度、居民消费外来货品和服务的程度及储蓄倾向。一般来说，旅游目的地的经济规模越小，当地经济的自给程度越小，部门之间的关联程度越小，居民的储蓄倾向越大，旅游乘数就越小；反之，旅游乘数就越大。

（二）旅游收入乘数

旅游收入乘数效应是用来衡量旅游收入在国民经济领域中，通过初次分配和再分配的循环周转，给旅游目的地国家（地区）的社会经济发展带来的增值效益和连带促进作用的程度，是指每增加单位旅游收入额与由此导致的该国家（地区）居民总收入增加额之间的比例关系。旅游收入乘数的计算公式为：

$$M=\frac{P+S}{P} \qquad\qquad (7-18)$$

式中：M 是收入乘数；

　　　P 是旅游花费导致的显性收入（或直接收入）；

　　　S 是旅游花费导致的隐性收入（间接收入＋诱导性收入）。

（三）旅游消费乘数

旅游消费乘数是指每增加单位旅游消费额与由此导致的该国家（地区）居民总消费增加额之间的比例关系。该乘数表明国家（地区）旅游业的发展给整个地区的居民消费增加带来的作用和影响。

（四）旅游就业乘数

旅游就业乘数，是指增加单位旅游直接就业人数与直接加间接就业总人数之间的比例关系。它反映的是旅游对社会就业产生的效应，对于稳定经济社会发展具有重要意义。

【本章小结】

1. 旅游经济效益，是指旅游经济活动过程中的劳动占用和消耗同有效成果之间的比较，即从事旅游经济活动的投入与产出的比值。旅游经济效益具有微观与宏观的统一性、衡量标准的多样性及质和量的规定性。

2. 评价旅游经济效益时，需要遵循以下几个主要原则：价值和使用价值统一的原则；宏观经济效益与微观经济效益统一的原则；长远经济效益和当前经济效益统一的原则；直接经济效益与间接经济效益统一的原则；经济效益和社会效益统一的原则。

3. 旅游企业经济效益是指旅游企业在向旅游者提供旅游产品和服务过程中，对物化劳动和活劳动的占用与耗费同企业所获得的经营成果的比较。即旅游企业的产品成本与销售收入的比较。旅游企业的经济效益的评价指标有：团体人均停留天数、旅游者平均停留天数、客房出租率、平均每间客房日收入、平均每间客房占用服务人员数等。

4. 旅游宏观经济效益，是指旅游产业在旅游经济活动中，以尽可能少的劳动和资源的占用和耗费，获得尽可能多的经济效益、社会效益和环境效益。目前，用于分析和考核旅游宏观经济效益的指标主要有旅游创汇收入和旅游总收入、旅游就业人数、旅游带动系数、旅游业的财政贡献、对产业结构的优化和对社会文化方面的影响。

5. 旅游效应，是指在旅游产品开发与经营的过程中，以及旅游者的活动中，对旅游地国家（地区）的经济、环境和社会文化所产生的影响。旅游经济既会带来积极的经济效应也会带来消极的经济效应。影响经济效应的因素有旅游花费、旅游花费的漏损、经济规模和旅游企业与整体经济的关联程度。

6. 旅游乘数效应是用来衡量旅游收入在国民经济领域中，通过初次分配和再分配的循环周转，给旅游目的地国家或地区的社会经济发展带来的增值效益和连带促进作用的程度。旅游乘数主要包括旅游收入乘数、旅游就业乘数、旅游消费乘数等。

【复习思考题】

1. 旅游经济效益和效应的联系和区别有哪些？
2. 旅游经济效益有哪些特点？
3. 旅游经济效应的内容有哪些？
4. 比较旅游宏经济效益的评价指标和内容。
5. 什么是旅游收入乘数效应？

 案例分析

宁夏中卫：以全域旅游激发经济增长新活力

2021年10月17日至18日，宁夏回族自治区党委副书记、自治区主席咸辉到中卫市调研全域旅游发展和"四大提升行动"。咸辉强调，中卫市要完整、准确、全面贯彻新发展理念，奋力冲刺全年目标任务，以全域旅游激发经济增长新活力，让产业增收成

为农民致富主渠道，为推动经济社会高质量发展筑牢坚实基础。

正在全力创建国家全域旅游示范市的中卫市位于宁夏中西部，拥有国家首批5A级旅游景区沙坡头、"中国最美沙漠花园"腾格里湖·金沙岛、逶迤壮观的古长城等旅游资源。近年来，中卫市"沙漠水城、云天中卫"的城市定位鲜明，依托黄河与沙漠资源，全面推动文化和旅游产业转型升级，打造的星星酒店、黄河宿集等业态，成为宁夏抓好黄河流域生态保护和高质量发展、推动全域旅游的先行区。

"今年的游客多不多？旅游收入能达到什么水平？"咸辉在中卫市沙坡头旅游区详细了解旅游规划、景区客流、产品开发、宣传推介等，现场查看大漠星河营地建设运营情况。他强调，旅游是朝阳产业，要顺应消费升级趋势，紧盯"吃、住、行、游、购、娱"全要素，做好"旅游＋"文章，推动旅游与文化、生态、科技、农业等深度融合，延伸产业链条，加强安全管理，提升服务水平，构建"全景、全业、全时、全民"的全域旅游发展模式，让宁夏处处是美景、时时能游玩，让游客愿意来、有得玩、能消费、满意回，从心灵深处放个假，努力把旅游资源更好转化为经济效益。

资料来源：王涛. 宁夏中卫：以全域旅游激发经济增长新活力. 中国旅游新闻网，2021-10-19.

案例思考：

根据案例，分析宁夏中卫发挥了旅游业的哪些效应。

第八章

旅游投资与决策

导 言

本章学习目标： 通过本章的学习，掌握旅游投资的概念、旅游投资项目可行性研究的内容及旅游投资项目分析与评价的方法，熟悉旅游投资决策的概念，了解旅游投资风险分析方法和我国旅游投资管理体制改革状况。

本章难点： 旅游投资项目分析与评价方法

关键术语： 旅游投资；旅游投资决策；可行性研究

北京环球度假区开园

2021年9月20日，经历了20年的筹备与建设，北京环球度假区正式开园。此次园区开园时间恰逢中国传统佳节——中秋节，9月14日，北京环球影城门票一开售，就立即被订购一空。携程平台的数据显示，北京环球影城门票开售10秒内，即跃升携程全球单景区销量第一，1分钟内开园当日门票即售罄，3分钟内门票预订量破万。这里汇聚了包括哈利·波特、侏罗纪世界、变形金刚等全世界环球主题公园经典的娱乐体验，同时还糅合了功夫熊猫、十二生肖等众多中国文化元素的精心打造。游客期待的"大片世界"终于变成现实，北京也由此迎来一座文旅新地标。

在谈及北京环球度假区顺利开园对旅游行业的影响时，中国旅游研究院院长戴斌表示，短期来看，开园对于文化和旅游业的复工、复产、复业将起到促进作用；长期来看，既可以满足广大人民群众出游的新期待，又满足了大众旅游的新选择，"数字化的娱乐方式会带动整个旅游业创业创新，不仅对当地经济起到拉动作用，延长产业链，改变产业生态，为旅游业发展提供全新动能，对北京旅游业发展也将起到积极作用"。

资料来源：北京环球度假区开园　游客奔向"大片世界". 中国旅游新闻网，2021-09-21.

旅游投资是旅游经济活动正常运行和发展必不可少的基本保障,通过旅游投资,可以确保旅游经济活动具有足够的固定资金和流动资金的投入,从而实现旅游业的扩大再生产,不断增加旅游供给能力,并促进旅游经济的持续发展。同时,旅游投资又是优化旅游经济存量结构,提供更多的旅游产品和服务,进而满足人们日益增长的旅游需求的重要经济活动。

第一节　旅游投资的特点与类型

一、旅游投资的特点

旅游投资,是指旅游目的地政府或企业在一定时期内,根据旅游市场需求及发展趋势,将一定数量的资金投入到某一旅游项目的开发建设,获得比投入资金数量更大的产出,以促进旅游业发展的经济活动。旅游投资作为旅游经济的重要内容和国民经济的重要组成部分,不同于一般的农业投资和服务业投资,是一个涉及面广且内容丰富的投资领域,既具有一般项目投资的客观规律性,又具有与一般项目投资的不同特点,概括起来旅游投资的特点主要有以下几个方面:

(一)旅游投资的主要对象归国家所有

旅游投资的对象主要是自然资源和人文资源,而这些资源已经全部纳入了国家的法律保护,资产归国家所有。更为重要的是,在法律上,风景名胜资源和文物保护单位的经营权,是不可转让的。因此,旅游资源中最重要的资源,不能进入市场流通,成为旅游产业投资的资源限制。

(二)投资领域的广泛性和复杂性

旅游业是一个涉及食、住、行、游、购、娱等多方面的综合性产业,因此旅游投资具有广泛性和复杂性的特点。

旅游投资内容涉及与旅游业相关的各行各业,如游憩业、接待业、营销业、交通业、建设业、生产业、商业等,还涉及旅游智业(规划、策划、管理、投融资、景观设计等行业)。

旅游项目投资,已经脱离单一项目投资的时代,越来越多的投资商着眼于区域整体投资,力求整合旅游产业链,整合多元产业,寻求综合收益的最大化。这是旅游投资发展的趋势,也正在成为旅游投资的特点。随着旅游产业链的延伸,旅游与城市景观、房地产、小城镇、休闲娱乐等深度结合,产生了一个整体的、互动的庞大体系,我们称之为"泛旅游产业",其包含的投资内容就更加广泛。

(三)旅游投资周期的长期性

生产领域中的工业等部门,其产品体积一般都较小,生产活动中总是一边投入和消耗资金,一边推进生产过程,每小时、每日、每月或每季都能完成产品。旅游投资活动则不是这样。旅游投资大多数用于形成固定资产,投资项目的造型庞大、地点固定,又

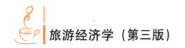

具有不可分割性，这些决定了投资建设的周期很长。在投资实施和资产形成时期，大量的一次性费用长时间内退出国民经济的流通，并且在这一较长阶段不能创造出任何有用成果，要到整个建设周期完结时才能形成资产产品。

从微观经济投资活动来说，一个旅游项目的投资周期主要由投资决策期、投资建设期和投资回收期三个阶段构成。一般情况下，投资决策期应予合理保证，以便对投资进行充分审慎的研究论证，避免仓促拍板上马；投资建设期要力争缩短，以加快建设速度；投资回收期则要快，以尽快收回投资，从而实现投资的良性循环。

（四）旅游投资实施的连续性和波动性

旅游投资的实施，客观上是一个不可间断的过程。从事直接投资，在决策立项之后，投资项目一旦被批准动工建设，就必须不断投入资金和其他资源，以保证连续施工和均衡施工的需要。投资实施的连续性遭到破坏和中断，不仅不能按期形成新增固定资产，为社会增加产品和积累，而且已投入的大量资金占用和呆滞于没有完工的工程，不能周转，扩大了投资支出，失去了时间价值。对于已经建造起来的半截工程和已到货的设备，如果保养维护不妥，会造成严重的损失和浪费。

在旅游投资活动中还表现出波动性，投资支出具有高峰期的特点。通常在一个投资项目的投资周期中，实施期的投资支出要比决策期多，建筑施工阶段的投资支出要比建设准备阶段大，到了建筑施工中期，设备大多到货，投资达到最高峰。这一特点要求规划好项目进度和投资分布，在安排宏观、中观投资计划时，要正确处理好在建投资规模和投资总规模的关系。在一定年度里，新开工的项目，大中型投资项目不宜过多。否则，到了一定年度，过多的项目同时处于投资高峰，资金和投资品如果都满足不了需要，可能造成不必要的损失。

（五）旅游投资收益的风险性

投资收益的风险性，是指投资实施的结果具有风险性或不确定性。即投入的资本可能不仅不能得到预期收益，甚至可能发生亏损或血本无归的危险。在经济活动中，预期能获取经济收益是普遍的要求。旅游投资一般都是在预测的期望值高于银行信用利率的基础上做出决策的。但是，实施投资的结果不能保值、增值，甚至发生亏损而不能收回投资的风险是存在的。形成旅游投资收益风险性大的原因有：

第一，旅游投资预测和决策是立足于对已知的数据和信息做出判断的，而未来的各种信息有不确定性，投资周期长的项目不确定性更多，这是造成投资收益不确定的重要原因。

第二，管理因素对效益的形成与效益的大小影响很大。投资者即使拥有稳定的投资来源和足够的投资品，也未必就能保证一定能够实现期望值，因为在周期很长的投资过程中，投资管理是否得力也会影响投资收益。

第三，预测和决策本身也难免会有技术上的偏差和失误，这是造成投资收益不确定的又一原因。

旅游投资收益不确定性的特点促使投资者一方面要加强旅游投资的可行性研究，进行科学的旅游投资预测和分析，尤其是对旅游投资前景预测和环境变化的分析，尽可能降低这种不确定性，提高预测的准确性和决策的科学性；另一方面，要加强旅游投资的科学管理，建立健全旅游投资责任制和管理运行机制，尽可能减少和避免旅游投资的失误，降低旅游投资的风险性。

二、旅游投资的类型

从不同的视角，旅游投资可以划分为不同的类型。

（一）按旅游投资时间划分

总体来看，旅游投资具有周期较长的特点，但根据旅游投资的内容不同，其旅游投资回收期的时间也不同，因此一般可将旅游投资划分为长期旅游投资和短期旅游投资。

1. 长期旅游投资

经济学中所说的"长期"是指具有足够的时间来改变固定资产投资规模的时期。长期投资大多数用于固定资产的投资，如对旅游饭店、住宿等建筑设施和设备、旅游交通道路和运输工具等基础设施、旅游景区景点开发和建设、旅游娱乐项目等固定资产的投资，也包括对无形资产、长期有效证券等方面的投资。与短期投资相比，长期投资具有回收期长、发生作用的时间长、投资收益高和风险性大等特点。

2. 短期旅游投资

经济学中的"短期"是指没有足够时间来改变固定资产投资规模的时期。短期投资主要用于日常旅游经营活动必需的流动资产的投资，如购买原材料、低值易耗品、必要的仓库存货、代垫的客户短期资金、短期有价证券以及现金、应收账款等。短期投资的风险性较小，但其投资收益也比较低。

（二）按旅游投资项目划分

按旅游投资项目的建设性质和开发程度可将旅游投资划分为以下三种类型。

1. 新建旅游项目投资

新建旅游项目投资指旅游目的地国家或地区为了满足旅游者及旅游市场多样化的需要，以前尚未开发过而现在新开发的旅游项目。如开发建设新的旅游景区景点，新建宾馆饭店、旅游餐厅、娱乐设施等。

2. 改造旅游项目投资

改造旅游项目投资是指在原有旅游产品规模上，对不适应旅游业发展需要的部分设施设备进行改造或增建的旅游项目。如对旅游饭店的客房和餐厅进行重新装修和装饰，对旅行社的预订电脑系统进行更新和提高，增添商务、汇兑、保健等旅游服务，增加部分旅游娱乐设施设备等。改建项目投资的目的在于提高旅游接待设施设备的档次和旅游服务质量，从而提高旅游产品的综合质量。

3. 维护旅游项目投资

指对原有旅游产品进行恢复、保护的旅游投资。如对旅游景区的恢复和保护，对旅游饭店客房、餐厅及旅游娱乐设施的维修保养，对导游及其他服务人员的培训。其目的在于保持一定旅游经营规模和服务水平，保持旅游目的地国家或地区的旅游经济效益。

（三）按投资领域划分

按投资领域划分，旅游投资可分为景区项目投资、饭店宾馆投资、旅游教育投资、旅游交通投资、游乐设施投资、旅游商品开发投资以及其他投资。这种划分，要注意区分为了其他目的的投资与为了旅游目的的投资。这种差别有时很难区分。比如某地区投资改造一条道路，这条道路既可以服务于非旅游部门，也可以服务于旅游部门。在这种情况下，判断该项投资是否是旅游投资的标准主要是看在投资动机中是否兼有发展旅游的目的。如果某项投资完全不考虑旅游的目的，则虽然该项目建成后对旅游发展有促进作用，也不能视为旅游投资。反之，某项投资虽然兼有其他社会文化活动的目的，但其投资具有发展旅游的目的，能扩大旅游者的流量，促进旅游者扩大消费支出等，则可以定为旅游投资。将旅游投资按投资领域分类是最基本的投资分类方式，它具有针对性强、分类界限清晰、简单等优点，在各种场所广泛使用。

（四）按投资主体划分

旅游产业的综合性特点决定了旅游投资主体多样性，一般根据旅游投资主体的性质可以将其划分为政府投资、企业投资和个人投资。如果按照投资主体资金筹措方式的不同，可将旅游投资划分为以下三种类型：

1. 独立投资

独立投资是指一个投资主体单独对某一旅游项目进行投入的形式，这个旅游投资主体可以是国家，也可以是个人或者集体；可以是国内投资主体，也可以是国外投资主体。独立投资的优点是对投资目的和决策容易形成统一意见，有利于较快地进行决策，并加强对工程建设的管理；不利之处在于资金筹措难度较大，旅游风险也只由一个主体承担。

2. 合作投资

合作投资是指由多个投资主体共同对某一旅游项目进行投资的形式，可以是多个企业联合投资，也可以是企业和个人合作投资，或者国内和国外合作投资。合作投资的优点是可以集合众多投资主体的资金和经验，提高投资资金筹集能力，降低旅游投资的风险性；不利之处是投资主体的协调性工作增加，决策难度加大，时间花费较多，有时甚至难以形成统一的意见。

3. 股份投资

股份投资是指按照现代公司产权制度建立的旅游投资形式，即由多个投资主体自愿投资而组成旅游股份公司，按照公司制度进行经营和管理。旅游股份公司还可以根据国家规定，按照一定的要求和程序通过证券市场筹集资金。

（五）按投资目的划分

按投资目的划分，旅游投资包括如下三种类型：

一是为获取经济效益进行的旅游投资。如，旅游饭店的建设，其主要目的是获取超过投资成本的利润。这类投资多属于企业性投资决策。

二是为获取旅游综合效益的投资。如秦始皇兵马俑博物馆，改善和提高漓江水位等，主要是为了发展当地的拳头旅游产品，既有经济效益，又有文化、环境和社会效益。这类投资多属于国家或地区性投资决策。

三是为获取特定效益的投资。如开设免税品商店，以赚取外汇；再如旅游院校、培训设施、培训基地的建设，以培养和训练旅游业发展所需要的各层次专业人才。这类投资也多属于国家或地区性投资。

第二节　旅游投资决策

决策是指从多个可以达到统一目标并可相互替代的行动方案中选择最优方案的过程。决策贯穿于人类社会经济活动的各个领域，大至国家大政方针，小至个人生活、工作的决策，尤其是经济部门和企业，在经济活动中更是面临大量的决策问题。旅游业也不例外，没有旅游投资决策，就没有旅游项目的建设和旅游业的可持续发展。

一、旅游投资决策的类型

旅游投资决策是为达到一定的旅游投资目标，对有关投资项目在资金投入上的多个方案比较，选择并确定一个最优方案的过程。投资者往往受限于资金风险、社会环境等因素而做现实的选择，因此必须了解和掌握在不同的条件和环境下旅游投资决策的方法和特点，才能更正确地做好旅游投资决策。一般而言，旅游投资决策有三种类型：

（一）确定型决策

确定型决策方法是指对自然状态发生的已知情况下进行的决策。应用确定型决策方法需要三个条件：（1）可供选择的行动方案有若干个；（2）未来经济事件的自然状态是完全确定的；（3）每个方案的结果是唯一的，并可计量。在满足这三个条件的情况下，进行方案的对比，可直观地得出优化的决策结论。例如，旅游企业有一笔资金，可以用来购买利率为8％的五年期国库券，也可以用来购买某公司利率为10％的三年期企业债券。这两种利率都是确定的，旅游企业购买它们均不存在任何风险。但是二者利率不同，还本付息也不同，因而，旅游企业必须根据自己的目标，从中选择最优的方案，这就是确定型决策。

（二）非确定型决策

投资或建设方案的收益值在不同的自然状态下可以估算，但各方案出现的概率则难以预计。所以在旅游投资决策时，先做出各种可行方案，然后对各种可行方案按照一定的原则进行比较，从中选择最优的投资方案。在这种情况下进行的决策称为非确定型决策。非确定型决策的选择方案有大中取大法、小中取大法和后悔值决策法等。

（1）大中取大法。即决策者持乐观进取的态度，在几种不确定的随机事件中，选择当市场需求量较大时收益值最大的方案作为最优方案的决策方法。具体方法是，首先计算各种旅游投资方案的最大收益值，然后比较各种旅游投资方案的最大收益值，最后选择收益值最大的旅游投资方案作为最优方案。

（2）小中取大法。即决策者持稳重、审慎的态度，在几种不确定的随机事件中，选择当市场需求量较小时收益值最大的方案作为最优方案的决策方法。具体方法是，首先计算各种旅游投资方案的最小收益，然后比较各种旅游投资方案的最小收益，最后选择最小收益值最大的旅游投资方案为最优方案。

（3）后悔值决策法。即决策者在进行旅游投资决策时，由于难以掌握不确定的决策条件和环境影响因素，通过比较各种旅游投资方案的损益后悔值，并选择损益后悔值最小的方案作为最优旅游投资方案。具体方法是，首先计算各种旅游投资方案的损益后悔值，即各种方案的最大损益值减去其他方案的损益值，得到各方案的损益后悔值，然后比较各种方案的最大损益后悔值，最后选择损益后悔值最小的方案作为最优旅游投资方案。

（三）风险型决策

风险型决策也叫统计型决策或随机型决策，它需要具备以下几个决策要素：（1）决策者试图达到一个明确的决策目标；（2）决策者具有可供选择的两个以上的可行方案；（3）有两个以上不确定的决策条件及影响因素；（4）不同方案在不同条件及因素作用下的损益值可计算出来；（5）决策者可以对各种条件及因素作用的概率进行估计。风险型决策的过程一般是根据预测概率和收益值计算出各方案的期望收益值，其中期望收益值最大的即为最优方案。这类决策一旦失误，会给企业和投资者带来损失。

二、旅游投资决策的程序

旅游投资决策的程序，是指投资项目决策过程中各工作环节应遵循的符合其自身运动规律的先后顺序。旅游投资项目的决策程序不是人为确定的，而是人们在长期的投资实践中总结出来的符合规律性的程序。遵守科学的决策程序，项目投资就可能会产生较好的效益。反之，投资就可能失败。按照国家的有关规定，我国旅游大中型投资项目决策程序主要按以下几个步骤进行：

（一）确定旅游投资决策目标

首先，要调查和分析旅游投资条件和环境，包括旅游投资项目的资源条件、生产经营环境、旅游市场竞争状况和旅游市场发展趋势等，在此基础上，明确旅游投资项目的优势和劣势、机遇和挑战；其次，对旅游投资项目进行初步的机会研究，明确旅游投资的预期目标和重点；再次，根据旅游投资市场需求预测，制定旅游投资的定性目标和定量目标；最后，在前述基础上，确定旅游投资项目的评价和考核的指标体系。

（二）提出旅游投资项目建议书

根据国民经济和社会的长远发展规划、旅游行业规划和地区规划，以及技术经济政策和建设任务的要求，在机会研究的基础上，由旅游项目主管单位提出项目建议书。项目建议书是项目主管单位对拟建项目的必要性及可行性提出的轮廓设想，是向国家提出申请建设某个旅游项目的建议。

（三）进行旅游投资项目可行性研究

项目建议书经国家有关部门评估和批准后，由项目主管单位委托咨询机构对投资项目进行可行性研究，编制可行性研究报告。

（四）对旅游投资项目进行评估

项目评估是由投资决策部门组织或授权建设银行、投资银行、工程咨询公司或有关专家，代表国家对上报的旅游项目可行性研究报告进行全面审核和再评价工作。其主要任务是对投资项目的可行性研究报告提出评价意见，最终决策该投资项目是否可行，确定最佳投资方案。

（五）旅游投资项目建设的审批

对已完成了项目评估的投资项目，决策部门再对可行性研究报告及项目评估报告等文件进一步加以审核，如果项目是可行的，即可批准投资建设。

需要说明的是，投资决策程序的结束并不意味着投资决策的结束。要全程跟踪，随时监控。当一项投资方案被批准执行后，管理人员应继续审查原投资决策的正确性。如果在方案执行过程中，由于企业内、外部条件发生变化而使原有决策不再可行时，就应该做出中止该方案执行的决策，以避免更大的投资损失。

第三节　旅游投资项目可行性研究

一、可行性研究的必要性

旅游投资项目可行性研究是一门综合运用多种学科知识，寻求使旅游投资项目达到最好经济效益的研究。它的任务是以市场为前提，以技术为手段，以经济效益为最终目标，对拟建的旅游投资项目，在投资前期全面、系统地论证该项目的必要性、可能性、有效性和合理性，做出该项目可行或不可行的评价。

（一）为旅游项目投资决策提供科学依据

旅游投资项目建设包括三个主要的阶段，即投资前阶段、投资建设过程阶段和生产经营过程阶段。可行性研究属于项目建设投资前阶段的主要工作内容。为了保证旅游投资项目的有效实施，达到投资的基本目标，并且在生产经营过程中实现投资利润的最大化，就必须对市场，包括竞争者市场，进行研究分析；对投资项目的选址和区域特点进行分析；对生产经营过程的原材料、燃料、动力、设备、劳动力等资源的来源渠道和价格等进行分析；对旅游建设项目总成本进行估算；对生产经营成本与收益进行分析。以确定旅游建设项目在技术上是否可行，开发上是否可能，经济上是否合理，从而为投资开发者提供决策的依据。

（二）为旅游项目评估提供重要依据

可行性研究是旅游项目建设中一项重要的前期工作，是旅游投资项目得以顺利进行的基础和必要环节。可行性研究的主要目的就是判断拟建的旅游投资项目能否使产权投资者获得预期的投资收益，要达到或完成这一目的，就必须用科学的研究方法，经过多方分析并提供可行性研究报告，作为向该项目上级主管部门或者投资者提供对该项目进行审查、评估和决策的依据。

（三）为筹集资金提供参考依据

旅游投资项目多属于资金密集型项目，往往需要注入大量的资金。对于旅游项目开发单位而言，除自筹资金和国家少量预算内资金外，大部分需要向金融市场融资，其中主要渠道是向银行贷款。作为商业银行，为保证或提高贷款质量，确保资金的按期收回，要实行贷前调查，并对旅游投资项目的可行性进行审查。因此，可行性研究报告可

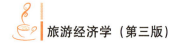

为银行或资金借贷机构贷款决策提供参考。

二、可行性研究的原则

旅游投资项目可行性研究作为对拟建的旅游投资项目提出建议，并论证其技术上、开发上和经济上是否可行的重要基础工作，在对旅游项目进行可行性分析论证时，必须坚持以下基本原则：

（一）目的性原则

由于各个旅游投资项目的背景情况千差万别，因此可行性研究并没有千篇一律的模式。在实际工作过程中，研究人员对市场需求、项目规模、设计要求的确定，以及编制财务计划所使用的方法，都应根据项目的具体要求而定。

（二）客观性原则

可行性研究是供投资者、开发者、经营者和相关部门决策时的重要参考依据，因而报告中证据必须充分，论证过程必须全面，并明确提出研究的结论和事实，为决策者正确合理地选择提供客观准确的判断依据。

（三）科学性原则

在可行性研究中，应把定量分析和定性分析的方法相互结合，通过精确可靠的数据尽可能客观地得出定性结论，使可行性研究更富科学性、准确性和可操作性。

（四）公正性原则

如果研究人员经过研究认为某一旅游投资项目无法取得预期的效益和目标，就应本着实事求是的态度和公正性原则，如实地向投资者说明，而不应该牵强附会地做出一个并不可行的可行性报告，从而导致旅游投资项目实施后带来巨大损失。

三、可行性研究的内容

根据国家规定，一般工业建设项目的可行性研究应包括 10 项主要内容。旅游投资项目属于非工业项目，其可行性研究需要结合旅游行业的特点，参照工业项目的要求，进行适当调整。通常旅游可行性研究的内容主要包括下述几个方面。

（一）总论

总论的主要内容包括：项目名称、主办单位及负责人，承担可行性研究的单位，研究工作的主要依据、工作范围和要求，项目提出的背景、投资建设的必要性和经济意义，可行性研究的主要结论、存在的问题与建议、项目的主要技术经济指标。

（二）旅游资源的评价

旅游投资和开发最重要的是看旅游资源是否有开发的价值。评价旅游资源的指标包括：旅游资源的丰度、品级、特色，以及旅游资源的核心竞争力等。

（三）旅游市场需求调查和预测

旅游市场需求是一切旅游企业经济活动的起点。在对旅游投资项目进行可行性分析时，首先要进行旅游市场需求调查和预测，即调查旅游者的消费特点，预测国内外旅游消费者对其产品或服务的需求量，以此调查为基础，预测项目投入后未来发展的前景，从而确定旅游投资项目的建设规模和产品，以及应采用何种服务方式和水平等。

（四）旅游市场区域特点和选址方案

旅游投资项目可行性研究离不开对本地区或邻近地区市场区域特点和经济情况的分析。要对建址的地理位置、地形、地质、水文条件、交通运输和供水、供电、供气、供热等市政公用设施条件，以及当地或邻近地区的社会经济状况进行分析，以确定旅游投资项目建设的可行性。

（五）旅游投资项目工程方案研究

主要研究旅游投资项目建设的工期安排、进展速度、建设内容、建设标准和要求、建设目标及主要设施布局、主要设备的选型及所能达到的技术经济指标等，以确定旅游投资项目所提供的旅游产品或服务的规格和要求。

（六）主要原材料、燃料、动力供应

主要研究旅游投资项目建成后原材料、动力、燃料等供应渠道、价格变动、使用情况和维修条件等，以保证项目建成后的正常运转，确保旅游产品和服务的提供。

（七）劳动力的需求和供应

主要研究旅游投资项目建设时和完成后的劳动力使用、来源、培训补充计划以及人员组织结构等方案，以确保投资项目建成后人力资源的充分利用和正常运行。

（八）投资额及资金筹措

主要研究为保证旅游投资项目顺利完成所必需的投资总额数目、外汇数额、投资结构、固定资产和流动资金的需要量、资金来源结构、资金筹措方式及资金成本等，从资金上保证旅游投资项目建设的顺利进行。

（九）综合效益评价

从社会效益、环境效益和经济效益三方面研究旅游投资项目建成后对周围环境和社区所带来的影响和作用。对其可能产生的不良影响要做出预测性分析，并采取相应措施，尽力减少和避免其不利影响，确保旅游投资项目在获得较佳经济效益的同时也能带来较好的社会效益和环境效益。宏观的国民经济评价是项目经济评价的核心部分，它从国家整体角度考察项目的效益和费用，它是考虑项目或方案取舍的主要依据。

（十）结论与建议

运用各项数据，从技术、经济、社会及项目财务等方面论述投资项目的可行性；推荐一个以上的可行性方案，提出决策参考；指出项目存在的问题、改进建议及结论性意见。

可行性分析在以资产为基础的投资方面的分析，得到了很好的发展，如新酒店、汽车旅馆或度假胜地的投资。可行性分析通常与具体的商业发展相关联，这需要比一般性投资潜力评估更为详细的分析。

四、可行性研究的类型

旅游投资项目可行性研究是对拟建的旅游投资项目进行技术经济论证和方案比较，为旅游投资决策提供依据。可行性研究是投资前期的重要工作，对项目成功与否影响重大。旅游投资可行性研究一般可分为投资机会研究、初步可行性研究、详细可行性研究三种类型。

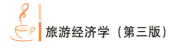

（一）投资机会研究

投资机会研究，是指在一个确定的地区或部门内，在利用现有资源的基础上所进行的寻找最有利的投资机会的研究。其主要目的是为旅游投资项目提出建议，旅游项目建议书就是在投资机会研究的基础上形成的。投资机会研究比较粗略，主要是对旅游投资项目的可行性进行一些估计，并非进行详细的计算。但是，这种研究是必要的，因为每个项目都需要确定是否有必要进一步获取建设的详细资料。国外投资机会的研究对总投资估算的精确度一般要求在±30％之间。

（二）初步可行性研究

初步可行性研究是在投资机会研究的基础上，对拟建的旅游投资项目可行性的进一步研究。它主要是针对那些比较复杂的建设项目而进行的，因为这类项目仅凭投资机会研究还不能决定其取舍，必须进一步进行可行性分析。初步可行性研究要解决的主要问题是：进一步论证旅游投资机会是否有可能；进一步研究拟建的旅游投资项目建设可行性中某些关键性问题，如旅游市场分析等；分析是否有必要开展最终可行性研究。初步可行性研究在国外旅游投资项目中对投资估算的精确度一般在±20％之间。

（三）详细可行性研究

详细可行性研究即在上级主管部门批准立项后对旅游投资项目所进行的技术经济论证。它需要进行多种方案的比较，投资项目越大，其内容就越复杂。详细可行性研究是确定旅游投资项目是否可行的最终依据，也是向有关管理部门和银行提供进一步审查和资金借贷的依据。国外旅游投资项目详细可行性研究的精确度一般在±10％之间。

在旅游投资项目建设中，常常涉及开发者、经营者、资产借贷者、资产投资者和政府机构等方面，每一方面从各自的利益出发，都要对拟建的工程进行可行性研究。所以可行性研究往往又可分为投资前研究、经营研究、资金研究、资产投资研究和政府机构研究等内容。

（1）投资前研究是由开发者进行的，主要研究项目开发或建设的投入和开支是否合算。项目开支包括设计费、土地征购费和主体投资三大部分。

（2）经营研究是由经营部门进行的，主要是估计该旅游投资项目工程完工后的市场销售情况和预测未来经营中可能带来的经济效益。

（3）资金研究是由资金借贷者进行的，主要是研究该项工程建设所需要的投资资金的数量及资金的分配。

（4）资产投资研究是由资产投资者进行的，主要是预测该项工程建成后在资产投资收入和资产现金流动的基础上，研究投资利润与税收上的好处（如减免税等）。

（5）政府机构研究是由政府有关部门进行的，主要是评价该项旅游投资项目建成后对财政、经济、社会、环境及对周围地区的影响。

第四节 旅游投资项目的评价

旅游投资项目的评价是旅游投资决策过程中十分重要的环节，它在旅游投资可行性分析以后进行，是在对可行性分析报告审查分析后，对旅游投资项目的建设与否提出一种结论性意见。这种评价不仅要对拟建项目本身的经济效益进行分析评估，而且还要从地区和国家的角度来考察和评价它的宏观经济效益。同时，还要从全社会的角度来评价它的社会效益、生态效益。也就是要从经济、社会发展的整体需要角度来考虑和评估投资项目的优势，使有限的资源得到优化配置。一个旅游投资项目，只有通过项目评价，才有可能顺利进入项目审批和实施阶段。因此，旅游投资项目的评价是为科学投资决策提供依据的一项关键性工作。

一、旅游投资项目的宏观评价

旅游投资项目的宏观评价，即旅游投资项目的国民经济效益评价，是指从宏观角度来分析旅游投资项目是否符合国家或地方政策所强调实现的项目，是否属于政府重点发展的旅游建设项目，是否符合整个社会经济发展的需要。通常用一些代表性的数量指标来反映项目实现某一特定目标的程度，这些数量指标主要有：

（一）外汇收入指标

旅游投资项目建成后的外汇收入能力，反映了一定时期内所赚外汇净额与同期产生这一净额所需国内资金之间的比率关系。计算公式为：

$$F = \frac{X-Y}{Z} \tag{8-1}$$

式中：F 是旅游投资项目外汇收入能力；

$\quad\quad X$ 是旅游投资项目在一定时期内的旅游外汇收入；

$\quad\quad Y$ 是旅游投资项目在一定时期内的旅游外汇支出；

$\quad\quad Z$ 是旅游投资项目在一定时期内的货币支出。

（二）提供就业指标

旅游业不仅是一个创汇产业，也是一个吸收社会劳动力就业较大的产业。一项旅游投资项目提供直接就业的能力，可以根据该项目有关招用的人数与向该项目职工所付工资总额占总成本的比例来测量。计算公式为：

$$E = \frac{W}{T_c} \tag{8-2}$$

式中：E 是旅游投资项目提供的直接就业能力；

$\quad\quad W$ 是旅游投资项目在一定时期支出的工资总额；

$\quad\quad T_c$ 是旅游投资项目在一定时期发生的总成本。

（三）综合效益指标

对旅游投资项目进行综合效益评价，首先，应分析列出各投资项目综合效益的各个领域，并分别计算出各领域的数值；其次，应根据国家或地方政府旅游规划和旅游政策所强调的重点，对各个领域的数值进行加权，以确定各领域的相对重要性；最后，计算在同一离散范围内的每一领域加权数值同基点的偏差，并以此为基础来比较各个方案的优劣。在具体计算中，根据不同的旅游投资项目，可采用不同的综合效益计算方法。

二、旅游投资项目的风险评价

（一）旅游投资项目风险概述

旅游投资项目的投资风险是指一项旅游投资所取得的结果和原期望结果的差异性。对大多数投资活动来说都存在一个风险问题，只是风险程度不同而已。如果一个方案只有一个确定结果，这种投资为确定性投资。例如，旅游企业投资 100 万元购买政府国库券，年利率 8%，则每年可得利息收入 8 万元，这种比较可靠的投资就属于确定性投资，确定性投资通常没有风险。但是如前所述，旅游项目投资由于种种因素的影响，是一种风险投资，为了保证投资效益，需要对旅游投资风险做出正确评判，并力争使这种风险降到最低。

一般来说，旅游投资风险有两种类型：一是系统风险，又称市场风险，是指企业本身无法回避的风险，也是所有企业所共同面临的风险，如物价上涨、经济不景气、高利率和自然灾害等所引起的风险。二是非系统风险，又称企业风险，是指由于经营不善、管理不当等一系列与企业直接有关的意外事故所引起的风险，对这类风险可以通过改善经营和加强管理等方式予以抵消或减少。

（二）旅游投资项目风险的衡量与计算

可以用旅游投资项目风险率来评价旅游投资风险的大小。所谓旅游投资项目风险率，就是标准离差率与风险价值系数的乘积。其中，标准离差率是标准差与期望利润之间的比率，而风险价值系数一般由投资者主观决定。如果投资项目风险率与银行贷款率之和小于投资利润率，则投资方案是可行的，否则投资方案是不可行的。旅游投资项目风险的计算程序如下：

1. 计算期望利润和投资利润率

期望利润是指旅游投资方案最可能实现的利润值。它是各个随机变量以其各自的概率进行加权平均所得到的平均数，计算公式为：

$$E = \sum_{i=1}^{n} X_i P_i \tag{8-3}$$

式中：E 是期望利润；

$\quad$ X_i 是第 i 种结果的利润；

$\quad$ P_i 是第 i 种结果发生的概率。

投资利润率是期望利润与投资总额之间的比率，计算公式为：

$$R = \frac{E}{C} \times 100\% \tag{8-4}$$

式中：R 是投资利润率；

$\quad\quad$ C 是投资总成本。

2. 计算标准离差与标准离差率

标准离差是各种可能实现的利润与期望利润之间的离差之和的平方根；标准离差率则是标准离差与期望利润之间的比率。标准离差（σ）的计算公式为：

$$\sigma = \sqrt{\sum_{i=1}^{n}(X_i - E)^2 \times P_i} \tag{8-5}$$

标准离差率（σ'）的计算公式为：

$$\sigma' = \frac{\sigma}{E} \times 100\% \tag{8-6}$$

3. 计算投资风险率

投资风险率是标准离差率与风险价值系数的乘积。计算公式为：

$$\delta = \sigma' \times F \tag{8-7}$$

式中：δ 是投资风险率；

$\quad\quad$ F 是风险价值系数。

4. 旅游投资方案决策

旅游投资方案决策可根据两个方面进行：一方面，通过比较旅游投资风险率的大小进行决策，通常旅游投资风险率越小，方案越有价值；另一方面，通过比较旅游投资利润率与银行贷款利率及旅游投资风险率之和进行决策。如果旅游投资方案的投资利润率高于投资风险率与银行贷款利率之和，说明旅游投资方案是可行的；反之，则说明旅游投资方案是不可行的。

【案例 8-1】

某星级饭店计划对中餐厅加以改造，现有两个投资方案可供选择，两个方案投资总额都是 150 万元，可能实现的年利润额及概率情况如表 8-1 所示，投资者确定的投资风险价值系数为 10%，银行贷款利率为 8%。

表 8-1 投资方案比较表

可能的结果	甲方案		乙方案	
	利润（万元）	概率	利润（万元）	概率
较好	45	0.3	50	0.3
一般	35	0.5	35	0.5
较差	25	0.2	0	0.2

旅游投资项目风险的计算和比较包括以下几个步骤：

1. 计算期望利润和投资利润率

甲方案的期望利润为：

$$E_{甲}=45×0.3+35×0.5+25×0.2=36(万元)$$

乙方案的期望利润为：

$$E_{乙}=50×0.3+35×0.5+0×0.2=32.5(万元)$$

投资利润率是期望利润与投资总额之间的比率，计算公式为：

$$R=\frac{E}{C}×100\% \tag{8-8}$$

甲方案的投资利润率为：

$$R_{甲}=\frac{36}{150}×100\%=24\%$$

乙方案的投资利润率为：

$$R_{乙}=\frac{32.5}{150}×100\%=21.67\%$$

2. 计算标准离差与标准离差率

甲方案的标准离差为：

$$\sigma_{甲}=\sqrt{(45-36)^2×0.3+(35-36)^2×0.5+(25-36)^2×0.2}=7(万元)$$

乙方案的标准离差为：

$$\sigma_{乙}=\sqrt{(50-32.5)^2×0.3+(35-32.5)^2×0.5+(0-32.5)^2×0.2}$$
$$=17.5(万元)$$

甲方案的标准离差率为：

$$\sigma'_{甲}=\frac{7}{36}×100\%=19.44\%$$

乙方案的标准离差率为：

$$\sigma'_{乙}=\frac{17.5}{32.5}×100\%=53.85\%$$

由于甲方案的标准离差小于乙方案的标准离差，以及甲方案的标准离差率小于乙方案的标准离差率，因此甲方案的投资风险小于乙方案。

3. 计算投资风险率

两个方案的投资风险率分别为：

$$\delta_{甲}=19.44\%×10\%=1.94\%$$
$$\delta_{乙}=53.85\%×10\%=5.39\%$$

4. 旅游投资方案决策

在以上案例中，根据计算，对于甲方案，银行贷款利率与投资风险率之和为9.94%，小于投资利润率 24%，因此是可行的；对于乙方案，银行贷款利率与投资风险率之和为 13.39%，小于投资利润率 21.67%，因此也是可行的。但是，由于甲方案的投资风险率 1.94%小于乙方案的投资风险率 5.39%，说明甲方案的稳定获利能力高于乙方案。因此，在甲、乙两个方案中，甲方案是比较好的，应该选择甲方案对中餐厅改造。

三、旅游投资项目的经济评价

旅游企业投资的目的与国家或地方旅游投资有所不同，它主要以取得最大经济效益为目标，即旅游投资不仅要收回全部投资成本，而且必须获得一定的利润。尤其是对于旅游投资主体而言，更是关心旅游投资项目的经济效益。因此，对旅游投资项目的经济评价就显得至关重要。通常，旅游投资项目的经济评价主要有以下几种方法：

（一）投资回收期法

投资回收期是指由于投资所带来的现金流入累计到与总投资相等时所需要的时间，它代表收回全部投资所需要的年限。因此，投资回收期法是根据某项旅游投资项目的投资回收期来判断该项目是否可行的方法。具体而言，是计算和比较某项旅游投资项目投产后所产生的税后利润总和等于该项目初始投资额时所需的时间。如果每年的净现金收益量相等，可用净现金投资总量除以每年净现金收益量；如果每年的净现金收益量不等，则可用净现金投资总量除以平均净现金收益量。每年回收年限越短，方案越有利。其公式为：

$$T = \frac{IV}{NCF} \qquad\qquad (8-9)$$

式中：T 是旅游投资项目的投资回收期；

　　　IV 是旅游投资项目的净现金投资总量；

　　　NCF 是旅游投资项目的净现金收益量。

投资回收期法的优点是计算便捷，并且容易为决策人所正确理解。因而是旅游投资项目评价常用的方法。但这种方法也存在着明显的缺点，不仅没有考虑资金的时间价值（指资金在经历一定时期的投资和再投资所增加的价值），而且忽略了投资回收期以后该项目各年的盈利状况。事实上，有战略意义的长期投资往往早期收益较低，而中后期收益较高。回收期法优先考虑急功近利的投资项目，可能导致放弃长期成功的方案，因而准确性不够高。

【案例 8 - 2】

某旅游企业计划投资增建旅游设施，A 方案是建风味餐厅，B 方案是建娱乐设施，C 方案是建康乐中心。各方案预测的年效益见表 8 - 2。

表 8 - 2　投资回收期法例表

年次	A 方案	B 方案	C 方案
0	-1 000	-1 500	-2 000
1	600	500	1 000

续表

年次	A 方案	B 方案	C 方案
2	400	500	800
3	400	500	700
4	400	400	500
5	400	400	—
6	300	400	—

说明：表中的负值净现金流量指净现金投资量，正值净现金流量是指净现金回收量。

根据表 8-2 中有关数据，可以得出：

A 方案的投资回收期为：

$$T_A = 1\,000 / [(600+400+400+400+400+300) \div 6] = 2.4$$

B 方案的投资回收期为：

$$T_B = 1\,500 / [(500+500+500+400+400+400) \div 6] = 3.33$$

C 方案的投资回收期为：

$$T_C = 2\,000 / [(1\,000+800+700+500) \div 4] = 2.67$$

使用投资回收期法来评价旅游投资方案，需要首先确定一个标准投资回收期，即最低限度的投资回收期，然后将各投资方案的投资回收期与其比较，凡是小于标准投资回收期的方案均可接受。其中，投资回收期最短的方案为最优方案。例如表 8-2 中三个方案的标准投资回收期都为 3 年，则得到在以上案例中，投资方案 A 和 C 的投资回收期都少于 3 年，因而这两个方案都是可以接受的。其中 A 方案的投资回收期最短，则选 A 方案为最优方案，C 方案为次优方案。B 方案的投资回收期长于 3 年，因此是不可取的。

（二）净现值法

净现值是指某项旅游投资方案未来预期现金流入（收益）的总现值减去未来现金流出（投资）总现值后的余额。投资活动总是希望获得比投资额更多的产出，因此，用未来收益的现值总额与投资现值总额进行比较，就可以判断各个旅游投资方案的可行性，并从中选择最优的旅游投资方案。净现值的计算公式为：

$$NPV = \sum_{i=1}^{n} \frac{R_t}{(1+i)^t} - C \tag{8-10}$$

式中：NPV 是净现值；

R_t 是投资项目在未来第 t 年内的净收益额（各年收益不同）；

C 是投资总额；

i 是资金成本率。

如果企业的投资资金是从银行借贷的，则资金成本率为银行利息率；如果企业的投资资金来源于企业积累，则资金成本率为资金的机会成本；如果企业的投资资金来源于多种渠道，如银行借款、债券、股票、利润留成，那么资金成本率是各项资金的成本率的加权平均数，即等于各项资金的成本率与各项资金在资金总额中所占百分比乘积之和。

根据净现值的计算公式，如果净现值 NPV 为正数，即未来预期现金流入（收益）的总现值比现金流出（投资）的总现值大，说明该旅游投资方案是可行的；如果净现值 NPV 等于零，意味着该旅游投资方案的未来预期现金流入（收益）刚好够还本付息，二者没有什么区别，而且，从经济上考虑，一般是不可行的；如果净现值 NPV 为负数，即未来预期现金流入（收益）的总现值比现金流出（投资）的总现值小，说明该旅游方案是不可行的。所以，净现值 NPV 越大，则该旅游投资方案的可行性越强。

净现值的优点是不仅考虑了资金的时间价值，能反映旅游投资方案的盈亏程度，而且考虑了旅游投资风险对资金成本的影响，有利于决策者从长远和整体利益出发做出科学决策。但该方法也存在一些缺点，如净现值仅反映旅游投资方案经济效益量的方面（即盈亏总额），而没有说明投资方案经济效益质的方面，即每单位资金投资的效率。这样容易促使决策者趋向于采取投资大、盈利多的方案，而忽视盈利总额小、但投资更少、经济效益更好的方案。

【案例 8－3】

某旅游企业计划投资旅游景点建设，该景点建设计划总投资额的现值为 6 500 万元；对各年末的总收益预测分别为：第 1 年末为 1 000 万元，第 2 年末为 1 150 万元，第 3 年末为 1 300 万元，第 4 年末为 1 450 万元，第 5 年末为 1 700 万元，第 6 年末为 1 800 万元，第 7 年末为 1 900 万元；资金的一部分是企业自筹资金，一部分是银行贷款，资金的综合成本率为 6%。根据所给出的条件和净现值法，计算出净现值为：

$$NPV = \frac{1\,000}{1+6\%} + \frac{1\,150}{(1+6\%)^2} + \frac{1\,300}{(1+6\%)^3} + \frac{1\,450}{(1+6\%)^4} + \frac{1\,700}{(1+6\%)^5} + \frac{1\,800}{(1+6\%)^6} + \frac{1\,900}{(1+6\%)^7} - 6\,500 = 1\,509.3 (万元)$$

上式说明该旅游投资项目不仅可以收回全部投资，而且在可预见的时期内，可以获得 1 509.3 万元的利润。

（三）内涵报酬率法

内涵报酬率法是根据方案本身的内涵报酬率来评价方案优劣的一种方法。所谓内涵报酬率，是指能够使未来现金流入量（收益）的现值等于未来现金流出量（投资）现在的折现率，或者说是使投资方案净现值为零的折现率。折现率是指在投资决策时把未来值折算为现在值的系数。现值和折现率成反比，即折现率越高，则等量的未来现金流入量（收益）的现值就越小；反之，折现率越低，则等量的未来现金流入量（收益）的现值就越高。所以，合理确定折现率是正确计算内涵报酬率的关键。折现率通常是由企业或主管部门确定的。如果旅游投资方案的内涵报酬率大于企业或主管部门规定的最小的投资回收率，则该旅游投资方案是可行的，否则不可行。在实践中，通常把内涵报酬率同利息率相比较，如果内涵报酬率大于利息率，则该旅游投资方案是可行的；反之，如果内涵报酬率小于利息率，即把资金存入银行比进行投资能够获得更多的收益，则旅游投资方案是不可行的。旅游投资项目的内涵报酬率的计算公式为：

$$\sum_{t=1}^{n} \frac{R_t}{(1+r)^t} - C = 0 \tag{8-11}$$

式中：C 是旅游投资项目的投资总额；

　　　R_t 是旅游投资项目在未来第 t 年的净收益额；

　　　r 是旅游投资项目的内涵报酬率；

　　　t 是投资涉及的年限。

该指标的优点是为企业或主管部门评价旅游投资项目的经济效益提供了合理的衡量标准，这对加强旅游行业投资管理具有重要的现实意义。该方法的不足之处是内涵报酬率只是一个相对值，容易使投资额大、内涵报酬率低，但是收益总额很大的方案遭到否决。

【案例 8-4】

这里依然以【案例 8-3】为例，分别以 10％ 和 12％ 的折现率计算，过程和结果如表 8-3 所示。

表 8-3　折现率试算表

年份	净收益	10％折现率		12％折现率	
		折现系数	现值	折现系数	现值
0	(1)	(2)	(1)×(2)	(3)	(1)×(3)
1	1 000	0.909	909.00	0.893	893.00
2	1 150	0.826	949.90	0.797	916.55
3	1 300	0.751	976.30	0.712	925.60
4	1 450	0.683	990.35	0.636	922.20
5	1 700	0.621	1 055.70	0.567	963.90
6	1 800	0.564	1 015.20	0.507	912.60
7	1 900	0.513	974.70	0.452	858.80
净收益总现值		6 871.15		6 392.65	

从表 8-3 中可见，按内涵报酬率为 10％ 进行计算，得出该旅游投资项目的净收益现值为 6 871.15 万元，高于总投资 6 500 万元，说明内涵报酬率应该高于 10％；按内涵报酬率为 12％ 计算，得出该旅游投资项目的净收益现值为 6 392.65 万元，低于总投资现值 6 500 万元，说明内涵报酬率应低于 12％。可以判断，该旅游投资项目的内涵报酬率介于 10％ 与 12％ 之间。设内涵报酬率为 r，则按照下面公式进行计算。

$$\frac{6\ 871.15 - 6\ 500}{6\ 500 - 6\ 392.65} = \frac{r - 10\%}{12\% - r}$$

计算结果 r 为 11.55％，即该旅游投资项目的内涵报酬率为 11.55％。用此内涵报酬率与企业或主管部门的标准投资回收率或者银行的利息率进行比较，则可判断该旅游投资方案是否可行。从经济意义上讲，由于旅游投资项目的资金来源一般是多种渠道，因此所确定的内涵报酬率通常是资金使用成本的加权平均数。

（四）现值指数法

现值指数法是用单位投资所获得的未来现金流入（收益）现值来比较投资方案经济效果的方法。所谓现值指数，是指未来现金流入（收益）现值与现金流出（投资）现值的比率。计算公式为：

$$PI = \sum_{t=1}^{n} \frac{R_t}{(1+r)^t} \div C \qquad (8-12)$$

式中：PI 是现值指数；

C 是总投资；

R_t 是投资项目在未来第 t 年的净收益；

r 是资金成本率。

根据上述公式，若现值指数 PI 大于1，说明其收益超过成本，旅游投资会取得盈余，则该旅游投资方案是可行的。若现值指数 PI 小于1，说明成本大于收益，旅游投资会亏损，则该方案是不可行的，应该放弃。

现值指数法在进行评价计算时需要一个合适的折现率，以便将现金流量折现为现值，折现率的高低将会影响方案的优先次序。它的主要优点是可以进行多种投资机会获利能力的比较，而比较的结果比较直观。缺点是现值指数也是一个相对指标。

投资决策方法各有长短，在进行旅游投资决策时，为使投资方案经济效果的评价更加全面，应该采用多种方法进行比较，以便做出科学决策。

【案例8-5】

在表8-3中，旅游投资项目净收益现值为8 009.3（＝6 500＋1 509.3）万元，总投资现值为6 500万元，计算可得，现值指数为1.23，说明该旅游投资方案是可行的。

第五节　旅游投资管理体制

旅游投资管理体制是指旅游投资活动的运行机制和管理制度的总称。主要包括投资主体、资金筹措途径、投资使用方式、项目决策程序、建设实施管理和宏观调控制度等方面。我国旅游投资管理体制正在不断地改革和完善，目前还没有形成一个成熟的管理体制。

一、我国现行的旅游投资主体类别

旅游投资主体是指具有独立做出旅游投资决策权和资金来源的机构和自然人。我国现行的旅游投资主体分为四大类：

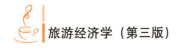

（一）政府投资主体

政府投资的目标是为旅游业发展提供良好的基础设施和进行重点旅游资源的开发。政府投资者按级别分为中央政府投资主体和地方政府投资主体。中央政府投资一般局限在跨区域旅游道路修筑，同一主体旅游线路上重点旅游资源的开发。这类工程投资规模大，需要资金多，且投资回收期长，风险高，并有可能项目具有公共性，是发展旅游所需的，而地方、企业、个人不愿意或无能力投资，兼之有跨区域性质且所涉及的各方面利益难以协调，于是就由中央政府出面投资。地方政府投资主要是一些旅游基础设施项目，如旅游道路、供电、供水工程及码头、机场建设等；旅游资源开发投资，如资源普查、评估、设计和开发费，旅游人力资源投资、旅游社会环境投资。目前在旅游投资体系中，政府投资虽已不如以前集权投资体制模式下那么统包统揽，但它在对跨区旅游资源开发和区域内一些旅游基础设施的建设，以及旅游投资方向的引导上仍起着决定性的作用。

（二）企业投资主体

企业投资的目标是利润最大化，主要针对具体的单项旅游投资项目，多数是一般生产性经营投资，如建造酒店、游乐场、主题公园等。这些项目投资规模适中，回收期相对较短。

随着企业实力的日益壮大，管理经验的日益丰富，以及自主投资权限的扩大，会出现旅游投资多元化，可能会形成大的旅游集团，或者几家企业联合向某个旅游项目投资。这种新型的投资方式是企业作为旅游投资主体的一个新发展，也是企业投资旅游事业的一个质的飞跃。这部分企业在不久的将来有望取代一部分政府在旅游业中的投资职能。

（三）个人投资主体

个人投资主要是在旅游区开办一些风味饭馆、乡村旅店和一些旅游纪念小店等。这些一般投入资金相对较少，管理较简单，但经营方式及经营内容较灵活，对市场的反应最敏感，可以充分满足游客的多种需求。通过他们的经营可以充分地把本地的独特文化挖掘出来，展现给游客，丰富了本地旅游产品内容，起到了对本地旅游项目开发经营中拾遗补漏的作用。

（四）外国投资主体和港澳台投资主体

目前，外国投资和港澳台投资多数是旅游酒店和度假区的投资。外资对旅游业的投资在改革开放初期主要以合作、合资方式参与。近年来，随着我国市场经济体制的逐步建立和国家法律制度，特别是涉外法律制度的完善，外资独自进行旅游投资的现象也不断出现。我国现已加入了WTO，以后外资投入旅游业的范围会日益扩大，为了进一步扩大旅游业利用外资的能力，今后应创造条件引导外资向旅游基础设施如旅游道路、机场、码头及旅游景点开发等项目的投资。

以上几大投资主体并不是孤立的，随着我国产权关系的逐步明晰和投资管理体制的进一步完善，这几种投资主体往往结合在一起，共同进行旅游投资。在这个过程中，政府投资起主导作用，企业和外资起主体作用，个人投资起补充作用。

第七届中国（四川）国际旅游投资大会上
集中签约 88 个重大文化和旅游项目

2021 年 9 月 28 日，第七届中国（四川）国际旅游投资大会开幕式暨九寨沟景区全域恢复开放仪式在阿坝州九寨沟举行。开幕式上，88 个重大文化和旅游投资项目集中签约，场内场外同步进行，签约总金额达 1 336 亿元，涉及成都、自贡等 17 个市州。从签约项目来看，民间资本占主力，拟建内容涵盖康养旅游基地、小镇旅游开发项目、文化传承演艺、人才孵化区等。从投资来源看，省内企业投资 798 亿元，占比 60%；省外企业投资 512 亿元，占比 38%；境外企业投资 26 亿元，占比 2%。从资金性质看，民间资本投资 785 亿元，占比 59%；国有资本投资 478 亿元，占比 36%；外资投资 16 亿元，规模 1%，国有与民间资本共同投资 57 亿元，占比 4%。从投资领域看，项目主要为健康旅游、夜间文化和旅游、旅游演艺、数字文化和旅游、影视动漫、红色旅游、文博旅游、产业园区和特色民宿等新业态。

资料来源：第七届中国（四川）国际旅游投资大会上集中签约 88 个重大文化和旅游项目. 中华人民共和国文化和旅游部官方网站，2021 - 09 - 30.

二、我国现行旅游投资管理体制的弊端

近年来我国旅游投资管理体制发生了很大变化，也取得了良好的成绩，但是目前我国旅游投资管理体制仍然不够完善，存在着很多弊端，主要表现在：

（一）投资管理多头，缺乏统筹协同

由于旅游业特有的融合性，其旅游资源的归属管理部门十分复杂，这就导致了旅游投资管理受多个部门、多主体管理的局面。一些部门和主体只考虑自身利益，盲目争投资、争项目，导致重复建设，地区性、结构性的比例失调，出现短期行为等问题。为此，在旅游投资管理过程中，应该有统一的顶层设计，充分统筹协调，理顺合理的管理体制。

（二）条块分割，切断了旅游项目的内在联系

我国目前的旅游管理体制是按照行政系统和行政区划设置的，造成了条块分割、自成体系。从条上看，旅游部门与拥有资源的国土、林业、水利等部门关系不协调；从块上看，省、市各自的管理权限范围划不清。而旅游业是一个综合性产业，其关联性和依托性都较强，要求各个要素的质和量都要与其他要素协调。而目前的条块分割现象就会出现有利则争相投资，无利则远避之，从而导致条块分割、发展失衡。这不仅影响了投资效益的发挥，还造成客源分配和利益分配上的矛盾，挫伤旅游投资的积极性。

（三）投资结构不够合理

由于旅游投资涉及面广，发展历史不太长等原因，在二十世纪八九十年代，旅游投资以旅游车船、饭店以及一些著名景点景区的服务设施投资为重点，出现了一定的过剩

现象。随着旅游业逐步发展，我国的旅游投资全面发展。总体来说，存在着热点区域和行业投资过度、基础公共设施投资不足、行业内部层次投资不合理的现象，主要表现在一些旅游热点投资过度导致过度商业化，部分热点行业跟风投资导致投资过热，很多区域旅游公共服务设施投资不足导致的便捷性和功能不足等问题。

（四）投资决策不够科学

目前我国旅游投资领域实行的是行政区经济下的市场化运作机制，由于缺乏更高层级的顶层设计，各地按照市场经济规律和地方需求进行决策，市场失灵和投资者意志决定的现象比较普遍，投资决策的科学性有待提高，盲目的不科学投资比较普遍：（1）一些投资商对旅游方面的法律法规不够熟悉就盲目投资（如投资高尔夫球场）；（2）在旅游投资项目上，一些投资商不够专业，低水平重复投资、模仿照搬的现象严重；（3）对旅游投资的期望值过高，同一种产品遍地开花。

三、旅游投资体制改革的方向

为了避免上述问题，我国旅游投资体制的改革方向是建立市场化的科学旅游投资体制，实现投资主体多元化、投资方式多样化、投资决策科学化，从而形成一个成熟的旅游投资管理体制。

（一）政府的主导地位

政府有经济管理的重要职能，由于旅游投资主体多、涉及的部门多、投资管理多头等复杂问题，需要在旅游投资管理中起主导作用，重点做好以下几个方面的工作：一是要有完善旅游投资顶层设计。旅游投资由于部门多、地域分割严重。因此，需要有完善的顶层设计来指导。二是做好部门与地区之间的协调机制，减少和避免重复投资、项目严重分割等问题。三是协调好政府对公共设施的投资协调机制。

（二）完善投资管理体制

在这方面，可以做大量的工作：一是组建国家旅游投资公司；二是确定国家和地方的投资分工和投资重点；三是建立旅游业市场化、多元化投资制度等。

（三）广开筹资渠道

为解决旅游发展资金的不足，一方面可以在国内多方位筹资，如适当优先和增加旅游企业发行股票和债券的规模，开拓直接融资渠道等。另一方面可以创造一些有利条件以进一步引进投资。

（四）建立科学决策体制

要促进旅游投资决策的科学化，重点要建立科学的旅游投资决策机制，要让科学成为投资决策的主导力量，避免和减少行政干预，建立科学、规范的决策过程。这就要求企业的投资决策过程要有一套科学的程序和方法。从程序来看，对于投资较大的旅游项目的决策，应按照提出项目建议书、可行性研究、计划任务书、规划设计、评估审批等几个环节来进行。从方法来看，在进行项目研究和评估时应全面运用旅游的科学理论以及旅游成功项目的经验，科学系统研究、多方评估论证，进行多方案比较，在科学民主的基础上最终做出决策。

【本章小结】

1. 旅游投资，是指旅游目的地政府或企业在一定时期内，根据旅游市场需求及发展趋势，将一定数量的资金投入到某一旅游项目的开发建设，获得比投入资金数量更大的产出，以促进旅游业发展的经济活动。旅游投资具有投资的主要对象归政府所有、投资领域的广泛性和复杂性、旅游投资周期的长期性、投资实施的连续性和波动性、投资收益的风险性等特点。

2. 通常旅游可行性研究的内容主要有：总论、旅游资源的评价、旅游市场需求调查和预测、旅游市场区域特点和选址方案、旅游投资项目工程方案研究、主要原材料、燃料、动力供应、劳动力的需求和供应、投资额及资金筹措、综合效益评价和结论与建议。

3. 旅游投资项目的评价是在对可行性分析报告进行审查分析后，对旅游投资项目的建设与否提出一种结论性意见。主要包括旅游投资项目的宏观评价、风险评价和经济评价。

4. 旅游投资管理体制是指旅游投资活动的运行机制和管理制度的总称。主要包括投资主体、资金筹措途径、投资使用方式、项目决策程序、建设实施管理和宏观调控制度等方面。

【复习思考题】

1. 旅游投资有哪些类型？
2. 旅游投资有哪些特点？
3. 旅游投资决策应遵循哪些程序？
4. 为什么要进行旅游投资项目可行性研究？可行性研究有哪些类型？
5. 试述旅游投资项目可行性研究的基本内容。

案例分析

激活民间资本壮大区域旅游产业的对策研究
——以长沙市望成区为例

近年来，望城区旅游产业规模、品牌和市场影响力初具规模。全区现有各类景区、景点 91 处。其中主要景点 12 处，4A 旅游景区 5 家，3A 旅游景区 7 家，形成了以千龙湖、百果园、光明村为代表的规模休闲农庄集群和以铜官窑文化旅游区、靖港古镇、新康戏乡、洗心禅寺为代表的文化旅游景观集群。民间资本已逐渐成为望城区旅游产业快速发展的加速器，然而由于外部环境和自身体制的不规范，其民营旅游企业发展受到了很大限制，具体表现在以下几个方面：

（一）投资政策乏力，落地执行困难

由于土地宏观调控、审批程序烦琐、专项支持政策缺乏等原因，政府系列优惠政策兑现困难，这给民间资本投资蒙上了阴影，影响了民间资本投资旅游产业的信心。

（二）投资规模偏小，管理水平较低

望城民间资本投资旅游业以"单打独斗"为主，内容较为单一、总体规模较小，尚未形成产业链。同时，价格竞争形成的成本压力，使得民营旅游企业在较高的薪酬方面有心无力，员工流失率较高、流动速度快，员工队伍素质呈下降趋势。

（三）投资方向盲目，产品缺乏特色

由于旅游业准入门槛较低，且缺乏统一的规划和指导，部分民营企业以经济效益为上，盲目投资，造成项目缺乏文化内涵及特色性，同质化严重，无法形成自身独特的品牌效应和竞争优势。

（四）投资后劲不足，经济负担沉重

规模小、整体发展水平不高的民营旅游企业若想提高品质，形成规模效应，首先遇到的难题便是融资难、手续繁杂、额度较小，银行对民营旅游企业的严格控制，限制了企业的进一步扩大，深入发展更为困难。

资料来源：王天. 激活民间资本壮大区域旅游产业的对策研究——以长沙市望成区为例 [J]. 国际商务财会，2021（10）：84-86.

案例思考：

1. 请分析望城民间资本投资旅游产业存在哪些问题。

2. 本案例给我们哪些启示？应采取哪些措施改善民间资木投资旅游产业现状？

第九章

旅游经济结构

导 言

本章学习目标：通过本章的学习，了解旅游经济结构的概念和特征，熟悉影响旅游经济结构的因素，掌握旅游经济结构的内容以及旅游经济结构优化的相关内容。

本章难点：旅游经济结构优化

关键术语：旅游经济结构；旅游经济构成；结构优化

导入案例

后疫情时期旅游产业转型升级问题
——以内蒙古自治区为例

一、内蒙古自治区旅游产业发展现状

2020年受新冠疫情影响，内蒙古自治区的旅游产业遭受了前所未有的打击。从内蒙古自治区文化和旅游厅官网数据可知，2020年1月和2月，内蒙古自治区接待国内外游客833.1万人次，同比下降47.51％。旅游业综合收入122.76亿元，同比下降61.9％。截至2020年2月，内蒙古自治区接待国内外旅游者达237.11万人次，同比下降73.07％。内蒙古自治区旅游业综合收入24.38亿元，同比下降86.36％。

二、存在的问题

1. 旅游产业科技水平落后

首先，蒙古族民俗文化资源保存完好的地方多集中于牧区，但牧区旅游产业科技含量低，对游客的吸引力弱。其次，随着疫情的爆发，游客对旅游产业的安全性和卫生性有了更高的要求，从门票预订到无接触式旅游越来越被需要，但高科技元素在内蒙古旅游产业中应用较少，很难实现疫情防控常态化下草原无接触式旅游。最后，伴随大数据时代的到来，在线旅游会逐渐成为主流，但内蒙古一时难以形成大规模、系统性的云旅游产品。

2. 旅游产品缺乏创新，结构单一

作为少数民族聚居区，内蒙古自治区的民俗文化独具特色，但就目前来看，内蒙古全区的文化旅游开发还处于初级阶段，文化产业与旅游产业的融合程度浅，游客的互动性和参与度极低。而且，旅游产品创新程度低、产业链延伸不充分的问题导致了旅游者在旅游过程中很难体验到具有特色的精细化、差异化旅游，旅游体验不佳，故会减少到内蒙古旅游的次数。

3. 旅游产业结构失衡

内蒙古自治区国际项目缺失和城市基础设施差致使国内旅游和入境旅游的发展不同步，产业结构失衡。由于国际航班和国际项目的缺失，导致很多境外游客不知道内蒙古，这对境外游客走进内蒙古旅游形成了障碍，使得内蒙古的入境旅游难以发展。另外，对于入境游客来说，内蒙古地理位置偏远，进入其中耗时多且成本高。再加上风景区空间分布不集中，距离中心地带远，无法满足游客各方面的需求，这在客观上直接降低了旅游者进入其中了解内蒙古民俗文化的意愿。

4. 旅游产业区域关联性不强

首先，现在内蒙古旅游产业的发展还未形成统一的整体，旅游业区域关联性不强，未形成"以点带面"的旅游发展新格局。其次，虽然近几年内蒙古旅游产业的规模在增加，但是质量却未提高，最直接的表现就是各盟市在旅游资源开发、项目建设、产品设计、市场营销等方面都大同小异，同质化严重。最后，因为缺乏差异化的区域旅游精品，各盟市之间不仅没形成区域经济合作，甚至还开始恶性竞争，这在一定程度上阻碍了内蒙古自治区旅游产业和整体经济的持续发展。

三、对策建议

1. 加大资金投入以鼓励科研开发创新

政府不仅要加大财政资金的支持力度，还要积极鼓励民间资本的加入。政府应改善牧区环境，增强牧区旅游吸引力。加快研发智能旅游产品，在疫情常态化防控中，打造智能旅游模式。

2. 创新旅游产品以推进文化与旅游产业融合

推进文化与旅游产业融合，打造"旅游＋"模式。政府可以通过制定相关政策来规范知识产权市场，培养产业创新的意识。深入挖掘内蒙古的文化内涵，延伸产业链，提高文化旅游的参与性和互动性。降低文化产业与旅游产业融合的壁垒，建立专门的文化与旅游协调发展的部门与机制来管理。

3. 优化产业结构以开拓入境旅游市场

加快景区周边基础设施建设，提高公共服务水平，把现代化城市发展与草原文化相结合。培养龙头企业，通过龙头企业的示范效应来规范旅游市场，优化产业结构。在现有基础上集中力量开拓入境旅游市场，加大招商引资的力度，加快入境旅游项目的建设。

4.优化发展模式以协同推进区域合作格局

以满洲里、呼和浩特市、阿拉善盟分别作为内蒙古自治区东、中、西部的旅游中心，以黄河旅游发展带和京津、京冀沿线旅游发展带为轴线，以草原文化特色旅游景区为延伸面，形成"点—轴—圈"协同推进区域合作发展新格局，构建旅游聚集区，打造文化与旅游产业集群。

资料来源：李兰，任文娟.后疫情时期旅游产业转型升级问题研究——以内蒙古自治区为例［J］.北方经贸，2021（08）：140－144.

旅游经济发展既离不开旅游经济总量的增长，也离不开旅游经济结构的优化。旅游经济结构不仅决定着总量增长的规模和水平，而且直接影响着旅游经济效益的提高。因此，优化旅游经济结构具有重要的意义。

第一节　旅游经济结构的概念及影响因素

一、旅游经济结构的概念

旅游经济结构有狭义和广义之分。狭义的旅游经济结构是指旅游产业结构，即指旅游产业内部满足游客不同需要的各行各业之间在运行过程中所形成的内在联系和数量比例关系，这种比例关系主要由饭店业、交通业、旅行社业、游览和娱乐业构成（罗明义，2004）。这个概念是从旅游业内部各大行业间的经济技术联系与比例关系方面来着重研究作为旅游业的部门构成的。而广义的旅游经济结构则是指旅游经济各部门、各地区、各种经济成分和经济活动各环节的构成及其相互联系、相互制约的关系，既包括旅游部门关系和地区关系，又包括旅游经济成分关系和活动环节关系等。因此，广义的旅游经济结构反映了旅游经济系统在总体上由哪些部门构成，具有哪些层次、要素和特点；反映旅游各部门、各层次、各要素之间是如何相关联地组成一个有机整体；反映旅游经济系统内部及整体运动和变化的形式、规律及内在动力等。

本书采用的是从广义角度理解旅游经济结构的概念，亦即所谓旅游经济结构是指旅游经济系统各组成部分的比例关系及其相互联系、相互作用的形式。旅游经济结构的内容一般包括旅游产业结构、旅游产品结构、旅游地区结构、旅游经济所有制结构、旅游经济组织结构等。合理的旅游经济结构是旅游业发展的重要条件，研究旅游经济结构，有利于从旅游经济系统的内在特征，动态地考察旅游经济的运行过程和状态，从而揭示旅游经济运行的规律和趋势。

二、旅游经济结构的特征

（一）旅游经济结构的整体性

旅游业是一个综合性的经济产业，其由食、住、行、游、购、娱等要素所组成并缺一不可，每种要素都体现了旅游经济的一个部分或方面，是从属于旅游经济这个整体的（郭鲁芳，2005）。由于各组成要素的性质和特点不同，使任何一个组成要素都不能代替由它们所组成的旅游经济结构。因此，旅游经济结构不仅仅是各组成要素的简单相加，而是根据旅游经济整体发展的需要，按照各要素之间相互联系、相互作用的特点和规律性，形成合理的比例及构成，从而发挥出旅游经济的综合性功能。

（二）旅游经济结构的功能性

结构和功能是密切相关的，经济结构决定经济功能，经济功能又促进经济结构的变化。因此，不同的旅游经济结构必然会产生不同的旅游经济功能和旅游经济效益。例如，我国传统的旅游经济结构是以观光型旅游为主的，因此其功能及效益也是同观光型旅游相联系的。随着社会经济的发展，人们的旅游需求有了新的变化，从观光型向休闲度假、康体娱乐型旅游发展，这必然要求对旅游经济结构进行调整，以提供更好的满足人们新的旅游需求的功能。因此，判断一个社会在一定时期旅游经济结构功能好坏的标准，就是看旅游经济结构能否有效地提供满足人们不断变化的旅游需求的功能，能否形成一种自我协调、自我适应、具有充分活力的旅游经济机制，从而促进旅游业的快速发展和旅游生产力的不断提高。

（三）旅游经济结构的动态性

由于旅游经济系统各要素，各部门及其相互关系是不断变化的，因此，旅游经济结构也是不断发展变化的。旅游经济结构的变化不仅有量的变化，而且有质的变化。其量的变化一方面表现为旅游经济规模的增长，另一方面表现为旅游经济各种比例关系的变化。因此，通过对旅游经济结构量的分析，可以把握旅游经济结构在旅游经济发展规模和速度方面的适应性。旅游经济结构质的变化主要表现在旅游经济的效益和水平上，并通过各种量的指标反映出来，但总的情况是表现为旅游业的综合发展水平和经济效益的不断提高。

（四）旅游经济结构的关联性

旅游经济结构与其他产业或部门经济结构的最大差别就在于关联效应较强。从旅游业食、住、行、游、购、娱六大要素看，任何一个要素的有效供给都离不开其他相关要素的配合；从旅游产业中的旅行社、旅游饭店、旅游交通、旅游景点、旅游购物等行业看，任何一个行业的发展都必须以其他行业的发展为条件，都离不开其他行业的密切配合。因此，旅游经济结构较强的关联性，是组成旅游经济结构的各行业、各要素的协调发展，并成为旅游经济结构协调的重要内容，其中任何一方面的发展薄弱或不协调，都会影响到旅游经济产业整体发展的规模、效益和水平。

三、旅游经济结构的影响因素

旅游经济结构的典型特征，决定了影响旅游经济结构的因素也是十分复杂的，既有自然因素又有社会因素，既有客观因素又有主观因素。通常，对旅游经济结构的影响因素主要有以下几个方面。

（一）旅游资源因素

旅游资源对旅游经济结构的影响是至关重要的。传统观点认为，旅游资源主要是自然旅游资源和人文旅游资源；而现代观点认为，旅游资源还应包括人才、信息、智力、资金等。旅游资源是旅游业赖以生存和发展的物质基础，其所具有的数量和质量不仅决定着旅游业的发展规模及水平，而且决定着旅游经济结构的功能和属性。因此，正确认识和分析旅游资源的品位、特点、类型及规模，是实现旅游经济结构合理化的重要要求之一。分析旅游资源对旅游经济结构的决定和影响作用，通常应重点考虑以下几个方面：

1. 自然和人文旅游资源的状况

自然和人文旅游资源是旅游业发展的基础，一个国家所拥有的自然旅游资源和人文旅游资源的状况、规模、品位及特点，直接决定着该国家旅游业发展的规模和水平。因此，必须首先分析自然和人文旅游资源的状况、规模、品位及特点，掌握它们的特色和比较优势，才能开发出具有特色和优势的旅游产品，形成具有鲜明特点的旅游目的地，不断提高对旅游者的吸引力，增强在旅游市场上的竞争力。

2. 资金和劳动力资源的状况

旅游业是一个高投入、高产出的经济产业，必须投入大量的资金进行旅游产品的开发和建设；同时，旅游业又是以服务为主的行业，劳动力素质的高低直接影响着服务水平的高低。因此，在分析旅游资源因素对经济结构影响的基础上，还必须分析资金和劳动力的状况，既要分析资金和劳动力拥有的数量对旅游经济结构的作用，还要分析劳动力质量对旅游经济结构的影响，以不断提高对资金、劳动力资源要素的投入。

3. 智力和信息资源的状况

旅游是一种满足人们身心需求的高层次活动，因而智力资源的开发不仅能更广泛地利用自然与人文旅游资源，还能创造出新的资源，组合成颇具吸引力的旅游产品。智力资源的开发越好，则旅游产品的形象就越好，吸引力就更大。而要有效地开发智力资源，就离不开充分的信息资源，特别是在瞬息万变的国际旅游市场，及时、准确地掌握市场信息及相关信息，不仅对形成合理的旅游经济结构具有重要的影响作用，而且对旅游经济的良性循环发展也是非常重要的。

(二) 旅游市场因素

市场经济作为社会经济运行方式和社会资源配置机制，要求一切经济活动都必须以市场为轴心，按照市场经济规律对社会经济活动进行调节和控制。现代旅游经济是一种以市场为导向的外向型经济，因而其整个经济运行都必须围绕市场来进行。

从旅游需求角度看，旅游者的需求是决定和影响旅游经济结构的关键因素。因为一个国家或地区旅游业发展的规模和水平，主要表现在其对旅游客源市场的拥有数量和水平。而旅游客源地的数量，旅游客源地的社会经济发展水平，旅游客源地的出游人数等，又决定着旅游目的地国家或地区的旅游经济结构及旅游业的发展速度和规模。

从旅游供给的角度看，一个地区旅游市场的大小还取决于其旅游产品的供给及旅游服务水平，它不仅决定着该地区旅游市场接待规模的大小，还决定着旅游市场的开拓发展水平及旅游经济效益的提高。旅游供给规模和水平通常是受旅游开发和投资结构的决定和影响，因此必须根据旅游市场需求变化趋势，有效地增加资金的投入，科学地进行旅游资源的开发，形成合理的旅游产品供给规模和旅游产业结构与区域结构，进而有效地促进旅游经济结构的合理化。

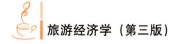

（三）科技进步因素

科学技术是第一生产力，科技进步不仅是现代经济发展的主要动力，也是影响旅游经济发展的重要因素。特别是对于现代旅游经济来讲，科技进步因素对旅游经济结构的作用越来越重要，并从以下方面表现出来：

1. 科技进步促进人们旅游需求结构的变化

现代科学技术的发展对人们的生活方式产生重要的影响，引起人们消费结构的变化，而人们消费结构的变化又促进旅游需求结构的变化，进而引起旅游产品结构和投资结构的变化，从而增强了对旅游经济结构变动的影响力，促使旅游经济结构在科技进步的基础上实现质的飞跃。民用航空、高速列车等旅游交通技术的发展，主题公园、康体度假和现代娱乐设施的发展，都充分体现了旅游业如何有效地利用现代科学技术，最大限度地满足旅游者的旅游需求。

2. 科技进步直接影响着旅游经济结构的变动

现代科学技术的进步与发展，改变了对旅游资源开发和利用的具体方式，提高了旅游资源的利用效果和水平；促进了旅游交通和通信手段的发展，为旅游活动的有效进行提供先进的工具和手段；加快了旅游设施的建设和发展，丰富了旅游活动的内容，改善了旅游服务的质量；直接产生了以现代科技为基础的旅游产品，从而直接对旅游经济结构发生影响作用，不断提高旅游业的经济效益和社会效益。

3. 科技进步提高了组织管理的能力和水平

科技进步对旅游业的经营和管理等"软"技术方面产生着积极的促进作用，促进现代旅游经济管理的科学化和现代化；科学进步加快了现代信息技术、高新技术在旅游业应用中的步伐，提高了现代旅游经济的科学内涵。特别是在我国建立社会主义市场经济的过程中，在各种旅游"硬"技术逐渐完善的条件下，旅游经营管理和信息技术等"软"技术的广泛应用，将在旅游经济结构的合理化和高度化中发挥着十分重要的作用。

 阅读资料 9-1

河南：科技＋文化让旅游更"奇妙"

如今，5G、AR、VR等多种科技手段广泛应用于演艺、文物资源活化利用、沉浸式游览、智慧景区等领域，数智文旅的全新体验日益丰富。文物大省河南近期在这方面进行了诸多尝试，好评连连。

新郑《黄帝千古情》、登封《禅宗少林·音乐大典》、清明上河园《大宋·东京梦华》……近年来，河南旅游演艺类景区不断崛起，"文化＋科技＋旅游"深度融合的沉浸式旅游体验风头正劲。在河南中牟，建业集团打造了全景式戏剧群落《只有河南·戏剧幻城》。作为一部以中原文化为题材的作品，项目通过现代高科技和智能化手段，以及承载文化记忆的地标和炫酷的声光电技术，沉浸式演出营造了满目成影、随地成像、处处皆景的效果。

"只有河南"项目相关负责人表示，打造一座文化和哲学相交融的时空幻城，需要非同一般的全景式、全沉浸体验，只有坚定秉承"文化＋科技"融合发展战略，进一步提高游客的体验感和满意度，旅游演艺才能生动鲜活、有魅力。

资料来源：丁来，郁晴. 河南：科技＋文化让旅游更"奇妙". 中国旅游报，2021－10－19.

（四）社会经济因素

一个国家或地区社会经济发展水平及其为旅游业发展所提供的有利条件或限制因素，直接影响该地区旅游经济结构的变化以及旅游经济的可持续发展。通常，发达的经济条件更容易为旅游业提供各种基础设施、交通运输手段及财力资源，并且往往具有较高的旅游服务和管理水平，旅游经济结构也较为成熟合理，从而增强旅游目的地的吸引力和市场竞争力，促进旅游经济效益和社会效益的提高。

我国东部沿海地区经济比较发达，旅游经济也比较发达，是我国接待海外旅游者的重要地区，其旅游经济结构也与国际旅游接待相适应。因此，旅游经济结构要充分适应不同地区经济社会的发展水平，当然也可适度超前发展旅游业，通过旅游业带动地方经济发展。因此，不同地区可根据经济发展水平和经济发展需要，合理地进行旅游经济结构的调整，实现整个旅游经济与社会经济发展的和谐统一。

（五）政策和法律因素

经济政策和法律、法规是政府部门的重要调控手段之一。运用经济政策和法律、法规，不仅能加快旅游资源的优化配置，促进旅游经济在数量扩张、结构转换和水平提高方面协调发展，实现旅游经济的良性循环；而且有利于促进旅游经济结构的合理化，减少地区间经济差异，实现总体效率与空间平等的统一。尤其旅游业是以市场为导向的经济产业，如果没有国家从政策和法律、法规等方面给予宏观的指导和调控，旅游业不仅不能快速地发展，而且也不可能得到健康的发展。

从政策方面看，国家对旅游产业的重视和相应的经济政策和规定，不仅对旅游经济的发展具有重要的促进作用，同时也对旅游经济结构的变动及发展具有影响和调控作用。特别是目前国家按照经济发展与经济结构演进规律所制定的一系列政策，对大力发展旅游业，推进旅游经济结构的合理化等，都具有十分重要的影响和促进作用。

从法律方面看，按照旅游经济总体发展的需要，制定有利于旅游经济结构合理化的法律法规，促进旅游经济结构按照市场经济的要求，进行合理的调整；同时根据已有的法律法规要求，合理地进行旅游产业的组织和旅游区域的布局，有利于促进旅游经济持续快速地发展。

第二节　旅游经济结构的内容

一、旅游产业结构

旅游产业结构，是指以食、住、行、游、购、娱为核心的旅游业内部各行业间的生产、技术、经济联系和数量比例关系，也就是旅游产业内部的行业（或部门）结构。由于旅游经济具有综合性的特点，从而决定了旅游产业结构具有多元化的性质。一般讲，旅游业主要包括旅游交通、旅游饭店和旅行社，它们被誉为"旅游业的三大支柱"。但是，从旅游业的六大要素看，旅游产业还应包括旅游娱乐业、旅游商品业、旅游景区（点）业等。从更广泛的角度看，旅游产业还应包括旅游教育培训部门、旅游研究和设计规划部门等。只有从大旅游观的角度来认识旅游产业结构，才能提高对旅游经济重要性的认识，从而确立旅游业在国民经济中应有的地位。

（一）旅游产业结构的组成

1. 旅行社业

旅行社是依法成立，专门从事招徕、接待国内外旅游者，组织旅游活动，收取一定费用佣金，实行自负盈亏，独立核算的旅游企业。旅行社作为旅游业的中介，不仅是旅游线路等产品的设计、组合者，同时也是旅游产品的营销者，在旅游经济活动中发挥着极为重要的作用。因此，旅行社发展的规模、经营水平及其在旅游产业结构中的比重，直接对旅游经济结构和发展产生着重要的影响作用。

2. 旅游饭店业

旅游饭店业是为旅游者提供食宿的基地，也是一个国家或地区发展旅游业必不可少的物质基础。旅游饭店数量、饭店客房数和床位数量的多少标志着旅游接待能力的大小；而旅游饭店的管理水平高低、服务质量好坏、卫生状况及环境的优劣，则反映了旅游业的综合服务水准。因此，对于任何国家或地区而言，没有发达的、高水平的旅游饭店业，就不可能有发达的旅游业，而旅游饭店的发展规模和结构同样对旅游经济结构和发展产生着重要的影响作用。

3. 旅游交通业

旅游业离不开交通运输业，没有发达的交通运输业就没有发达的旅游业。旅游交通作为社会客运体系的重要组成部分，不仅满足旅游产业发展的要求，同时又促进社会交通运输的发展。特别是旅游交通运输要满足旅游者安全、方便、快捷、舒适等方面的需求，就要求旅游交通不仅具有一般交通运输的功能，还要具有满足旅游需求的功能，从而要求在交通工具、运输方式、服务特点等方面都形成旅游交通运输业的特色。

4. 旅游景区（点）业

旅游景区（点）业，是指对各种自然旅游资源与人文旅游资源进行开发而形成的旅游吸引物，包括各类旅游景区（点）及各种旅游活动等。具有吸引力的旅游资源是构成旅游景观业的核心内容，也是形成旅游产品的重要内容。因此，必须从整体上把旅游景区（点）业作为旅游产业结构的重要组成部分，通过统一的规划和开发建设，加强统一的宏观协调和管理，使旅游景区（点）业的建设发展与其他部门相协调，形成合理的旅游产业结构，才能促进旅游经济的发展。

5. 旅游娱乐业

旅游是一种以休闲为主的观光、度假及娱乐活动，因而丰富的旅游娱乐不仅是旅游活动中的重要组成部分，也是增强旅游目的地吸引力，提高旅游经济效益的重要手段。随着科技的进步和发展，旅游娱乐业成为丰富旅游产品内涵，增强旅游产品吸引力的重要内容，使旅游娱乐业在旅游产业结构中的地位日益上升，其促进旅游经济发展的作用也在不断加强。

6. 旅游购物业

旅游购物是旅游活动的重要内容之一，也是在旅游接待规模既定情况下，提高旅游经济综合效益的重要手段。随着现代旅游经济的发展，各种旅游工艺品、纪念品、日用消费品的生产和销售正不断发展，形成了商业、轻工、旅游相结合的产销系统和大量的旅游商品网点，不仅促进了旅游经济的发展，也相应带动了地方民族工业、土特产品轻工业、传统手工业的发展，从而促进了地方社会经济的繁荣。

但是，随着旅游业发展和旅游经济细分，新的旅游产业组成正逐渐发展和成长，如旅游电子商务业、旅游托管业、旅游智业正逐步发展成为旅游产业的重要组成部分。

（二）旅游产业结构的演进规律

旅游六个行业根据其满足旅游者物质与精神消费的程度，可以将其划分为三个层次：基础层次产业，包括旅游餐饮业、旅游住宿业、旅游交通业，主要满足旅游者物质层面的消费需求；核心层次产业，包括游览业和娱乐业两个部分，主要满足旅游者精神层面的消费需求；中间层次产业，主要指旅游购物业，同时满足旅游者精神和物质层面消费需求。

在我国旅游业高速发展的初期阶段，各个层次产业规模在绝对数量上会不断增加。但是，各层次产业之间比重的变化不尽相同（张立生，2005）：随着旅游业的高速发展，核心层次产业的比重会呈现出较快的上升趋势，基础层次产业的比重则会迅速降低，而中间层次产业会出现稳定增长的局面。

按照上述规律演变，旅游产业结构势必会出现以下三种模式（张立生，2005）：初级模式，三层次产业结构呈现出金字塔状；中级模式，三层次产业比重大体相当，旅游三层次产业结构呈现柱状；成熟模式，三层次产业结构呈现出倒金字塔状。分别以字母B、M、K表示基础层次产业、中间层次产业和核心层次产业，旅游产业结构变化的模式如图9-1所示。

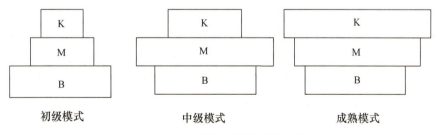

| 初级模式 | 中级模式 | 成熟模式 |

图9-1 旅游产业结构演进模式

在图9-1中，从横的方向来看，各层次产业的矩形不断变大，表示各层次产业的绝对量都在增加；从纵的方向来看，各层次产业的大小比例关系又表示其相对比重的变化。

二、旅游产品结构

旅游产品结构指旅游产品的构成及各部分之间的结构比例关系，它包括不同行业所提供的旅游产品之间的结构比例关系和同行业所提供的旅游产品之间的结构比例关系。

各种旅游产品之间在规模、数量、类型、层次等各种指标的比例方面应形成一种协调的组合关系。不仅各种旅游产品之间要保持合理的数量比例关系，同种旅游产品不同消费层次类型之间也要保持合理的数量比例关系，形成合理的旅游产品体系。旅游产品结构的内容如下：

（一）旅游产品消费结构

旅游产品消费结构，是指旅游者在旅游过程中所消费各种类型的旅游产品及相关消费资料的比例关系，以及旅游者的不同消费层次及水平的比例关系。不同旅游产品及其要素的消费类型主要包括食、住、行、游、购、娱等方面的消费；而不同消费层次及水平的消费类型则主要包括高档消费、中档消费、低档消费或舒适型消费、经济型消费等。

（二）旅游产品要素结构

旅游产品是一种综合性产品，包括食、住、行、游、购、娱等多种要素。因此要从结构上入手，研究旅游景观、旅游设施、旅游服务以及旅游购物品等各自的发展规模、数量、水平及比例状况，从而把握住各种要素的特点及供给能力，为开发旅游产品奠定基础。研究旅游产品要素结构，还要研究各种要素的组合状况，即以旅游景观为基础的各种自然风景和人文风情资源的有机组合，各种旅游设施和旅游服务的配备比例，各种旅游活动的合理安排等，从而组合成综合性的旅游产品，更好地满足旅游者的消费需要。

（三）旅游产品组合结构

旅游产品组合，是按照一定的旅游需求和旅游供给条件，把各种单项旅游产品有机组合起来，形成一定区域内旅游活动的消费行为层次结构。因此，从旅游产品组合结构入手，研究各种旅游线路的设计与单项旅游产品的有机组合，把各个区域旅游产品和专项旅游（如会议、探险、考察、体育等）有机结合起来，向旅游者提供具有吸引力的综合性旅游产品，就成为旅游产品组合结构研究的重要内容。

三、旅游地区结构

旅游地区结构是指在一定范围内旅游业各要素的空间组合关系，即从地域角度所反映的旅游市场、旅游区的形成、数量、规模及相互联系和比例关系，或简称旅游业的生产力布局。一个国家的经济发展及产业布局总是离不开一定的地域空间。只有对各个产业和企业在地域空间上进行合理的配置和布局，才能实现生产力的合理组织，最终实现经济的效率目标与空间平等目标的和谐统一。

（一）旅游地区结构的内容

旅游地区结构一般包括旅游要素地区结构、旅游投资地区结构、旅游资源地区结构和综合旅游经济地区结构。

旅游要素地区结构包括旅行社地区结构、旅游饭店地区结构，反映了旅游者的分布及其变化特征，它对各旅游供给因素特别是旅行社、旅游饭店、旅游交通的合理布局具有很大的引导作用。

旅游投资地区结构是指资金在各个旅游地区的流动及分布关系，它取决于不同地区经济的发展速度、资源特征、经济政策等地区特点，旅游投资必须以有限的资金取得较高的综合经济效益，因而提高资金利用率对旅游投资地区结构具有重要的意义。

旅游资源地区结构是以旅游资源的自然属性为主得出的旅游资源空间分布状况及特色，它是以自然资源本身的性质、特点、数量、质量为依据划分的，是综合旅游经济地区结构的基础。

把上述各种要素结合起来，就形成了综合旅游经济地区结构，也就是整个旅游经济的空间分布格局。根据各地区旅游经济综合特征的相似性与差异性程度，即可将整个地区分成若干个旅游经济区，每个经济区内可进一步划分出不同的旅游经济区。

研究旅游地区结构，合理布局生产力，不仅对充分发挥各地旅游资源优势，促进旅游经济的协调发展具有十分重要的意义，而且对制定合理的地区旅游经济发展战略和旅游产业地区政策也具有重要的意义。

（二）影响旅游地区结构的因素

1. 资源因素

旅游资源是发展旅游业的前提，资源的丰富程度与品位高低决定着旅游的发展和布局，进而决定着旅游投资的比重和开发的先后。一般来说，各国政府在进行旅游业布局时，首先考虑的是各地区的旅游资源状况，从中选择重点地区，优先进行投资开发。但是，在进行旅游业地区布局中，旅游资源虽是决策的重要依据，但不是唯一的条件。例如，我国一些内陆和边远地区具有丰富的旅游资源，然而在确定开发顺序和投资分配上，并未一开始便置于优先位置上。

2. 地理因素

地理因素对旅游布局具有重要意义。优越的地理位置往往对发展旅游业是有利的，在旅游布局中常常起着主要作用。例如，我国东部沿海地区，虽然旅游资源并不丰富，然而在海外有一定的知名度，尤其是在我国旅游业发展的初期阶段，其客源市场要比其他内陆地区广阔的多。

3. 交通因素

交通在旅游业发展中起着先导作用，发达而又便利的交通条件在旅游业布局中常常具有关键的意义。旅游业的发展首先是在交通枢纽地区，尤其是拥有国际口岸城市的地区。它们是旅游者的聚散地，因而也是旅游者集中的地区。随着具有丰富旅游资源的其他地区交通条件的改善，这些地区才逐渐对旅游者产生吸引力。例如，我国桂林市，随着机场的新建，到桂林的旅游者越来越多。

4. 社会经济因素

社会经济条件是发展旅游业的物质基础，对旅游业发展起着促进或制约作用。发达的经济条件能为旅游业发展提供所需的基础设施、交通运力和素质较高的人力资源，从而使旅游业经营的经济效益和社会效益也相应较高。因此，在旅游业的布局中，地区社会经济条件也是需要认真考虑的重要因素。

以上四个方面的因素对旅游地区布局的影响和作用是相互关联的，必须综合考虑。每一种因素虽对旅游业布局都会产生影响，但各因素的复合作用更为重要。并且，这些因素也不是一成不变的，而是随着经济的发展以及各方面条件的改善，它们对旅游地区布局的影响也在变化。

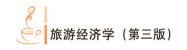

四、旅游经济所有制结构

旅游经济所有制结构是指不同所有制成分在旅游经济中所处的地位、作用及相互关系。随着改革开放的深入，国内旅游的发展，我国现阶段的旅游经济形成了以公有制为主体，多种经济成分并存的所有制结构。生产资料所有制状况是形成旅游所有制结构的基础，以公有制为主体的多种经济成分并存的所有制结构是社会主义初级阶段生产力发展水平决定的，也是相当一段时期内经济发展的客观要求。

从旅游企业所有制形式看，主要有以下几种形式：国有经济、集体经济、联营经济、股份制经济、外商投资经济、港澳台投资经济等形式。

五、旅游经济组织结构

旅游经济组织结构是指旅游业中的行业机构和旅游企业机构及其企业规模在旅游经济运行中的地位、作用和相互关系。旅游经济组织结构一般包括旅游行业组织结构、旅游企业规模结构和旅游企业内部组织结构。

（一）旅游行业组织机构

旅游行业组织机构泛指旅游业中的行业协会。为了提高旅游行业产品的质量，促进企业间的相互协调和保护本行业企业的利益，各国都成立了旅游行业组织。

（二）旅游企业规模结构

旅游企业规模结构是指大、中、小型旅游企业在旅游业的比例关系。大、中、小型旅游企业的存在既是客观条件决定的，也是旅游业发展所必需的。大型企业一般规模较大，投资多，设备也较全，接待的旅游者相应也多，可以发挥规模效益；中小型企业规模小，投资相对也少，价格一般偏低，经营较灵活，适合于大众旅游的需求。可见，大、中、小型旅游企业结构的形成是由旅游者的需求决定的。保持一个合理的旅游企业规模结构，不仅可以满足不同类型旅游者的需求，而且可以提高旅游业的经济和社会效益。

（三）旅游企业内部组织结构

旅游企业内部组织结构是指为适应经营和管理的要求，旅游企业内部的机构设置。由于旅游企业的性质不同、类型不同、规模不同和经营方式等不同，其内部的组织结构也会不同。例如：规模大的饭店下设部门较多，而规模小的饭店则相反。合理的旅游企业内部组织结构，有利于提高企业的经营管理水平，从而获得更大的经济效益。

第三节　旅游经济结构的优化

旅游经济结构优化，是指为保证旅游业持续稳定的发展，使旅游经济活动中各种因素或结构之间的各种数量、规模的比例方面形成一种动态协调和逐步提升，以有利于旅游经济顺利发展的过程。旅游经济的持续发展取决于旅游经济结构的优化，而旅游经济结构的优化不仅是旅游经济发展的战略目标，而且是旅游生产力体系的要求，是旅游经济实现良性循环发展的根本保证。

一、旅游经济结构优化的标志

旅游经济结构优化并不是一个抽象的概念，而是有具体的评价标准的。尽管由于各个国家在旅游经济发展水平，旅游经济结构形成的历史背景方面的不同，从而导致各国旅游经济结构优化的标准存在着差别，但旅游经济结构作为一种客观经济活动的实体，却有着普遍意义的优化标准，具体表现在以下几方面：

（一）旅游资源配置的有效性

在现实旅游经济中，旅游资源的稀缺性和旅游需要的无限性是客观存在的矛盾，因此旅游资源配置的有效性是衡量旅游经济结构优化的基本标志之一。通常，合理的旅游经济结构应能够充分、有效地利用旅游资源及人、财、物力要素；能够较好地利用国际分工的条件、发挥自身的比较优势，实现旅游资源要素的最佳配置；能够促进旅游资源的保护和适度开放，尽量保持旅游资源的有效使用和永续利用。

（二）旅游产品类型的多样性

由于人们旅游需求的千差万别、多种多样，决定了旅游产品类型的多样化发展。在旅游经济发展初期，大多数旅游产品是以观光旅游产品为主，但随着社会经济的发展和人们生活水平的提高，人们的旅游需求从观光旅游向休闲度假、康体娱乐、科考探险、商务会展等多方面发展，从而要求旅游产品必须向多样化发展，才能满足人们多样化的旅游需求。

（三）旅游产业结构的协调性

旅游经济结构优化的重要标志之一，就是旅游产业结构演进和内部构成的合理化和高度化，从而促进旅游产业结构的协调发展。因此，合理的旅游经济结构应能够使旅游业内部各产业、各部门保持合理的比例关系；能够相互配合、相互促进地协调发展；能够有效地促进旅游生产、流通、分配及消费的顺利进行；能够不断调整旅游供给和需求处于协调发展的状态，使旅游业的综合生产力不断提高，促进整个旅游经济动态协调地发展。

（四）旅游区域布局的合理性

任何旅游经济活动都必须在一定的空间范围内进行，因此旅游区域布局的合理性也是评价旅游经济结构优化的重要标志之一。通常，合理的旅游经济结构应遵循旅游经济发展的客观要求，形成包括旅游景点、旅游景区、旅游经济圈、旅游经济带在内的合理的旅游区域布局，才能树立整个旅游目的地的整体形象，提高国家或地区旅游经济的综合生产能力，提高整个旅游经济的综合效益。

（五）旅游科技应用的广泛性

现代旅游经济是一种依存性很强的经济，其不仅以相关经济产业的发展为基础，更是依赖现代科技的广泛应用。在旅游产业中的各个部门无一不利用现代科技来谋求健康发展，从旅游业的中介部门——旅行社，到旅游饭店、旅游交通、旅游娱乐、旅游购物、旅游景区景点等，都必须应用现代科技来提升竞争力；而旅游宣传促销、旅游教育、旅游规划与开发、旅游经营管理更离不开对现代信息技术和高新技术的应用。

（六）旅游经济发展的持续性

良好的生态环境是旅游经济可持续发展的前提和基础，也是旅游经济结构优化的重要标志。合理的旅游经济结构应能够促进生态环境的保护和改善，即随着旅游经济的发展，不仅保护自然旅游资源和人文旅游资源不受破坏，而且美化和改善生态环境，使旅游业发展与生态环境的保护有机融为一体，实现经济、资源和环境的良性循环，促进旅游经济的持续稳定发展，促进社会经济效益的不断提高，促使国家经济实力的不断增强。

二、旅游经济结构优化的原则

旅游经济结构的优化是在社会经济和旅游业发展的基础上通过不断调整逐步实现的，其基本原则有：

（一）旅游供给结构与市场需求结构相适应

在市场经济条件下，旅游产品的供给是以旅游者的需求为前提的，从而旅游供给的方向、品种、质量和结构要围绕旅游需求的方向、品种、质量和结构来建立和调整。由于旅游需求变动性大，而旅游供给的调整则需要一定的时间，因此二者之间必然存在矛盾，并且，这种矛盾将是长期的。旅游目的地国家或地区要使前者适应后者的要求，唯一的办法就是对各个时期的旅游市场进行深入的调查研究，把握各时期旅游需求的变动趋势，并据此调整其供给的内容和结构，使二者基本相适应。

（二）主导行业与关联行业相协调

旅游业是一个异质型的行业，主要由饭店业、旅行社业、交通运输业和旅游景区（点）组成。此外，与旅游业直接和间接相关的还有其他许多行业，它们分别向旅游者提供不同的产品和服务。在这些众多的行业中，起主导作用的是旅行社业，它在旅游经济活动中，担负着旅游产品生产、组织和销售的功能，它的作用贯穿于整个旅游活动的始终，它的发展水平决定了一系列其他相关行业的兴衰，影响着整个旅游业的发展水平。因此，在旅游经济结构的建立和调整过程中，应首先确立旅行社业的主导地位。同主导行业相对照，其他与旅游活动直接或间接相关的行业均属关联行业，它们提供的产品和服务对旅游者的消费来说是必需的，为旅游活动的进行提供了物质和精神保障，因而也是旅游经济结构网络中必要的组成部分。但是，它们提供的产品和服务要通过旅行社组合起来，才能形成旅游产品。所以，在使旅游经济结构合理化的过程中，要突出旅行社业的主导地位，同时也要加强关联行业与主导行业的协调以及各关联行业之间的协调。

（三）旅游经济结构同国家政策相一致

旅游是国民经济和区域经济的重要组成部分，旅游经济结构发展要与国家发展的大政方针和战略相一致，与国际旅游发展先进地区相接轨，以保证旅游经济发展的正确方向。

三、旅游经济结构优化的意义

旅游经济结构优化对旅游经济发展具有十分重要的意义，因为旅游经济的持续发展取决于旅游经济结构的优化，而旅游经济结构的优化不仅是旅游经济发展的战略目标，而且是旅游生产力体系形成的客观要求，是旅游经济实现良性循环发展的根本保证。

（一）旅游经济结构优化是旅游经济发展的战略目标

在传统的经济体制下，人们往往把经济发展的总量增长和速度作为经济发展目标，因而在讲到旅游经济发展战略目标时，也往往过分强调指标和增长速度，忽略了旅游经济结构和效益。事实上，经济总量的增减和发展速度的快慢不一定反映生产力水平的提高或降低，而经济结构的优劣则明显反映出生产力水平的升降和经济效益的好坏。因此，"速度型"的旅游经济增长未必带来经济效益的提高，相反引起投入量的增加和结构失衡，最终使整个旅游经济发展不协调；而"结构型"的旅游经济增长依赖于技术进步和结构优化，结构合理了，既有速度，又有效益，从而能实现旅游经济长期稳定协调地发展。

（二）旅游经济结构优化是旅游生产力体系形成的要求

生产力经济学认为："生产力是由相互联系、相互依存、相互制约的各种因素所构成的有机整体，各个因素必须质量适应，数量成比例，序列有秩序，才能形成合理生产力结构，才能有效地实现人与自然之间的物质变换过程。否则，就不能形成合理的结构，不能构成有效的生产能力。"旅游业是一个综合性的经济产业，旅游经济各部门、各要素的发展规模、速度和水平，如果不能相互适应，形成一定的数量比例和合理的序列结构，就不能形成旅游生产力体系，从而就不能发挥出应有的功能。因此，要促进旅游经济的发展，就必须形成有效的旅游生产力体系；而形成有效的旅游生产力体系，就必须努力实现旅游经济结构的合理化，推动旅游经济结构的高度化发展，进而不断提高旅游经济的生产力和效益。

（三）旅游经济结构优化是旅游经济良性发展的根本保证

旅游经济发展的良性循环通常表现为旅游经济各部门、各要素比例协调地平衡发展。如果比例不协调，经济发展大起大落，则是不良循环的反映。纵观改革开放以来我国旅游经济发展，在总体上呈现高速增长的情况下，也一度出现过大起大落的状况。虽然通过宏观调整的手段可以使旅游经济比例关系暂时协调，但随着旅游经济的继续增长，又会出现新的比例失调。因此，要解决旅游经济的平衡协调发展问题，还是要从旅游经济结构优化入手。只有从根本上实现了旅游经济结构的优化，才能使旅游经济发展实现速度适当、效益良好，最终进入持续、稳定增长的良性循环中。

（四）旅游经济结构优化是提高旅游经济综合效益的手段

旅游经济结构优化的根本目的是使旅游资源得到合理的开发利用，旅游供给体系趋于协调，并向高度化方向发展，从而充分有效地发挥旅游业的产业功能和经济优势，全面提高旅游经济的综合效益。旅游经济结构优化的目标和内容，包括旅游经济各种结构都必须处在合理化和高度化的发展状态，而且各种结构之间的相互作用、制约的关系必须有利于各种结构保持合理化发展的状态。

【本章小结】

1. 旅游经济结构不仅决定着旅游经济发展的宽度和深度，而且在一定程度上也影响着旅游经济的整体效益。旅游经济结构的合理化不仅是旅游经济活动发展的重要战略目标，而且是旅游生产力体系形成的客观要求，更是旅游经济实现良性循环发展的根本保证。

2. 旅游经济结构具有整体性、功能性、动态性、关联性等四大特点。旅游资源富裕度、旅游市场的动态性、科技的发展、相关的政策和法律条文的制定都在一定程度上影响着旅游经济结构的合理化。

3. 广义的旅游经济结构是指旅游经济系统各组成部分的比例关系及其相互联系、相互作用的形式。一般包括旅游产业结构、旅游产品结构、旅游地区结构、旅游经济所有制结构、旅游经济组织结构等。

4. 采取供需相等、主导产业与关联相配、与国际接轨的原则对旅游经济结构进行优化，从而达到旅游资源的合理配置、丰富旅游产品类型、协调旅游产业结构、强化旅游科技应用等优化结果。

【复习思考题】

1. 什么是旅游经济结构？它具有哪些特征？
2. 影响旅游经济结构的因素有哪些？
3. 旅游经济结构包括哪些内容？
4. 旅游经济结构优化应遵循哪些原则？

传统旅行社面临生死大考

近日，一条消息让不少广州人心头一紧，广东知名旅游企业××国旅位于广州某路的总部突然开始清场，大量办公用品被搬离大楼，怀疑该旅行社濒临倒闭。××国旅在8月21日给出的回应称，因出境游暂停，决定减少办公面积，优化办公场所，将客户服务中心迁至"××国旅城"。

但这一回应没能缓解一群人心中的焦虑，他们当中既有旅行社的客人，也有该国旅的员工。自疫情发生以来，就有众多市民投诉该国旅一直拖欠退团费不予退还，此外，该旅行社多名导游和前员工告诉《南方日报》记者，企业还存在着欠薪、欠垫支款、欠社保费等多方面的问题。公开资料显示，成立于1999年的××国旅，分社遍布全国各地，仅在广东省的营业网点就超过120间，其旗下品牌"西部假期"是广东市场上最早专注于西部地区并运营最成功的旅游品牌。

何以至此？

因疫情退款遭遇一拖再拖。为何客人的退费进程会一拖再拖？××国旅国内游负责人回应称，公司每天能处理的退款额度有限，但是一直在处理。跨省游恢复之后，预计退款流程会比之前更快，国内游部分的退款，争取在今年年底处理完毕。

行业面临内外双重考验。景区建设曾是××国旅的最大投资支出，据业内人士介绍，2015年至2016年，××国旅参与了一些景区建设，部分项目赚到一大笔利润，这让其在景区方面开始加大投入，同时快速扩张线下门店，并大量投放广告。"问题在于景区和门店的投入都是重资产运营，而用于拓展的资金可能来自经营的现金流，一旦投资失利或某一环节出现问题，就容易导致资金链断裂，疫情只是当中的导火索。"该业内人士分析指出。与此同时，在移动支付的全面覆盖下，国内在线旅游渗透率逐年上升，线下门店大举扩张，进一步挤压了传统旅行社的经营空间。

转型之路应有长远规划。多重挑战下，转型或成传统旅行社的唯一出路。旅行社转型之前首先要对行业发展趋势有清晰的研判，谋定而动；其次，不能有路径依赖，对于不符合市场趋势的业务模式和商业模型要及时放弃，抄近道赚快钱注定会导致失败；最后，轻资产的旅行社本来就经不起折腾，新业务要量力而行，做好风险管理。

资料来源：郑洁琳. 传统旅行社面临生死大考. 南方日报，2021-08-27.

案例思考：

传统旅行社如何实现转型升级？

第十章

旅游业组织

导　言

本章学习目标： 通过本章的学习，了解旅游业组织的概念、分类，以及世界主要的旅游组织。

本章难点： 旅游业组织的类型和作用

关键术语： 旅游组织类型；世界旅游组织；中国旅游组织

导入案例

世界旅游组织世界美食旅游论坛将举办

据联合国世界旅游组织官网消息，第六届世界旅游组织世界美食旅游论坛将于2021年10月31日至11月2日在比利时布鲁日举办。论坛以"美食旅游：促进乡村旅游与区域发展"为主题，将关注美食旅游对社会和经济一体化的贡献，以及美食旅游在创造就业机会、提升区域凝聚力、可持续发展等领域中未被开发的潜力。本次论坛将采用线上线下相结合的方式，致力于推动旅游部门创新工作，为旅游美食领域专家提供分享与交流的平台，并将美食与旅游作为经济复苏计划的重点。

联合国世界旅游组织秘书长祖拉布·波洛利卡什维利表示，现在是重塑食品与旅游行业未来的最佳时机，美食将继续发挥它在世界范围内促进旅游目的地多样化与促进当地经济发展的作用，并帮助农村地区做好传统文化的保护和传承。据悉，世界美食旅游论坛由联合国世界旅游组织与巴斯克烹饪中心联合举办，旨在推动旅游与美食行业专家的互相交流、先进工作经验推广，助力美食旅游成为可持续发展的推动力。

资料来源：杨丽敏. 世界旅游组织世界美食旅游论坛将举办. 中国旅游新闻网，2021-10-24.

为了适应旅游业的发展，保证旅游业与国民经济部门的均衡协调以及旅游行业自身的规范管理、质量控制和规模经营，以及加强行业之间的协作，各级各类旅游管理机构与旅游业组织应运而生。

旅游业组织是指在旅游发展过程中为加强行业间的沟通与协作、促进行业的发展而形成的具有宏观性、政策性和战略性的旅游业机构。作为这样一个行业，这些组织以直接或间接的方式参与满足国内和外国游客的需要，或者被利用来促进旅游业，即被利用来在全国水平上或者在旅游地区和地点的水平上协调各个行业和主体的活动。

第一节　旅游业组织的类型及职能

在旅游业发展过程中形成的旅游业组织种类很多，按照不同的分类标准有不同的组织类型：以旅游组织的职能范围为划分标准，将其分为国际性旅游组织、国家级旅游组织和地方性旅游组织。以旅游组织的职能性质为划分标准，将其分为旅游行政组织和旅游行业组织。本书主要是从旅游组织的职能性质来对旅游组织的类型进行阐述的。

一、旅游行政组织

旅游行政组织是一个国家对旅游业进行管理的载体。旅游行政组织通常有两个层次，即国家旅游行政管理机构和地方旅游行政管理机构。国家旅游行政管理机构代表国家对全国旅游业实施管理；地方旅游行政管理机构代表地方政府（包括各省、市、县等）对当地旅游业进行管理。

旅游行政组织在不同的国家之间存在一定的差异。如，根据旅游业在国民经济中的地位和作用的不同，国家行政管理机构的级别和层次有所不同，有的国家设立旅游部，有的国家设立国家旅游局，有的国家将旅游与其他部门如交通、文化等共同设立一个管理机构，还有的国家考虑到旅游业的综合性特点，设立旅游协调委员会。

（一）旅游行政组织机构的模式

从世界范围来看，当前旅游行政组织的设立模式通常有以下几种：

1. 旅游局模式

这种模式特点是单一行使旅游管理职能，直属于内阁或国务院，规格通常低于部级，如泰国的旅游行政管理采用这种模式。

2. 旅游部模式

这种模式有两个基本特点：一是管理职能单一，只负责旅游；二是机构为部级规格。目前，全世界有20多个国家设立了旅游部。采用这种模式的国家多为发展中国家，主要原因是发展中国家对旅游创汇的期望很高，而旅游业具有较强的创汇能力和综合性特点，要实现这一目的，发展旅游业必须借助强有力的政府行政管理机构，实现其管理职能和超前的发展战略。

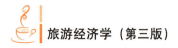

3. 混合职能模式

在这一模式下，旅游管理部门并非单独设立，而是与一个或几个相关部门联合在一起。如旅游与交通共同组成一个部或在交通部下设旅游局；工业、商业、贸易部门下设旅游部门；文化娱乐部门与旅游部门构成一个部；综合经济部门下设旅游部等。混合职能模式为世界多数国家所采用，特别是西方发达国家大都采用这一模式，目前我国的旅游行政管理也采用这一模式，主要原因是这一模式能够较好地适应旅游业综合性强的特点，有利于实现旅游部门与主要相关部门之间的有效配合和协调。

4. 旅游委员会模式

旅游委员会模式比较适应旅游业综合性的特点，对旅游业的发展能够起到很好的协调作用。因此，在很多国家属于协调部门，而非权力机构。以旅游委员会作为国家最高旅游行政机构的模式只为少数东欧国家所采用。

（二）旅游行政组织的职能

旅游行政组织机构的地位和职能如何确定，并没有一个固定的模式，各国的情况不同，因而组织形式也不一样。它的作用大小，也要根据该国旅游业的发展和政府对旅游业的干预情况而定。如处于旅游业发展初期，或准备高速发展旅游业的国家，政府对旅游业的发展起决定性作用，全国旅游行政组织则作为一个政府部门而存在；在旅游业比较发达，私人企业非常活跃的国家或地区，具有独立法人地位的半自发性质的旅游行业组织，更适合于行使全国性旅游组织的职能。但不管旅游行政组织的性质和形式存在多大区别，它们作为旅游业发展的管理机构，大多具有如下职能：

1. 制定旅游业的发展规划

确定旅游业在国民经济发展中的地位；制定旅游发展的长期规划，编制中短期发展计划；监督和协调旅游资源的开发等。

2. 制定旅游政策法规并组织实施

如拟定发展旅游业的方针、政策、规章和制度，起草有关旅游法规，协调各部门的利益和关系等。

3. 对旅游业实行全面管理

如运用行政职权，控制旅游业的发展规模；调节价格，控制客源流量；制定标准，保持旅游的服务质量等。

4. 宣传推销旅游产品

对外设立旅游办事处，为国家或地区促进旅游业进行广告宣传，举办展览会，参加国际旅游博览会，推销旅游产品等。

5. 调查研究和统计分析旅游业的供求情况

统计游客的流量和流向，收集客房出租率数据，分析游客的兴趣、爱好及消费结构，预测旅游市场动向，帮助制定营销策略等。

6. 人员培训和职业教育

研究人力需求，编制人才培训标准和大纲，直接投资或资助开办培训机构或院校等。

二、旅游行业组织机构类型

旅游行业组织是指为强化各行业间及旅游行业内部的沟通与协作，提高行业声誉，促进旅游行业及行业内部各单位的发展而形成的各类组织。一般是由旅游企业、团体或个人自愿组成的民间团体。

（一）旅游行业组织的分类

按照不同的划分标准，旅游行业组织可以有多种划分方案：

1. 按地域划分

旅游行业组织按地域分类，可分为全球性旅游行业组织、世界区域性旅游组织、全国性旅游组织和区域性组织等。

2. 按其会员企业构成划分

按旅游行业组织的会员企业构成分类，可分为旅游交通行业组织，如国际民用航空组织、国际铁路联盟、国家汽车协会联合会等；旅馆与餐饮业组织，如国际旅馆协会、世界一流饭店组织等；旅行社协会组织，如世界旅行社协会联合会、世界旅行社协会等。

3. 按成员对象属性划分

针对不同的旅游从业人员或者旅游者的属性不同，如妇女旅游组织国际联合会、国际青年旅游与交流会、国际旅游科学专家协会等。

4. 按相关专业性划分

侧重于旅游经营管理、培训或研究的专业性行业组织，如世界专业国际会议管理协会、世界旅游专业培训会、国际旅游学会、国际旅游研究会等。

（二）旅游行业组织的职能

（1）作为业务的代表，与政府机构或其他行业组织商谈有关事宜。

（2）加强成员间的信息交流沟通，通过出版刊物等手段，定期发布行业发展的有关统计分析资料。

（3）开展联合推销和市场开拓活动。

（4）组织专业研讨会，为行业成员开展培训班和专业咨询机构。

（5）制定成员共同遵守的经营标准、行规会约，并据此进行仲裁与调解。

（6）对行业的经营管理和发展问题进行调查研究，并采取相应措施加以解决。

（7）阻止行业内部的不合理竞争。

第二节　世界主要旅游组织

一、世界旅游组织

在今天的旅行与旅游领域，世界旅游组织（World Tourism Organization，WTO）可谓是得到世界公认的重要国际组织，它充当旅游发展的指南，是讨论旅游政策问题的国际论坛。它的成员来自 138 个国家和地区，拥有 350 个分支机构，它们分别代表政府、旅游协会、教育机构、石油公司、航空公司、酒店集团和旅游经营商。世界旅游组织的总部设在西班牙首都马德里，是一个受联合国委托的国际组织，其宗旨是促进和发展旅游事业，使之有利于经济发展、国际相互了解、和平与繁荣。它主要负责收集和分析旅游数据，定期向成员提供统计资料、研究报告，制定国际性旅游公约、宣言、规则、范本，研究全球旅游政策。它鼓励保护环境和目的地遗产，加强世界各国和地区的和平与相互理解。

世界旅游组织的前身是官方旅游宣传组织国际联合会（International Union of Official Tourist Publicity Organizations），1925 年成立于海牙，第二次世界大战后被重命名为官方旅游组织国际联合会（International Union of Official Tourism Organizations），简称 IUOTO，总部迁至日内瓦。后来，官方旅游组织国际联合会又被重新命名为世界旅游组织（World Tourism Organization），简称 WTO，并于 1975 年 5 月在马德里举行了第一次全体会议，次年初，应西班牙政府的邀请，在马德里设立了秘书处，西班牙政府为其总部建立了一座办公大楼。1976 年，世界旅游组织成为联合国开发计划署（UNDP）的执行机构，1977 年它与联合国正式签署合作协议。

1975 年 5 月，世界旅游组织承认中华人民共和国为中国唯一合法代表。1983 年 10 月 5 日，该组织第五次会议全体大会通过决议，接纳中国为该组织的正式成员，成为它的第 106 个正式会员。1987 年 9 月，在第七次全体大会上，中国首次当选为该组织执行委员会委员，并同时当选为统计委员会委员和亚太地区委员会副主席。1991 年，再次当选为该组织执委会委员。

WTO 极力主张取消或减少政府针对国际旅行所制定的限制措施，比如护照、签证等等，以此促进世界旅行的发展。它希望通过建立贸易自由化、为患有残疾的旅行者提供方便、制定安全措施和技术标准等方法努力提高旅游质量。它还利用有效的媒体改善各国政府的国际旅游关系，充当国际旅游信息的交流中心。

除此，WTO 还从事地区活动。WTO 的代表经常访问每个成员，同那里负责旅游工作的高级官员会晤，帮助他们分析问题并共同寻求解决问题的方法。

WTO 还参与地区促进项目。丝绸之路和奴隶之路是其中的两个项目，这两个项目是与联合国教科文组织（UNESCO）共同合作完成的。

WTO 的资金主要来源于各成员缴纳的会费。正式成员按其经济发展水平及旅游在各国经济中所占的比重每年缴纳定额会费。准会员每年要缴纳 2 万美元的固定会费，附属会员每年缴纳 1 700 美元会费。成员应付款占总预算的 90%，余下的 10% 主要来自联合国开发计划署的资助、各项投资、出版物和电子产品的销售等。

二、世界旅行与旅游理事会

世界旅行与旅游理事会（World Travel Tourism Council）简称 WTTC，是一个国际联合体，由 100 个高级管理官员组成，他们来自本行业的各个部门，这些部门包括酒店、餐饮、游览、娱乐、游乐、交通以及与旅行相关的其他服务部门。WTTC 成立于 1990 年，通过一个由 15 个成员组成的委员会主持工作，委员会每年开两次会，并在年度成员大会上作报告。理事会主席负责日常事务，还有一小部分工作人员分布在伦敦、布鲁塞尔和华盛顿。它是代表世界旅游和旅行业的各类私营企业的唯一载体。WTTC的宗旨是：提高对旅游和旅行业所造成的巨大经济影响——世界财富和就业的最大创造者的认知。WTTC鼓励政府通过接受理事会的政策框架来发展可持续性的旅游业和开发其潜力。

理事会在它的"千年展望"中再次提到它的目标：它将与各国政府齐心协力，把旅游作为战略性经济发展的首选，朝着开放与竞争的世界方向，坚持可持续发展，消除发展障碍，全面实现旅游的全面经济潜能和就业创造力。WTTC努力提高人们对旅游经济重要性的认识，它走在了其他组织的前头，在过去的十几年中成为业内的领袖组织。

WTTC进行了广泛的研究，确定了旅行与旅游的总体范围，肯定了旅游对世界、地区和各国经济所做的贡献。WTTC的报告《世界经济中旅行与旅游》是告诉我们旅行与旅游是世界上最大的行业，这份报告是传递信息的工具，它告诉我们旅行与旅游是世界上最大的行业，它的发展是其他行业无法比拟的，它将继续稳步发展，创造更多的就业机会，并会增加国内生产总值（GDP）。WTTC打算定期发表这份报告，强化它的理念。事实上，它正不断地增加旅行与旅游对经济影响报告的数量。在WTO的资助下，WTTC还在为建立一个国际标准卫星式财务系统设计提案。

三、国际民用航空组织

国际民用航空组织（International Civil Aviation Organization），简称ICAO，是一个由各国政府联合成立的组织，目的是共同促进世界民用航空的发展。该组织成立于1944年，其宗旨是"引导民用航空迈入21世纪"，它制定了一项发展战略，即要更加有效地处理民用航空领域不断出现的挑战，尤其是飞行安全方面的挑战。它的战略行动计划主要体现为8个主要目标，目的是进一步加强国际民用航空的安全和效率，这8个目标如下：

（1）谋求国际民航的安全与秩序。

（2）及时制定各种原则和规定，以适应不断变化的市场需要。

（3）制定新国际航空法，鼓励各国遵守现行法律，并以此作为加强控制国际民用航空的法律依据。

（4）确保地区航空计划的实施，为新航空系统的建立提供框架。

（5）随时对民用航空在安全和运行过程中所遇到的挑战做出反应。

（6）确保对国际航空运输经济调节方面的指导，并提供符合最新潮流且行之有效的信息。

（7）协助民用航空部门动员人力资源、技术资源和财政资源。

（8）确保组织的运行卓有成效，立竿见影。

四、欧洲旅游委员会

欧洲旅游委员会（European Travel Commission），简称ETC，成立于1948年，总部设在比利时的布鲁塞尔。它为28个欧洲国家的旅游组织（NTO）提供帮助，扮演着

"欧洲旅游局"的独特角色。它着眼于把几百万潜在的和现实的海外游客从主要的海外市场吸引到欧洲来，这一目标可以通过促销手段及行业宣传来实现。

除上述这些外，比较有名的与旅游相关的国际组织和协会还有：

世界旅行社协会，总部设在日内瓦；

世界旅行社协会联合会，总部设在摩纳哥；

国际旅行社委员会，总部设在伦敦；

国际旅游观光和郊游协会，总部设在维也纳；

国际旅游承办人协会，总部设在伦敦；

国际机场协会委员会，总部设在日内瓦；

国际饭店协会，总部设在巴黎；

国际旅游学术专家协会，总部设在日内瓦。

第三节　中国主要旅游组织

中国的旅游组织主要分为旅游行政组织、旅游行业组织和旅游教育与学术组织三大类。这里仅介绍前两类组织。

一、旅游行政组织

目前，我国旅游业实行的是政府主导型发展战略，各级旅游行政组织在负责管理旅游事务中扮演着重要的角色。按照级别，我国的旅游行政组织主要包括：

（一）中华人民共和国文化和旅游部

中华人民共和国文化和旅游部是国务院主管文化和旅游工作的直属机构，是我国文化和旅游最高行政主管机构。它对外代表我国的国家文化和旅游管理机构，对内负责统管我国的文化和旅游业。

我国在 1964 年建立中国旅游游览事业管理局，直属于国务院。1978 年以后，为了适应旅游的发展，我国开始对原有的旅游管理体制进行一系列改革。1980 年初，我国建立国家旅游局和各级地方旅游管理机构，形成独立的旅游管理系统，为旅游业的发展奠定了组织基础。1982 年 8 月，经全国人大批准"中国旅游游览事业管理局"更名为"中华人民共和国国家旅游局"。2018 年 3 月，《国务院机构改革方案》设立中华人民共和国文化和旅游部。

中华人民共和国文化和旅游部内设办公厅、政策法规司、人事司、财务司、艺术司、公共服务司、科技教育司、非物质文化遗产司、产业发展司、资源开发司、市场管理司、文化市场综合执法监督局、国际交流与合作局（港澳台办公室）、机关党委和离退休干部局等 15 个部门。另有文化和旅游部机关服务中心（机关服务局）、文化和旅游部信息中心、中国艺术研究院、国家图书馆、故宫博物院、中国国家博物馆、中央文化和旅游管理干部学院、中国文化传媒集团有限公司、国家京剧院、中国国家话剧院、中国歌剧舞剧院数十个直属单位。

（二）省、自治区和直辖市文化和旅游厅

我国各省、自治区和直辖市均设有文化和旅游厅，它们分别主管其所在省、自治区和直辖市的文化和旅游行政工作。这些旅游行政机构在组织上属地方政府部门编制，在业务工作上接受地方政府的领导、文化和旅游部的指导。

（三）省级以下的地方旅游行政机构

在省级以下的地方层次上，很多市、县也设立了文化和旅游相关的行政管理机构，负责其行政区域范围内的文化和旅游业及其相关的管理工作。

二、旅游行业组织

我国的旅游行业组织是在文化和旅游部的具体指导下，由有关社团组织和企事业单位在平等自愿的基础上组成的各种行业协会。就其性质而言，它们属非营利性的社会组织，具有独立的社团法人资格。

（一）中国旅游协会

中国旅游协会（China Tourism Association，CTA）是由中国旅游行业的有关社团组织和企事业单位在平等自愿基础上组成的全国综合性旅游行业协会，具有独立的社团法人资格。它是 1986 年 1 月 30 日经国务院批准正式宣布成立的第一个旅游全行业组织，1999 年 3 月 24 日经民政部核准重新登记，2016 年 12 月起独立运营。

中国旅游协会的宗旨是：遵照国家的宪法、法律、法规和有关政策，代表和维护全行业的共同利益和会员的合法权益，开展活动，为会员服务，为行业服务，为政府服务，在政府和会员之间发挥桥梁纽带作用，促进我国旅游业的持续、快速、健康发展。

主要职责：对旅游发展战略、旅游管理体制、国内外旅游市场的发展态势等进行调研，向国家旅游行政主管部门提出意见和建议；向业务主管部门反映会员的愿望和要求，向会员宣传政府的有关政策、法律、法规并协助贯彻执行；组织会员订立行规行约并监督遵守，维护旅游市场秩序；协助业务主管部门建立旅游信息网络，搞好质量管理工作，并接受委托，开展规划咨询、职工培训，组织技术交流，举办展览、抽样调查、安全检查，以及对旅游专业协会进行业务指导；开展对外交流与合作；编辑出版有关资料、刊物，传播旅游信息和研究成果；承办业务主管部门委托的其他工作。

（二）中国旅游饭店业协会

中国旅游饭店业协会（China Tourist Hotels Association，CTHA）成立于 1986 年 2 月 25 日，经中华人民共和国民政部登记注册，具有独立法人资格。它是中国境内的饭店和地方饭店协会、饭店管理公司、饭店用品供应厂商等相关单位，按照平等自愿的原则结成的全国性的行业协会。它于 1994 年正式加入国际饭店与餐馆协会（IH&RA），并进入其董事会，成为五位常务董事之一。

该协会的宗旨是：遵守国家法律法规，遵守社会道德风尚，代表中国旅游饭店业的共同利益，维护会员的合法权益，倡导诚信经营，引导行业自律，规范市场秩序。在主

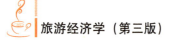

管单位的指导下，为会员服务，为行业服务，在政府与企业之间发挥桥梁和纽带作用，为促进中国旅游饭店业的健康发展做出积极贡献。

主要职责：通过对行业数据进行科学统计和分析；对行业发展现状和趋势做出判断和预测，引导和规范市场；组织饭店专业研讨、培训及考察；开展与海外相关协会的交流与合作；利用中国旅游饭店网和协会会刊《中国旅游饭店》向会员提供快捷资讯，为饭店提供专业咨询服务。自 2009 年 6 月起，中国旅游饭店业协会秘书处承担全国旅游星级饭店评定委员会办公室职能。

中国旅游饭店业协会会员聚集了全国饭店业中知名度高、影响力大、服务规范、信誉良好的星级饭店，国际著名饭店集团在内地管理的饭店基本上都已成为协会会员。目前，中国旅游饭店业协会共有会员 1 600 余家、理事 422 人、常务理事 179 人。

（三）中国旅游景区协会

中国旅游景区协会（China Tourist Attractions Association，CTAA），是由各类旅游景区及其相关企事业单位、社会团体在平等自愿基础上组成的全国旅游景区行业协会。协会是具有独立的社团法人资格的非营利性社会团体法人组织。协会凝聚了行业中知名度高、影响力大的 4A 和 5A 级旅游景区和在业内具有影响力、服务于旅游景区的上下游知名企业。协会接受文化和旅游部的领导、民政部的业务指导和监督管理。

该协会的宗旨：遵照国家的宪法、法律、法规和有关政策，代表和维护景区行业的共同利益和会员的合法权益，按照协会章程的有关规定，积极开展调查研究、沟通协调、业务交流、岗位职务培训和市场开拓等活动，积极推进行业自律，努力提高景区行业服务水平和核心竞争力，竭诚为会员服务，为行业服务，为政府服务，在政府和会员之间发挥桥梁纽带作用，促进我国旅游景区行业的持续、快速、健康发展。

主要职能：中国旅游景区协会遵照国家的宪法、法律、法规和有关政策，代表和维护景区行业的共同利益和会员的合法权益，按照协会章程的有关规定，积极开展调查研究、沟通协调、业务交流、岗位职务培训和市场开拓等活动，积极推进行业自律，努力提高景区行业服务水平和核心竞争力，竭诚为会员服务，为行业服务，为政府服务，在政府和会员之间发挥桥梁纽带作用，促进我国旅游景区行业的持续、快速、健康发展。

除上述几个行业组织外，我国还设有中国旅行社协会、中国旅游车船协会、中国旅游报刊学会、中国妇女旅游委员会、中国旅游文化学会等全国性旅游行业组织以及中国乡村旅游协会、中国旅游文学研究会等民间组织。

 阅读资料 10 - 1

2021"中国服务·旅游产品创意案例征集"启动

2021 年 4 月 28 日，中国旅游协会在北京举办"中国服务·旅游产品创意案例征集"启动仪式暨新闻发布会，2021 年案例征集启动。

中国旅游协会现场公布了案例征集的范围和条件：应为各类服务产品或相关旅游业态；内容包括传统旅游各要素，泛旅游新型业态（互联网、数字化及信息技术、生活方式类型产品等）的创意及品质提升；在旅游市场具有很高的知名度和品牌影响力；具备良好的旅游消费体验和借鉴推广价值；响应或创造了新的消费需求；具备一定的市场实践经验，获得良好的经济效益和社会效益，且具有可持续盈利能力或盈利前景。

据了解，"中国服务·旅游产品创意案例征集"于2018年首次在全国范围内推出，旨在配合质量强国战略，树立一批具有国际水准、本土特色、物超所值的产品标杆，让"中国服务"成为展示中国形象、弘扬中华文化的重要载体。

资料来源：赵腾泽. 2021"中国服务·旅游产品创意案例征集"启动. 中国旅游报，2021-04-29.

【本章小结】

1. 旅游业组织作为加强行业沟通与协作、促进发展的旅游业机构。其在旅游活动中发挥着以直接或间接手段满足游客需求的功能，同时还被用来协调旅游区的各个行业和主体活动。

2. 从旅游业组织的职能角度对旅游业组织可以划分为旅游行政组织机构和旅游行业组织机构。

3. 目前世界上有世界旅游组织、世界旅行与旅游理事会、太平洋亚洲旅行协会、欧洲旅游委员会等主要国际旅游组织。

4. 国内旅游组织包括以文化和旅游部、省级及以下旅游机构为代表的旅游行政组织，还包括以中国旅游协会、中国旅游景区协会、中国旅游饭店业协会为代表的旅游行业组织。

【复习思考题】

1. 旅游组织的基本职能包括哪些方面？
2. 你认为旅行对所选择的地区餐饮行业的发展有什么影响，为什么？
3. 你认为教育应当作为旅游组织的一个重要职能部门吗？
4. 世界旅游组织如何与成员和非成员交流？

全国旅游摄影协会联盟筹备成立

2020年6月20—22日，借"明月山全国旅游摄影大赛"启动活动之机，江西、山东、辽宁、陕西、浙江、福建、安徽、广东、广西、云南、新疆和天津等省市级旅游摄影协会的负责人，以及江西省地、市、县旅摄协列席代表齐聚江西宜春，共同参加了由江西省旅游摄影协会和山东省旅游摄影协会等省旅摄协联合发起的全国旅游摄影协会联盟筹备会。

近年来，随着大众旅游的兴起，摄影已成为人们新的旅游消费时尚，全国各地旅游摄影蓬勃发展，积极推动了摄影艺术的提高和形式的变化，也有效地促进了摄影旅游产业的发展，并为宣传旅游产品、推广旅游资源起了积极的作用。新成立的旅游摄影协会联盟将加强区域合作，增进互信互利，共同推动建立跨省域的旅游摄影平台，实现客源互送、资源共享，携手推动中国文化旅游事业和摄影艺术的发展和繁荣。

资料来源：张润，刘赟. 由江西、山东省旅游摄影协会等单位发起 全国旅游摄影协会联盟筹备成立 [J]. 旅游世界，2020（07）：128.

案例思考：

旅游业组织对促进行业的发展有什么影响？

第十一章

旅游经济运行与调控

导 言

本章学习目标：通过本章的学习，了解旅游经济运行的基本规律与特点，掌握旅游市场机制的构成与特征以及政府宏观经济调控的目标、内容和方法。

本章难点：旅游经济运行的基本规律；旅游市场机制；政府宏观调控的方法

关键术语：旅游经济运行；旅游市场机制；政府宏观调控

2022 年度全国旅行社统计调查报告

截至 2022 年 12 月 31 日，全国旅行社总数为 45 162 家（按 2022 年第四季度旅行社数量计算），比 2021 年增长 6.43%。2022 年度全国旅行社资产总计为 2 591.96 亿元，其中负债总计 2 109.91 亿元，所有者权益总计 482.05 亿元。全国旅行社从业人员 243 227 人。

2022 年度全国旅行社营业收入 1 601.56 亿元，营业成本 1 588.02 亿元，营业利润 —68.87 亿元，利润总额 —58.82 亿元，本年应交税金总额 12.73 亿元，旅游业务营业收入 887.85 亿元，旅游业务营业利润 —20.97 亿元。

资料来源：2022 年度全国旅行社统计调查报告. 中华人民共和国文化和旅游部官方网站，2023 - 04 - 28.

旅游经济活动是一种包括微观和宏观旅游经济的活动，它不仅涉及微观经济主体的经济行为和决策，还涉及整个宏观旅游经济的运行和调控。因此，在掌握微观旅游经济

活动的基础上，还必须对宏观旅游经济运行进行分析和研究，以把握整个宏观旅游经济运行的状况和特点，适时对旅游经济进行宏观调控。

第一节　旅游经济运行的规律

旅游经济运行，是指一个国家（地区）在一定时期内旅游总需求和旅游总供给的发展变化以及均衡运动的过程，其不仅反映了一定时期内旅游产品的生产、交换、分配和消费的总运动过程；而且反映了一定时期旅游经济活动（流量）的状况和特征，反映了特定时点上旅游经济成果（存量）的数量和特点。

由于旅游经济活动是商品生产和商品交换发展到一定高度的必然产物，在商品经济条件下，旅游经济活动的运行必然受到供求规律、价值规律等一系列规律的影响和支配。

另外，由于旅游经济活动的运行过程，实际上是以旅游产品为纽带连接起来的旅游供给与旅游需求之间的矛盾运动过程。无论是从旅游供给还是从旅游需求来看，其范围、规模的不断扩大，其经济功能的日益增强都离不开社会经济、技术发展的推动与支持。因此它必然要受到整个社会经济、技术的影响和制约。整个社会经济发展繁荣，比例协调，技术水平提高，旅游经济就能在比较宽松、协调的环境中运行，否则旅游经济运行就会出现不协调发展的现象。

受整个社会经济技术发展水平的影响和制约，旅游经济活动的运行规律可以从以下两个方面进行分析：

从需求方面看，受社会经济技术发展水平的影响和制约，旅游需求从范围和规模上来说呈现出由近到远、由单一到多样的发展规律。旅游经济活动离不开活动的主体，而作为主体的游客，其形成是需要一定客观条件的。无论是旅游动机，还是可自由支配收入、余暇时间及身体状况都是与社会经济技术发展密切相关的。早期的旅游经济活动是在生产力水平达到一定程度后，人们消费方式的一种自然转变。现代旅游经济活动的运行，由于旅行社介入其中，将游客与旅游经营者联系起来，使烦琐的旅游交换活动得到了简化，旅游经济的运行更加快捷、简便和经济。人们不仅在国内旅游，也有很强的出国旅游意向。这种由近到远、由国内到国外的自然过渡是建立在国民经济发展水平较高的基础上的，因而是比较平稳自然的，这种符合旅游经济活动发展规律的进程使国内旅游和国际旅游在相互促进中都获得发展，取得了良好的经济效益。

随着国际旅游经济活动的不断发展，旅游需求的国际性日益增强。尤其是科学技术的飞速发展及其在旅游业中的广泛应用，使旅游经济活动的地域范围更加广泛，几乎包括了人们能抵达的一切地方。一般来说，科学技术发展水平越高，旅游需求量就越大。不仅如此，科学技术在刺激旅游需求量增长的同时，也引发了一系列新的需求行为，如旅游需求的个性化、多样化及其多层次化等。这一系列变化都是经济发展，科技进步所带来的新的市场动态。认识这一规律，及时把握和调整经营战略和策略，才能更好地促进旅游经济活动的顺利发展。

从供给方面看，相对于旅游需求的综合性而言，旅游供给也具有很强的综合性。旅游供给的发展，不仅要凭借旅游资源的优势，更重要的是依托工业、农业、交通运输业及市政基础设施等多方面的发展，也就是以国民经济总体的相对发达或高度发达为依托的。在经济发展较落后的国家或地区，受其经济基础较为薄弱的制约，旅游发展所需投入较高，不仅要建设直接对客服务的设施设备，还要大量改善基础设施，方能形成良好的接待游客的供给系统。在社会经济技术发达的国家或地区，由于经济技术基础雄厚，旅游发展所依托的其他产业都已有了极大的发展，使得投资于旅游供给的力量能够集中于直接供给的部分，从而呈现出低投入高产出的投资效应。

旅游供给能力的大小，水平的高低是与一个国家的国民经济发展状况密切相关的。国家处于不同的经济发展阶段，其国民经济的整体实力及其结构的合理性是各不相同的，从而对旅游供给形成的影响是有差异的，但无论影响的差异多大，都必然遵循以上的规律。

第二节　旅游市场体系与机制

一、旅游市场体系的构成

旅游市场体系，是指旅游市场内部各种运行要素的有机组合体系，具体讲是指在市场经济条件下，构成旅游市场的需求体系、供给体系、产品体系和要素体系在时间和空间上有机结合的动态体系。旅游市场体系是一个系统性、动态性和发展性的概念，其随着现代旅游的发展而不断演进、变化和优化，因此必须正确把握旅游市场体系的内容和变化趋势。

(一) 旅游市场需求体系

旅游市场需求体系，主要指由旅游市场所决定的旅游需求类型和变化趋势。旅游者市场，是指产生或输出旅游者的国家或地区，也称为旅游客源国或地区。随着社会经济发展和人们生活水平不断改善和提高，旅游市场需求体系不断发展和完善，促进了旅游市场日益扩大和发展。从出游目的看，人们的旅游需求正从单一的观光旅游、文化旅游进一步扩展到度假旅游、商务旅游、特种旅游等综合性旅游；从消费水平看，人们的旅游消费正从经济型消费向中高档消费乃至豪华型消费发展；从组织形式看，旅游需求正从传统的单一的团队旅游形式，逐渐向以散客、团队和自助旅游相结合的多样性旅游市场发展。旅游需求体系的不断发展和完善，不仅促进了旅游市场的壮大和发展，也为旅游市场体系的完善奠定了前提和基础。

(二) 旅游市场供给体系

旅游市场供给体系，是指为满足日益扩大的旅游需求，而由旅游经营者市场所提供的全部旅游产品的总和。旅游经营者市场，是指在一定地域范围内向旅游者提供旅游产品的所有旅游企业的集合，其反映了某一国家或地区提供旅游产品的综合规模和水平。随着现代旅游经济的发展，旅游经营者市场也不断发展和完善，除了传统的旅行社、旅游饭店和旅游交通企业外，旅游景观企业、旅游餐饮企业、旅游娱乐企业、旅游商品企业等也迅速产生和发展，从而推动了旅游经营者市场的不断壮大和扩展，加快了旅游企业的集团化、规模化和连锁化发展，促进了旅游供给体系的丰富和完善，更好地满足了旅游市场上日益扩大的旅游需求，使旅游市场实现了动态平衡地发展。

（三）旅游市场产品体系

旅游产品，作为旅游市场上旅游者和旅游经营者交换的对象，即满足旅游者在旅游活动中所消费的各种物质产品和服务的总和，也随着现代旅游的发展而形成内容丰富、种类繁多的旅游产品体系。从传统的观光旅游产品、文化旅游产品到现代度假旅游产品和特种旅游产品，不仅旅游产品的种类不断增加，而且每一类旅游产品的内涵也在不断扩大。如观光旅游产品从原来的自然风光游览，进一步扩展到包括自然景观、文物古迹、民族风情、城市风光等在内的观光旅游产品；度假旅游产品从原来的温泉度假旅游，进一步扩展到包括温泉疗养、湖滨休闲、海滩度假、乡村旅游、野营度假等在内的度假旅游产品；尤其是以商务旅游、会展旅游、康体旅游、生态旅游为内容的特种旅游产品的发展，不仅使旅游产品的内容更加丰富多样，而且促使了旅游产品体系的进一步完善。

（四）旅游市场要素体系

旅游市场要素体系，既指形成旅游产品的资源、资金、技术和劳动力等生产要素体系，又指构成整体旅游产品的食、住、行、游、购、娱等服务要素体系。对于任何旅游市场来讲，要不断生产和提供旅游产品，离不开丰富的具有较强吸引力的旅游资源，离不开一定的开发建设资金的投入，必须具备大量的有较强业务技能和较高服务水平的旅游人才，以及应用现代科学技术的成果，因此旅游资源、资金、技术和劳动力等构成了旅游市场的生产要素体系。同时，由于旅游市场上的旅游产品大多数是组合旅游产品和综合旅游产品，因此必须把食、住、行、游、购、娱等服务要素有机组合，才能满足旅游者的旅游需求。正是由于旅游市场上生产要素体系和服务要素体系的有机结合，共同构成了旅游市场要素体系，为旅游产品体系的形成和优化，为旅游供给体系的丰富和完善创造了良好的条件和基础。

二、旅游市场机制的构成

在现代市场经济条件下，旅游市场的功能作用是通过旅游市场机制来实现的。旅游市场机制是指旅游市场中交换双方在交换活动中形成的相互影响、相互制约的内在联系形式，具体来讲就是各旅游市场主体在旅游市场上进行经济活动而形成的供求、价格、竞争、风险等因素有机结合、相互影响、相互制约的运动过程，其具体表现为供求机制、价格机制、竞争机制和风险机制的共同作用过程。

（一）旅游供求机制

旅游供求机制，是指旅游供给和旅游需求之间通过竞争而形成的内在联系和作用形式，也就是旅游供求关系在旅游市场中的规律反映（详见第三章）。旅游供求机制不仅对旅游供求的均衡起着调节作用，而且对旅游者的合理流动也具有一定的引导作用。

旅游供求机制的作用主要表现在以下三个方面：

（1）旅游供求机制及时、灵敏地反映旅游经济运行的内在矛盾，反映旅游市场上供求双方的变化及发展态势，从而为旅游者和旅游经营者提供信号和指示方向，调节旅游市场的供求平衡。

（2）旅游供求机制与其他机制的配合作用，有效地实现合理配置旅游生产要素和服务要素的功能，从而不仅调节旅游市场供求结构的平衡，而且促进旅游市场产品体系的完善和优化。

（3）旅游管理部门通过旅游供求机制对旅游经济进行宏观调控，从而促进旅游市场体系的健全和完善，促进整个旅游经济的可持续发展。

（二）旅游价格机制

旅游价格作为旅游产品价值的货币表现，它既是旅游者与旅游经营者之间进行旅游产品交换的媒介，又是衡量旅游经营者生产和销售旅游产品的劳动耗费的度量尺度。因此，旅游价格机制既是旅游经济有效运行的重要机制，又是旅游供求机制有效发挥作用的前提。在现代市场经济条件下，旅游价格机制对旅游经济运行的作用是多方面的。

对旅游者而言，旅游价格机制是调节旅游需求方向和需求规模的信号，即通过旅游价格的涨落，反映旅游供求的变化，从而影响旅游者的购买动机和行为，并调节着旅游者的需求方向、需求规模和需求结构。

对旅游经营者而言，旅游价格机制是旅游市场竞争和旅游供给调节的重要工具，即旅游经营者通过价格的灵活变动来占领市场，调节旅游产品生产和供给的数量和结构。

对政府宏观管理而言，通过旅游价格机制的作用，一方面为政府制定旅游政策、调节旅游经济的运行提供必需的信息；另一方面旅游价格机制也自发地调节着旅游市场上总供给和总需求的动态平衡。

（三）旅游竞争机制

竞争既是市场经济运行的普遍规律，也是旅游市场运行的重要机制。所谓旅游竞争机制，就是指旅游市场中各旅游经营者之间为了各自的利益而相互争夺客源，从而影响旅游供求及资源配置方向的运动过程。

旅游竞争机制作为市场机制的基本要素之一，其核心内容为争夺旅游者。因为争夺到的旅游者越多，表明旅游产品的销售量越大，从而为旅游目的地国家、地区或旅游企业带来的收入越高，经济效益就会越好。同时，争夺旅游中间商，即对从事旅游产品销售，具有法人资格的旅行社或旅游经纪人的争夺，也是旅游竞争机制的重要内容。因为各种各样的旅行社和旅游经纪人，是销售旅游产品的重要分销渠道，争夺到的旅游中间商越多，得到的支持越大，旅游产品销量就越多。争夺旅游者和旅游中间商的目标又集中表现为提高旅游市场占有率，因为旅游市场占有率的高低变化对旅游供求和旅游价格产生着决定和影响作用。因此，在市场经济条件下，旅游竞争机制是同供求机制和价格机制紧密结合并共同发生作用的。

（四）旅游风险机制

在现代市场经济条件下，任何一个经济主体在市场经济活动中都面对着盈利、亏损和破产的多种可能性，都必须承担相应的风险。因此，旅游风险机制就是指旅游经济活动同盈利、亏损和破产之间的相互联系及作用的运动形式。旅游风险机制作为旅游市场机制的重要部分，是一种无形的市场机制力量，促使每个旅游经营者承认市场竞争的权威，从而自觉地对市场信号做出灵敏的反应，形成适应旅游市场竞争的自我平衡能力。同时，旅游风险机制也利用市场利益动力和破产压力的双重作用，促使每个旅游经营者行为的合理化，并按照旅游需求提供适销对路、物美价廉的旅游产品。

三、旅游市场机制的特征

在现代市场经济条件下，旅游市场机制具有一般市场机制的基本特征，当市场机制正常运转时，其能在如前所述的原理作用下（第三章）自动地调节市场的供求。但同样，旅游市场机制又有自身的特征和缺陷，具体表现在以下几方面：

（一）客观性

在具备一定的条件下，旅游市场机制会自然地发挥作用；而当条件不具备时，旅游市场机制的作用也就不能有效发挥。例如，当旅游价格不能自由变动，或者其变动形成刚性，即只上涨不下降或只下降不上涨时，旅游价格机制就不能有效发挥应有的调节作用。

（二）互动性

旅游市场机制的作用发挥既受一定的环境条件所影响，也与旅游市场机制的各种内在因素性联系，任何一种因素的变化都会引起其他方面的互动反映，如旅游供求状况的变化会引起旅游价格的涨落，而旅游价格的涨落则会加剧旅游市场竞争，进而引起旅游供求的变化。

（三）时滞性

旅游市场机制的作用过程和效果有时是迂回的，有时是滞后的，特别是，在旅游市场体系不完善，信号系统不健全的情况下，旅游市场机制的作用往往是滞后的，因此要充分发挥旅游市场机制的作用，就要进一步完善旅游市场体系，健全市场信号系统，为旅游市场机制的有效运行和灵敏的反应创造良好的条件。

（四）局限性

旅游市场机制在发挥积极作用的同时，也会产生一定的消极作用，也会出现市场失灵的情况，尤其是在旅游市场体系不完善，价格信号不健全的情况下，过分依赖旅游市场机制的作用，有可能引起旅游市场运行的无序化，从而对旅游业发展造成消极影响，甚至危及社会经济的发展。

第三节　政府对旅游经济的宏观调控

一、加强政府对旅游经济宏观调控的必要性

在现代市场经济条件下，旅游经济运行是建立在旅游市场和市场机制作用基础之上的，但由于旅游资源的公共性、旅游产品特性和旅游市场失灵等因素，决定了不能完全

依靠旅游市场的自发调节作用来实现旅游经济的有效运行，必须通过加强政府宏观调控来促进旅游经济的健康发展。从理论和实践两方面分析，对旅游经济运行进行宏观调控的必要性是由以下几方面因素所决定的。

（一）旅游资源的公共性

在现实经济中，大多数旅游资源具有公共物品的属性，无论是自然旅游资源还是人文旅游资源，都属于全社会和人类所共有，任何个人或组织都不能把其据为己有。这一特点决定了旅游资源消费具有非竞争性和非排他性的典型特征。

旅游资源消费的非竞争性是指具有公共性特点的旅游资源一旦提供给人们消费，在可能的范围之内通常增加旅游者的边际成本基本为零，即不会因为每增加一个旅游者而相应地增加成本，如一个容纳千人的旅游景点接待 100 个旅游者或 500 个旅游者的成本基本是相同的，从而形成了旅游资源消费的非竞争性特征。

旅游资源消费的非排他性是指把具有公共性特点的旅游资源提供给人们消费时，其可以满足许多旅游者消费且不可能把任何旅游者排除在外。如一个旅游者在游览山水风光时，并不排除其他旅游者同时欣赏山水风光。

旅游资源消费的非竞争性和非排他性特征，使旅游经营者可以并可能以低价格来进行更多的出售，从而往往导致对旅游资源的过度使用，造成旅游景区景点拥挤，甚至污染、损坏等外部不经济状况的产生。

旅游资源的公共性特点是引起旅游市场失灵的重要原因，其导致无法完全依靠旅游市场机制的"无形之手"来调节旅游资源的合理开发和利用，因此就必须通过政府发挥"有形之手"的宏观调控作用，来合理规划开发和有效利用旅游资源，消除旅游市场失灵带来的负面影响，促进旅游资源的合理利用和可持续发展。

（二）旅游产品的综合性

旅游产品是一种包括食、住、行、游、购、娱等多种要素集合的综合性产品，其要求各种要素必须相互配合、相互补充、有机结合，才能有效地满足旅游者的消费需求，获得良好的经济效益。在现实旅游经济中，旅游产品的各组成要素是由不同旅游经营者进行生产和供给的，由于旅游资源的不同、旅游企业实力的差别、旅游信息的不充分、不同行业竞争的差异等原因，导致旅游市场作用的局限性，无法完全通过市场机制实现对旅游产品要素集合的最优调节，必须通过政府宏观调控才能保证旅游产品各要素综合协调地发展。

根据旅游产品综合性的特点，政府对旅游产品生产和销售的宏观调控主要集中在以下几方面：

（1）对旅游资源开发的调控。现实中旅游资源的公共性和分布的广泛性，决定了对旅游资源的开发不能自行其是、各自为政，必须由政府制定统一的规划，科学组织旅游资源的开发，才能最有效地利用旅游资源。

（2）对旅游产品生产的调控。由于旅游产品涉及众多要素和条件，在旅游信息不充分和不对称的情况下，单靠旅游市场机制无法实现旅游要素资源的最优配置，因而就需要政府通过掌握更多的旅游信息，把握旅游市场的发展趋势，集合各方面的财力，从宏观上引导和调控旅游产品的生产和销售，以获得更好的总体经济效益。

（3）对旅游基础设施建设的调控。由于大多数旅游基础设施属于公共产品，不可能完全通过市场机制来调节旅游企业建设，因而只能由政府按照旅游发展规划分期投入建设，创造良好的旅游发展环境条件，引导其他旅游产品要素的发展。

（4）对旅游宣传促销的调控。由于旅游产品不同于工农业物质产品和一般服务产品，其宣传促销既有对旅游目的地整体形象的宣传，又有对旅游企业的宣传；既有对旅游线路产品的促销，又有对单项旅游产品的促销。因此，旅游宣传促销不可能完全由旅游企业来进行，必须由政府牵头、企业参加，统一联合和分层次地进行旅游宣传促销。

（三）市场机制的不健全

我国的市场经济体制还处在发育的初期阶段，发达国家的旅游经济体系是市场自然发育的结果，市场机制的充分实现是建立在市场主体充分发育的基础上的，充分的市场机制和成熟的市场主体是市场作用充分发挥的关键，但是我国旅游经济体系的形成是政府推动的结果。我国市场机制的不健全，导致市场功能不能充分发挥，如果完全依靠市场来调节旅游经济活动，不仅不能实现资源的有效配置，而且可能会使旅游经济运行出现问题，如旅游价格的恶性竞争，既不是成本降低推动的，也不是由于市场需求不足形成的，而是存在着更深层的经济原因。因而，有必要加强政府对旅游经济的宏观调控。

（四）旅游活动的外部性

外部性作为市场失灵的典型特征，是指个体经济活动所产生的额外收益和成本与社会成本不一致的现象。当某个体经济活动使得其他经济主体获得额外收益时，称为外部正效应或外部经济。如某旅游目的地依托旅游资源优势和各种社会经济条件，通过发展旅游带动旅游目的地经济发展，提高了其知名度和影响力，促进了旅游目的地对外交流与合作等；而当某个体经济活动使得其他经济主体承担额外成本时，称为外部负效应或外部不经济。如某旅游目的地超过环境承载力的旅游活动，造成旅游景区（点）拥挤、旅游设施过度使用和生态环境的污染等。由于旅游活动的外部性存在于旅游市场之外，市场机制无法对其起到调节作用，因而要求加强政府对旅游经济运行的宏观调控，采取有效的措施和方法，充分发挥旅游活动的外部正效应，尽量消除或减少旅游活动的外部负效应。

（五）旅游市场竞争的不完全性

在市场经济条件下，旅游市场竞争是实现旅游产品价值，促进旅游产品和旅游企业优胜劣汰的重要机制。但由于旅游市场上无法实现完全竞争，导致旅游市场失灵而出现垄断或不公平竞争，决定了政府必须通过制定法律法规，加强旅游宏观调控，维护市场竞争的公平性，规制旅游市场秩序，促进旅游经济运行的健康发展。

旅游市场竞争的不完全性，首先表现在某些旅游资源或产品具有一定的垄断性，从而形成较强的市场垄断势力，排斥市场竞争并获得高额利润。由于较强的市场垄断势力限制旅游市场的竞争，降低整个旅游要素资源的有效配置，对整个旅游经济运行和社会福利都会造成损害。

旅游市场竞争的不完全性，还表现在旅游信息的不完全性和不对称性，从而引起旅游市场竞争的不规范行为，甚至出现"劣质服务驱逐优质服务"的状况。旅游信息的不完全性，是由于对旅游信息的收集和获取是需要成本的，而过高的旅游信息成本使旅游者或旅游经营者无法获得充分的旅游信息，通常只能在有限的旅游信息条件下做出决策。旅游信息的不对称性，是指旅游者和旅游经营者对旅游信息了解和掌握情况的不一致，导致旅游市场机制不能正常发挥作用而使市场失灵。尤其是旅游经营者掌握的旅游信息通常要多于旅游者，在旅游市场失灵的情况下，就会出现旅游市场上"劣质服务驱逐优质服务"的情况，造成旅游市场秩序的混乱。因此，政府必须通过加强旅游宏观调控，提供更多的旅游信息，规制旅游市场秩序，强化旅游市场主体的公平性行为，确保旅游经济运行健康发展。

二、旅游经济宏观调控的目标和内容

在旅游经济运行中，市场机制和宏观调控是实现旅游要素资源配置的两种不同的手段。它们是相互补充、共同作用、缺一不可的。因此，在充分发挥旅游市场机制作用的基础上，必须进一步明确旅游经济运行调控的目标和内容。根据世界旅游组织对世界主要旅游发达国家的调查分析，结合中国旅游发展的实践，旅游经济宏观调控的目标和内容主要有以下几方面：

（一）满足人们不断增加的旅游需求

旅游经济运行调控的首要目标和内容，是满足人们不断增长的旅游需求，这既是保证人们休闲度假、旅行游览自由权利的实现，也是不断丰富人们物质文化生活、提高生活质量的客观要求。早在 1980 年世界旅游大会通过的《世界旅游宣言》（又称为《马尼拉宣言》）中就指出：只有人们得到休息、度假和自由旅行的机会，旅游业的发展才是可能的，休息的权利，特别是由于工作权利而带来的度假、旅行和游览自由的权利，都被《世界人权宣言》和许多国家的法律视为实现人类自我价值的一个重要方面。特别是随着社会生产力的发展，人们可自由支配收入的增加，生活质量的不断提高，旅游不仅成为一种大众化的活动，而且成为人们物质文化生活的重要组成部分。

（二）促进旅游经济的持续增长

旅游业作为现代经济中的新兴产业，在促进社会经济发展方面具有重要的地位和作用。因此，必须把促进旅游经济的持续增长作为旅游经济运行调控的目标和内容。从对经济发达国家旅游业发展的实践分析，不仅在旅游业发展的初期及以后各个时期都加大政府宏观调控力度，推动旅游经济的快速发展；即使在旅游业发展达到较高水平之后，也仍旧不断加强政府对旅游经济的宏观调控，采取各种措施和方法推进旅游经济的发展。对于发展中国家来讲，尽管拥有丰富的旅游资源，但由于社会生产力和经济发展水平的局限，旅游业发展起步较晚、条件较差，更不能完全依靠市场来自发推动旅游经济的发展，必须在充分发挥旅游市场机制作用的基础上，发挥政府在旅游经济发展中的主导作用，加强对旅游经济运行和发展的宏观调控，采取一切可能的措施和手段，促进旅游经济持续快速地增长，从而带动整个国家和地区社会经济的发展。

（三）实现旅游经济的总量平衡

旅游经济的总量平衡，就是指旅游总需求和总供给的平衡。在市场经济条件下，由于旅游者和旅游企业的旅游经济活动是分散的，其决策是按照各自的利益和意愿进行的，因此他们的旅游经济活动不可能完全与旅游经济运行的宏观目标相适应，导致旅游经济运行中出现旅游供求总量失衡和供求结构失衡的矛盾和问题。

旅游供求总量失衡，是指旅游总供给和旅游总需求之间出现差距，即出现供给过剩或需求不足，或者供给短缺或需求过旺；旅游供求结构失衡是旅游经济运行中不可回避的客观现实，其有多种表现形态，有旅游行业各部门供给均大于需求的"同向过剩结构失衡"，有旅游行业各部门供给均小于需求的"同向短缺结构失衡"，还有过剩与短缺并存的"异向结构失衡"等。

因此，旅游经济宏观调控的目标之一，就是要通过制定旅游经济发展规划和旅游经济政策，采取合理有效的旅游经济杠杆，实现旅游经济的总量平衡。一方面要通过加强旅游需求和旅游供给管理，利用各种经济政策和经济杠杆来刺激或抑制旅游需求和旅游供给的变化，实现旅游供求的数量平衡。另一方面要通过旅游发展规划和各种经济杠杆，对旅游需求流量进行合理引导和分流，对旅游供给存量和流量进行投资和结构调整，实现旅游供求结构的合理化和高度化。

（四）扩大旅游业的社会就业

不断增加社会就业岗位，实现充分就业是每个国家宏观经济政策和调控的重要目标。随着现代旅游经济的发展，旅游业已经成为吸纳社会就业的重要经济产业。在我国，旅游业不仅为城市新增就业人员提供大量就业岗位，而且为农村剩余劳动力的转移和下岗职工再就业提供了广泛的就业岗位。

因此，不断扩大旅游业的社会就业岗位，吸纳更多的社会劳动力就业，也是旅游经济运行调控的重要目标和内容。一方面要调整旅游经济结构，加快旅游经济发展，不断扩大旅游就业的范围和领域，为社会提供更多的就业岗位；另一方面要加强旅游教育培训，不断提高旅游人才的素质和能力，为旅游经济发展输送更多高素质的旅游人才，促进旅游经济的快速发展。

（五）有效地保护和利用旅游资源和生态环境

旅游资源和环境是旅游经济发展的重要生产因素。由于许多旅游资源是不可再生资源，旅游环境是旅游经济可持续发展的必要条件，因此必须坚持旅游资源保护与开发并举、旅游环境保护与利用并重的原则，把对旅游资源和环境的保护放在首位，在保护的前提下合理开发旅游资源，有效利用生态环境，提高对旅游资源和环境的利用效率，促进旅游经济的可持续发展，这是旅游经济宏观调控的重要目标之一。

有效保护和合理利用旅游资源和环境必须重点考虑以下方面：

（1）强化旅游经济可持续发展的观念，明确旅游资源和环境是旅游生产力存在和发展的基础，保护好旅游资源和生态环境就是保护旅游生产力，促进旅游资源的合理利用和生态环境的建设就是促进旅游生产力的发展，从而自觉地树立对旅游资源和环境的保护意识。

（2）统筹规划和安排旅游资源的开发，建立旅游资源合理开发和有效利用的机制，实行旅游资源有偿开发和使用制度，有效遏制对旅游资源的低层次和重复性开发，推动旅游资源从粗放型开发方式向集约型开发方式转变，促进旅游资源的可持续利用。

（3）注重对生态环境的保护和利用，遏制对生态环境的破坏和污染，加强生态环境建设和管理，加大对生态环境的治理力度，不断改善和提高生态环境质量，创造良好的旅游生态环境，促进旅游经济的可持续发展。

三、政府旅游宏观调控的主要职能

（一）旅游决策职能

旅游决策职能是指政府对旅游发展目标、发展模式、发展重点和政策措施做出选择和决定的职能，其贯穿于整个旅游宏观调控的全过程。在现阶段，由于我国市场经济体制还处于完善过程中，因此政府决策职能在旅游发展中具有十分重要的地位和作用，由此形成了具有社会主义市场经济特色的"政府主导型"旅游发展模式，各级政府在旅游发展目标、发展重点和促进旅游发展的各种措施方面，还发挥着重要的决策职能和主导作用。

（二）旅游规划职能

旅游规划职能是根据旅游决策职能确定的旅游发展目标和发展重点，对旅游资源配置和生产力要素进行统筹安排的职能。如政府通过制定旅游发展战略和规划，统筹安排和配置旅游资源要素；通过确定实现旅游发展目标的政策措施，促进宏观旅游经济健康持续地发展；通过采取各种宏观调控方法和手段，促进宏观旅游经济有效地运行等。

（三）旅游组织职能

旅游组织职能是为了有效实现旅游决策目标和规划的要求，建立旅游组织体系、配备相应人员、明确职责权力、调配旅游要素的职能。其包括建立旅游行政管理机构，促进旅游中介组织和旅游企业发展；形成合理的旅游管理体制，明确政府旅游部门、行业中介组织、旅游企业之间的权责利；正确处理旅游收入分配和投资关系，促进旅游资源开发和各种生产要素的有效配置等。

（四）旅游监督职能

旅游监督职能是通过建立健全法律体系，提供完善的法规和制度，规范旅游市场主体行为，保护各类产权主体的合法权益，规范旅游市场秩序，维护良好的旅游环境，防范不正当的旅游竞争行为，创造公平、公开和公正的旅游竞争环境，促进旅游企业在竞争中优胜劣汰，不断提高旅游服务质量和经济效益。

（五）旅游服务职能

旅游服务职能是政府通过提供各种旅游公共产品和服务，包括提供各种交通基础设施、城市公共设施、供水供电等公共产品和安全救援、医疗卫生、教育培训等公共服务，为旅游者的旅游活动和旅游企业的经营服务活动创造良好的宏观环境和外部条件。

四、旅游经济宏观调控的方法和手段

从市场经济发展的要求，结合旅游经济发展的客观规律性，旅游经济宏观调控的方法和手段主要有以下几方面：

（一）发展规划调控

在现代市场经济机制中，应用发展规划调控旅游经济是一种重要的必不可少的调控方法和手段。世界旅游组织明确提出，旅游规划是旅游业实现协调、有计划和可持续发展的基础。旅游发展规划调控不同于传统的指令性计划，而是一种建立在市场经济规律

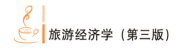

基础上的，以指导性计划和中长期发展规划为主的调控手段。

应用发展规划调控旅游经济运行和发展有以下要求：

（1）正确确定旅游经济发展的目标，这个目标必须综合平衡经济、社会和环境等各种因素，有利于政府从宏观上有计划、有控制地发展旅游业，指导旅游经济的健康运行和发展。

（2）旅游规划的制定和实施应该是综合性和跨行业的，广泛吸收各类政府机构、旅游企业、社会团体和个人参与，使各方面的利益都能够在规划中得到体现，保证发展规划制定的科学性和实施的可能性。

（3）发展规划的内容既要全面又要突出重点，规划内容要充分考虑旅游经济发展的各个方面必须协调发展，同时在不同时期或阶段又应该有不同的重点，成为阶段性调控旅游经济运行的目标和内容。

（4）发展规划要有明确的量化指标和要求，以便定期进行检查和比较，并根据不同时期经济社会环境的变化而做出及时地调整。

（二）经济政策调控

经济政策，是由政府指定并用于指导旅游经济活动，调整各种经济利益关系，促进旅游经济发展的各种准则和措施，是在充分认识客观经济规律基础上，对旅游经济进行宏观调控的主要方法和手段之一。应用经济政策对旅游经济进行宏观调控，是为了更有效地发挥经济规律和市场机制的作用，弥补旅游市场失灵的缺陷，促进旅游经济结构的合理化，增强旅游企业的市场竞争力，推动旅游经济持续快速地发展。

根据对现实旅游经济运行的分析，对旅游经济宏观调控的经济政策主要有收入政策、产业政策、财政政策、货币政策、汇率政策等，其中收入政策、产业政策和汇率政策对旅游经济运行宏观调控具有十分明显的作用。

1. 收入政策

政府根据旅游经济运行和发展的目标，对旅游收入初次分配和再分配进行调节的政策，如提高职工工资水平、合理征收税收、规定旅游企业利润提留比例等，以刺激旅游消费需求和调动旅游企业和职工的积极性，促进旅游总供求平衡和旅游经济发展，不断改善和提高人们的生活质量和水平。

2. 产业政策

政府根据旅游经济发展的趋势和目标，制定有关旅游经济结构、产业组织、技术进步、行业标准的具体政策，以通过市场机制的传导作用调节旅游供求结构平衡，实现旅游总供求平衡发展，进而促进旅游产业结构合理化。

3. 汇率政策

政府通过应用汇率变动和外汇管理等政策来促进旅游经济的发展，如通过汇率变化调节旅游者的出入境人数，加大旅游业招商引资的力度；通过外汇管理促进旅行社积极招徕入境旅游者，适当发展国内公民出境旅游等。

（三）经济杠杆调控

经济杠杆，是指对旅游经济运行具有调节和转化作用的各种手段和方法。在现实经济中，政府不可能也不必要对所有的旅游经济活动都进行宏观调控，可以通过制定各种旅游经济政策和利用经济杠杆调控旅游市场，充分发挥旅游市场机制的作用，对旅游企业的经营活动进行间接调控。

政府间接调控旅游经济的经济杠杆一般有财政杠杆、信贷杠杆、价格杠杆和对外经济杠杆等。财政杠杆，主要是通过税收政策和税率变化调节旅游收入分配，合理安排财政转移支付以调节政府对旅游的支出等；信贷杠杆，主要是通过利率机制和信贷政策，促进旅游资源开发和各旅游要素的协调发展，有效地调控旅游需求与供给的短期均衡，实现旅游总供给和总需求的长期均衡协调地发展；价格杠杆，是根据价值规律的要求，通过确定旅游产品的指导价格，规定最高限价或最低限价等，以规制和引导旅游企业的经营行为，保证旅游经济健康运行和发展；对外经济杠杆的内容较多，包括利用汇率机制、签证政策、旅游购物退税政策，招商引资政策等，大量吸引国外入境旅游者，不断提高旅游者的消费支出，积极吸引国外投资或向外投资等，促进旅游经济的发展和壮大。

（四）行为规制调控

行为规制，通常是指政府或社会为实现一定的经济社会目标，对旅游市场中各经济主体做出具有直接或间接的具有法律或准法律约束力的行为规范及相应的措施，简言之，就是政府或社会对各旅游经济主体及其行为进行限制、规范的具体行动和措施。在旅游经济运行中，按照行为规制调控实施的主体不同，一般有政府规制、社会规制和行业规制。

1. 政府规制

政府规制是政府对旅游企业和旅游者行为采取的具有法律约束力的限制和规范，是针对旅游市场失灵而采取的治理行动和措施。其目的是维护良好的旅游市场秩序，限制市场垄断势力，提高市场配置资源的效率，保护旅游者和旅游经营者的利益不受侵犯。政府规制一般分为直接规制和间接规制，直接规制是政府部门直接对旅游经济主体行为实施的限制，包括对旅游企业进入或退出市场、旅游价格、服务质量、旅游安全以及投资、财务、会计等方面的活动进行规制；间接规制，是政府有关部门通过法律规定的程序而对旅游经济主体行为实施的规制，如对消费者权益保护、环境保护、文化遗产保护等方面的规制。

2. 社会规制

社会规制通常是指市场机制对旅游经济主体行为的各种直接或间接的准法律的约束、限制和规范，以及社会为促进旅游经济主体行为而符合上述规制的各种行动和措施。社会规制调控作用的发挥通常是间接的，即政府将各种宏观调控意图转化为旅游市场秩序、市场环境和市场信号，通过旅游市场机制作用规制旅游企业的经营行为和活动，促进旅游企业在市场机制作用下自由竞争和优胜劣汰。此外，社会规制也会通过其他的行为和措施，如新闻监督、民众意愿、社会团体督察等对旅游企业行为进行规制。

3. 行业规制

行业规制是指由旅游行业协会自主地对旅游企业行为进行约束和规范的行动和措施，是一种旅游企业之间相互约定的自组织规制。旅游行业协会是旅游企业在自愿基础上组成的松散组织，其主要职能是为旅游企业服务，做旅游行政管理部门的参谋，成为政府与旅游企业的沟通桥梁。具体讲，旅游行业协会的职能和任务是：开展旅游行业的调查研究，及时为旅游企业经营决策和旅游行政管理部门宏观调控提供依据和建议；协调旅游企业之间的关系，推动旅游企业之间的联合与协作；按照政府的授权和委托，进行旅游行业管理和规制；组织各种旅游信息和经验交流，开展各种旅游经济咨询服务；举办各种旅游培训、技术交流、旅游会展等活动。

阅读资料 11-1

北京环球度假区开业前通州区短租住房迎来最严监管

北京环球度假区开业在即，让周边的民宿经营者看到了商机，纷纷提前布局。记者此前在一家民宿预订平台了解到，截至今年上半年，北京环球旅游度假区周边的民宿（短租住房）房源数量相比 2019 年增长了 70% 左右。

北京市通州区组织网信、公安（网安、人口、治安）、住建等部门，联合召开规范短租住房经营管理工作部署会，面向途家、爱彼迎、同程艺龙、携程、美团、小猪短租等多家短租住房平台进行了政策宣贯，要求不合规房源需在 7 日内完成下架。

此次通州区规范短租住房经营管理工作部署会要求，各平台须对照北京市《关于规范管理短租住房的通知》，发挥主体责任，严格信息发布审核，完善用户协议，优化网站短租住房信息发布和住宿人员信息填报审验系统，明确内容审核责任，加强内部管理，将责任落实到个人，严把信息发布关口，从源头上杜绝违规房源发布。

资料来源：王玮. 北京环球度假区开业前通州区短租住房迎来最严监管. 中国旅游新闻网，2021-08-30 有删减.

【本章小结】

1. 旅游经济运行涉及微观和宏观的经济活动，其反映了一个国家（地区）在一定时期内旅游总需求和旅游总供给的发展变化以及均衡运动的过程。

2. 旅游经济是商品经济发展到一定阶段的产物，其运行受到供求规律、价值规律等规律的影响。

3. 旅游市场体系是指在市场经济的条件下，各种旅游运行要素的有机组合体系。包含旅游市场的需求体系、供给体系、产品体系和要素体系在时间和空间上有机结合的动态体系。

4. 旅游市场机制是指各旅游市场主体在旅游市场上进行经济活动而形成的供求、价格、竞争、风险等因素有机结合、相互影响、相互制约的运动过程，其具体表现为供求机制、价格机制、竞争机制和风险机制的共同作用过程。

5. 旅游资源的公共性、市场机制的不健全性、旅游活动的外部性等因素，导致只有通过发挥政府的宏观调控职能才能更有效地促进旅游经济的健康发展。

6. 政府通过调控发展规划、调控经济政策、发挥经济杠杆作用、协调行为等途径来进行宏观调控。

【复习思考题】

1. 旅游经济活动运行的规律是什么？
2. 什么是旅游市场机制？它包括哪些内容？
3. 为什么要对旅游经济进行宏观调控？
4. 试述旅游经济宏观调控的目标和内容。
5. 比较旅游经济宏观调控的各种方法和手段。

案例分析

充分释放政策红利　支持旅行社恢复发展

近日，文化和旅游部发布《关于加强政策扶持进一步支持旅行社发展的通知》（以下简称《通知》），在优化市场环境、抓好金融政策落实、指导用好普惠性纾困政策等方面提出了具体措施和要求。

2021年以来，旅游市场已经有了较大幅度的恢复，但旅行社企业实际达产率依然较低，旅行社企业的导游及其他关键岗位员工流失率也很高。据有关机构的统计，2021年初，旅行社员工在岗人数与2019年底相比减少了约33％，专职导游流失率超过80％，出现了严重的人才流失现象，大大降低了旅行社企业的生产能力和服务能力。因此，采取有效措施，帮助旅行社企业恢复生产能力和服务能力、推动旅行社经营全面恢复和高质量发展十分迫切。《通知》提出了一套推动旅行社行业纾困解压、尽快恢复生产和服务能力的综合性措施。各相关部门和旅行社企业要以此为契机，充分发挥政策的杠杆作用，努力推动旅行社行业全面复苏和高质量发展。

首先，相关部门要明确职责、压实责任，确保政策落实到位。《通知》有针对性地提出系统性政策措施，内容涉及旅行社保证金改革、金融扶持及健全融资配套服务长效机制、税收减免、社保及稳岗就业以及激发市场主体活力等方面。

其次，行业主管部门要主动作为，协调推进，充分释放政策红利。文化和旅游部门是旅行社企业的直接主管部门，同时也掌握一定的行业和市场资源，在帮扶旅行社纾困解压、恢复生产和服务能力方面负有直接责任。

再次，相关行业组织要搭建互帮互助平台，推动企业抱团取暖。旅游行业协会、旅行社协会、导游协会等，是与旅行社关系密切，或以旅行社企业为主体的行业组织，这些组织最了解旅行社行业的发展规律、市场特征和经营要求。行业组织最重要的职责就是服务会员企业和产业发展，要通过构建资源互换、市场互动、信息互通渠道以及组织各类会展、节事活动、业务培训、专业考察、经验交流等手段，为旅行社企业克服困难、创新发展搭建共享平台。

最后，旅行社企业要自立自强，勇于创新，自谋发展。政府的政策扶持和相关组织的帮扶，虽然能够起到积极作用，但作为市场主体，要彻底走出困境，最终还是要靠旅行社企业自身的努力。旅行社企业要主动适应旅游市场的变化趋势，深入研究旅游市场的新变化、新需求、新特征，积极创新产品、创新业态、创新服务流程、创新商业模式，走出一条创新型的纾困解压发展之路。

资料来源：王德刚. 充分释放政策红利 支持旅行社恢复发展. 中国旅游报，2021 - 06 - 08，有删减.

案例思考：

为什么出台调控政策？该政策将带来哪些作用？

第十二章

旅游经济增长与发展

导 言

本章学习目标： 通过本章的学习，了解旅游经济增长和发展的基本知识，了解旅游经济发展的主要模式，把握旅游经济增长理论。

本章重点： 旅游经济发展理论

关键术语： 旅游经济发展模式；可持续发展；增长极理论

"雪经济"再度变热，谁在为冰雪旅游添薪加火？

冰雪热反弹，大量冰雪需求井喷式释放。业内人士表示，在冬奥会的带动下，上个雪季大量滑雪需求被释放，加上往年在冬季出国潜水、冲浪的大批运动人群加入，2020—2021 雪季国内冰雪旅游、滑雪人次都将较去年出现明显增长。众所周知，这个雪季恰逢冬奥备战冲刺之年，冰雪产业上下早已迫不及待，纷纷采取行动，争取更大发展成果，大量需求释放也为产业发展酿就良机。

添薪加火，众多企业投身冰雪力促产业发展。长远来看，前有 2022 盛事指引，后有相关政策扶持，未来国内围绕冰雪的相关产业也将成为一大朝阳产业，冰雪产业势必迎来一个黄金时期。此外，一些具备优质技术和黑科技基因的企业也在为冰雪产业发展出谋划策。2021 年 3 月，国家体育总局冬运中心和中国移动咪咕达成战略合作，凭借 5G 等科技加持，咪咕在一定程度上帮助冰雪产业弥补该雪季的宣传推广损失，助推产业步入 5G 时代。

随着冬奥备战进入"冲刺"阶段，未来势必将有更多企业跨界布局冰雪产业，这也使得冰雪产业的未来更加值得期待。高科技不仅将带给冰雪爱好者更佳的用户体验，更

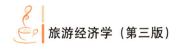

重要的是，还将会给冰雪产业带来全新变革，为产业发展插上翅膀。

　　资料来源：马莲红."雪经济"再度变热，谁在为冰雪旅游添薪加火?.体育大生意，2021-01-01，有删减.

　　旅游产业的发展对社会经济的发展带来了积极的作用，也对资源、环境和社会文化带来了积极的作用和负面的影响，所以，研究旅游经济发展和增长的方式、增长波动、影响因素以及旅游经济发展战略就十分重要。

第一节　旅游经济增长

　　旅游经济增长是指一个国家或地区在一定时期内旅游经济在数量上的增加和规模上的扩大，具体表现为旅游经济总产出数量上的增加和规模上的扩大，其反映了一个国家或地区旅游经济总量的变化状况。衡量旅游经济发展的重要指标是旅游总收入增长率。

一、旅游经济增长方式

　　旅游经济增长方式是指决定旅游经济增长的各种因素的结合方式和实现旅游经济增长的主要途径。根据现代旅游经济的实践，旅游经济增长方式一般有两种：粗放型增长方式和集约型增长方式，也称为数量扩展型增长方式和质量效益型增长方式。

（一）旅游经济粗放型增长方式

　　旅游经济粗放型增长方式是指在旅游生产要素质量、结构和使用效率不变情况下，主要依靠旅游生产要素的大量投入，即通过大量开发旅游资源、增加旅游投资和劳动力投入来实现旅游经济的增长。这种增长方式属于外延型的扩大再生产，其经济效益一般较低。如观光旅游，游客的数量虽然很多，但是人均消费额较低，旅游收入相对较小。在旅游业发展的初期，一般都要经过粗放型增长的阶段。

（二）旅游经济集约型增长方式

　　旅游经济集约型增长方式是依靠提高旅游生产要素质量的使用效率，优化旅游生产要素组合和利用效率，即通过旅游科技进步和应用，提高劳动力素质和旅游资源、资金、技术和设施的利用率来促进旅游经济的增长。集约型增长方式是以经济效益为目标，属于内涵型的扩大再生产，其经济效益通常较好。如度假休闲旅游等，其人均花费额较高，旅游收入相对较高。

（三）旅游经济增长方式的转变

　　旅游经济增长方式是在一定的社会经济条件下形成的，并受一定的经济发展水平和经济体制的制约和影响。我国旅游业虽然起步较早，但是发展一直缓慢，改革开放之后才大规模地发展起来。但是，我国人均花费额一直较低，经济效益相对较差。因此，必须加快旅游经济增长方式的转变，走旅游经济集约型增长方式的道路。

　　加快旅游经济增长方式的转变，是提高旅游业的整体素质和竞争力、参与国际旅游市场竞争的客观需要，是实现我国旅游经济内涵型增长、不断提高旅游经济效益的客观需要，是合理利用旅游资源、加强生态环境变化，实现旅游经济可持续发展的客观需要。为了加快旅游经济增长方式的转变，采取的措施和对策如下：

（1）加快旅游经济结构的调整，改善旅游产品结构，增加高素质的旅游客源，合理布局旅游区域结构，优化旅游产业结构，以促进旅游经济结构的合理化和高级化。

（2）加快旅游教育和培训，不断提高劳动者素质和能力。这是实现旅游经济持续增长的重要保障，也是提高旅游经济整体竞争力的核心内容。

（3）积极推进旅游经济体制改革，建立适应现代市场经济的产权制度和法人治理结构，为旅游经济增长提供制度化保证。

（4）积极推动旅游科技进步。这是实现旅游经济集约型增长方式的基础。尤其是在旅游业中广泛应用现代高新技术，必将为旅游经济快速增长注入新的活力和动力。

（5）加快旅游管理的现代化，不断提高旅游经济的投入产出效益，促进了经济保持合理持续的增长。

二、旅游经济增长的影响因素

经济增长具有波动性，旅游经济增长也如此。从理论上分析，旅游经济增长波动是经济增长偏离潜在增长的反映。所谓旅游经济的实际增长是指一个国家或地区在一定时期实际旅游总产出水平的增加；而旅游经济的潜在增长，则是指所有决定旅游经济增长的条件都处于最优状态下的旅游总产出水平的增加。由于决定旅游经济增长的条件通常不可能都处于最优状态，因此旅游经济增长波动是客观存在的。影响旅游经济增长波动的因素很多，主要有：

（一）旅游消费需求

旅游消费需求是社会总需求的重要组成部分，也是影响旅游经济增长波动的重要因素。当旅游市场消费需求旺盛时，必然使旅游总需求超过旅游总产出，从而拉动实际的旅游经济的快速增长；反之，当旅游市场消费需求不足时，会导致旅游总产出下降，旅游就业减少，使实际的旅游经济增长率下降。因此，旅游消费需求波动变化会引起旅游经济增长的波动，通过刺激和扩大旅游消费需求，就能够促进旅游经济持续稳定地增长。

（二）旅游者心理预期

心理预期是人们对未来旅游经济变化和趋势的一种主观判断和期望。旅游者心理预期的不稳定会直接影响旅游消费和旅游投资，从而引起旅游总需求的变化，导致旅游经济增长的波动。因此，树立良好的旅游目的地形象，积极进行旅游宣传促销，是引导旅游者正确预期的相对稳定，保证旅游消费需求的不断扩大，实现旅游经济稳定增长的重要方法和手段。

（三）旅游投资

一般情况下，旅游投资增长率和旅游经济增长率是正向关系，当旅游投资的增长率保持在积累率允许的合理范围内，则旅游投资的增长必然促进旅游经济的正常增长，反之，当旅游投资增长率超过了积累率允许的合理范围后，就会带来两种后果：如果旅游投资不足，可能导致总需求不足，难以满足旅游消费需求增长的需要；如果旅游投资过度，导致旅游要素供过于求，难以形成新的旅游生产力，这会导致实际旅游经济增长率的下降。

（四）旅游要素供给

旅游经济增长过程也是旅游生产要素有效组合和利用的过程，当各种旅游要素包括旅游资源、劳动力、资本等供给得到充分保障，并合理组合和最佳利用时，旅游经济就会保持快速地增长；当各种旅游生产要素供给不足，或者组合和利用不合理时，旅游经济增长就会缓慢，甚至下降。因此，旅游要素供给状况及组合和利用状况，就成为旅游经济保持稳定增长的重要影响因素。

（五）政治经济形势

旅游经济是非常敏感和脆弱的，政治经济形势的变化都会影响旅游经济的正常发展。当政治经济形势平稳时，旅游经济也会稳定增长，一旦出现政治经济形势的波动，旅游经济就会迅速受到冲击，使旅游经济增长出现波动。

第二节　旅游经济发展模式

旅游经济发展的内涵不仅包括经济增长，还包括旅游结构的调整和优化。旅游经济发展模式是指一个国家或地区在某一特定时期内旅游产业发展的总体方式。具体讲，旅游经济发展模式是以旅游经济发展的主要内容为目标，在一定的社会经济条件下所形成的旅游经济运行方式和管理体制。

一、旅游经济发展模式分类

旅游经济发展模式可以从不同的角度划分。

（一）按旅游产业和国民经济的关系

从旅游产业的形成、发展及其与国民经济的关系出发可分为超前发展模式和滞后发展模式。超前发展模式是旅游产业的形成和发展超越了国民经济总体发展的一定阶段，通过发展旅游产业来带动和促进国民经济及相关行业的发展。这种发展模式一般发生在经济不够发达的发展中国家。在政府的支持下首先发展入境旅游，以获取经济发展所需要的外汇和推动相关产业的发展。滞后发展模式是国民经济发展到一定阶段后，旅游产业便自然而然地形成和发展起来的一种发展模式。这种模式是建立在国民经济发展的基础上的，即随着人们收入水平的提高，一方面居民中产生了旅游需求，另一方面社会也具备了发展旅游经济的条件。这种模式主要产生于经济发达国家。

（二）按旅游产业发展的调节机制

从旅游产业发展的调节机制出发，旅游产业的发展模式可分为市场型旅游产业发展模式和政府主导型旅游产业发展模式。市场型旅游产业发展模式是旅游产业的发展主要依靠市场调节机制来推动的一种发展模式。即主要依靠价格、供求和竞争等机制的调节。政府主导型旅游产业发展模式，是通过各个时期的旅游产业发展规划或旅游产业政策来实现其发展的一种模式，这种发展模式主要存在于具有传统干预和控制经济的国家或地区。

(三) 按旅游类别发展的顺序

根据旅游类别发展的先后顺序，可分为延伸型旅游产业发展模式和推进型旅游产业发展模式。延伸型是旅游产业的发展以发展国内旅游为前导，在国内形成旅游产业的基础上，发展入境旅游和出境旅游，最终实现国内旅游、出境旅游和入境旅游全方位发展的模式。推进型是先以发展入境旅游为主，在入境旅游形成旅游产业的基础上，随着社会经济的发展，国内旅游也逐步发展起来，最终实现入境旅游、国内旅游和适度出境旅游全面发展的模式。

上述旅游经济发展模式是从世界范围旅游产业发展的全局归纳出的几种理论模式，但即使同一种模式，在不同的国家或地区由于社会经济等因素的不同，其现实发展模式也必然存在差别。

二、旅游经济发展模式的影响因素

由于旅游经济发展是与社会经济的发达程度及发展水平密切相关的，因此在世界各国的旅游业发展中，社会制度、政治体制、经济发达程度、地理位置、文化背景及旅游资源条件等方面的差异，必然使世界各国旅游经济的发展模式不尽相同。决定和影响旅游经济发展模式的主要因素有以下几个方面：

(一) 经济模式与发展水平

从经济模式来说，目前世界各国除少数国家外都实行市场经济模式，在市场经济模式中，有的以私有制为基础，有的以公有制为主体。它们对旅游经济发展模式也会产生重要影响。社会经济发展水平高，科技发达，一方面使得社会基础设施和公共设施比较完善，另一方面又促成了居民收入水平的提高，两者为旅游业的发展奠定了坚实的基础，从而使旅游业的发展成为社会经济发展的必然结果。反之，在经济欠发达的国家或地区，其旅游业的发展方式与前者有所不同。

(二) 经济发展的目的

纵观当今世界，大多数国家都在积极发展旅游经济，但是由于各国在政治体制、经济发达程度上存在的差别，使各国旅游经济在发展的目的上也有较大差别。一般来讲，发展旅游经济的目的主要是赚取外汇，改善国际收支状况；创造就业机会，稳定社会秩序；带动相关产业，促进地区经济发展；促进文化技术交流，增进国家之间的友好往来；改善和提高人们的生活质量等。但对于不同的国家或地区来说，其旅游经济发展的目的也是有所差异的。例如，有些国家把赚取的外汇收入作为其旅游经济发展的主要目的，而有些国家则把发展旅游经济作为增加就业机会的重要途径；大多数国家发展旅游经济是为了促进国内经济的发展，但也有不少国家发展旅游经济主要是为了扩大国际影响，促进对外交流与合作。因此，分析和比较不同国家旅游经济的发展模式，首先必须要对其旅游经济发展的目的进行分析和比较。

阅读资料 12-1

河北乡村旅游带动 30 万人脱贫增收

河北省政府新闻办日前召开"河北文化旅游赋能全面建成小康社会"新闻发布会。"十三五"以来，河北省通过发展乡村旅游，累计带动 793 个贫困村近 30 万贫困人口脱贫增收。

据介绍，近年来，河北省文化和旅游厅积极推动乡村旅游与乡村振兴、美丽乡村建设相结合，充分发挥文化和旅游产业的特点和优势，在产业融合、脱贫攻坚、区域协调发展、文化保护传承、生态环境整治等方面发挥着积极促进作用，培育了一批生态美、生产美、生活美的乡村旅游目的地。目前，全省共有 1 800 多个村发展乡村旅游，有 9 000 余个精品农家乐、45 个国家级乡村旅游重点村镇、191 个省级乡村旅游重点村镇。

实践证明，乡村旅游是增加农民收入的支柱产业之一，是精准扶贫有效的方法。河北省全力培育新业态、开发新产品，推进旅游扶贫项目建设，打造了恋乡·太行水镇、涞水县百里峡艺术小镇、馆陶粮画小镇、红石沟休闲生态农场等一批旅游扶贫示范典型，形成了"旅发大会＋扶贫""景区＋扶贫""非遗＋扶贫""特色小镇＋扶贫"等扶贫新模式，帮助许多农民走上了脱贫致富路。

资料来源：任英文，王凯乐. 河北乡村旅游带动 30 万人脱贫增收. 中国旅游报，2021-11-11.

（三）旅游经济管理体制

为了促进旅游经济发展，几乎每个国家都成立了专门的旅游组织机构，负责制定与执行国家的旅游发展政策与发展战略。根据地位、权力、职能的不同，目前世界各国旅游管理体制可以分为官方、半官方和非官方为主等类型。以官方为主的旅游经济管理体制，是国家成立旅游行政管理机构作为全国决策机构，全面负责制定全国旅游发展规划与方针政策，组织协调各部门的关系，并对旅游经济发展进行宏观调控和管理；半官方为主的旅游经济管理体制，由国家成立的非官方旅游管理机构，但主要负责人由政府任命并提供部分经费，按照国家发展旅游经济的战略要求对旅游业进行宏观调控和管理；非官方为主的旅游经济管理体制，国家不成立专门的旅游机构，而是通过各种旅游协会、大型旅游企业代理行使国家旅游机构的职能，负责对本国旅游经济发展进行协调和管理。

（四）旅游业的形成时期

如果旅游业形成时期较早，其发展就具有较好的基础，而如果旅游业形成时期晚，则基础薄弱，从而决定其不同的发展模式。

三、世界主要旅游经济发展模式

各国在政策、经济上的差别，导致旅游业发展的情况差异较大。但从总的情况讲，这些国家的旅游业发展与其经济基础、经济发达程度之间有十分重要的联系。分析这些国家的旅游经济发展模式，我们考虑选择一些和我国经济发展有相似性或共同特点的国家作代表。

（一）美国模式

美国模式是以美国为代表的经济发达、旅游业也发达的旅游发展模式。属于美国模式的国家包括美国、英国、加拿大、法国、德国、比利时、荷兰、挪威、日本等国。这些国家一般人均国民生产总值在 40 000 美元以上，服务业在国民经济中的比重一般占50%以上；旅游收入相当于商品出口总收入的比重在 10% 左右；国际旅游收入小于旅游支出，旅游国际收支平衡成逆差。

美国模式的主要特点如下：一是旅游事业开展比较早，发达程度与国民经济发达程度基本同步。大多数发达国家的旅游业都经历了由国内旅游到近程邻国旅游，再到远程国际旅游的常规发展过程。它们的国内旅游与国际旅游都发展到成熟阶段，国内旅游是整个旅游业的基础，这些国家既是主要的客源国，又是主要的接待国。二是旅游管理体制以半官方旅游机构为主，而管理职责主要是从事海外促销、国际交往和政策协调，旅游行政管理比较松散，不直接从事或干预旅游企业的经营。三是发展旅游业是以稳定经济、提高国家声誉为主要目标，这些国家更重视旅游业在政治文化方面的意义，更注重国家旅游业发展的总体规划，提倡消除旅行障碍等。四是旅游业经营以大企业为主导，小企业为基础，行业组织发挥着重要作用。旅游企业几乎全部是私营的。在发展旅游业过程中，完全依据市场需求的变化，通过市场机制，发展或调节旅游企业的规模与结构。

（二）西班牙模式

西班牙模式是以西班牙为代表的经济中等发达而旅游业特别发达的国家的旅游发展模式。属于这一模式的国家有葡萄牙、希腊、意大利、埃及、墨西哥、新加坡等国家。这些国家的地理位置比较优越，与主要旅游客源国相毗邻，旅游资源丰富而独特，人均国民生产总值一般在 10 000 美元以上，服务业在国民经济中的比重在 50% 以上。

西班牙模式的主要特点：一是把旅游业作为国民经济的支柱产业。这些国家政府非常重视旅游业，国内和国际旅游总收入一般相当于国民生产总值的 5%～10%。二是旅游业发展速度快。在这些国家中，大多数国家的旅游业都是 20 世纪 60 年代起步，70年代以来持续高速发展，无论在国际旅游者接待人次上还是国际旅游收入上，其发展速度都高于世界旅游平均增长速度。三是以邻国大众市场为目标。由于这些国家旅游资源丰富独特，而且又多靠近主要客源国，且交通条件便利，因此，这些国家的旅游业务多以邻国的大众旅游市场为主要目标，并在出入境、外汇管理与税收方面限制较少。四是旅游管理机制逐步完善，在产业政策中发展旅游业成为国家的主导政策之一。另外，旅游经营意识已成为普遍的国民意识。

（三）印度模式

印度模式是以印度为代表的发展中国家（包括一些经济欠发达国家）的旅游发展模式。这些发展中国家的经济相对落后，人均国民生产总值一般在 2 000 美元以下，有些经济欠发达国家则不足 1 500 美元，农业仍是国民经济的主体，工业与服务业均处于较低水平。这些国家包括巴基斯坦、斯里兰卡、尼泊尔、孟加拉国、肯尼亚、不丹等。

印度模式的主要特点：一是有独特的旅游资源，但由于国家经济落后，资金短缺，设施设备不足和人才缺乏等因素制约，旅游资源的潜力难以充分发挥出来。这些国家一般均采取国际旅游超前发展的政策。即经历了先国际旅游，后国内旅游、出境旅游的非常规发展过程。它们开始只是致力于接待外国游客，而对国内旅游和本国居民出境旅游不予重视和鼓励。发展旅游业的主要目的是：利用本国旅游资源吸引外国游客，赚取外汇，弥补贸易逆差，带动本国经济的发展。二是旅游管理体制不完善。这些国家虽设立了不同的旅游管理机构，但由于对旅游业的认识不一致，旅游业的发展往往得不到各有关部门的重视与支持。三是随着本国经济的发展，在大力吸引入境游客的同时，已注意到发展和促进国内旅游及本国公民的出境旅游，而国内旅游的发展又进一步促进了国际旅游，使整个旅游业获得协调发展。即在现代旅游需求不断变化的情况下，一旦入境游客来源受到影响，为了不使旅游经济效益受到严重损失，同时积极发展国内旅游对旅游业的持续、正常发展是必要的。四是国家基本采用的是国有企业与私营企业并举的发展机制。这些国家为了发展旅游业，由国家成立了专门的旅游开发公司，从事旅游资源开发和旅游设施投资、建设与运营，由于其旅游业规模小、范围窄，这些国有公司在一定程度上具有垄断地位。但随着旅游业的逐步发展，这些国家的政府开始相应放宽限制，取消垄断，使国营和私营旅游企业处于平等的地位。

（四）斐济模式

斐济模式代表着岛国发展旅游的模式。这类国家一般面积小、人口少、经济资源有限，而旅游资源得天独厚，如具有独特的岛国风情、海洋风光、野生动植物和宗教活动等优势。这些国家在历史上曾是西方某个国家的殖民地，或处于国际交通的要道，或靠近主要客源国。这些岛国经济状况差异也很大，但一般为中等或偏上，有的国家人均国民生产总值达20 000多美元。属于这一模式的有加勒比海诸国、南太平洋若干岛国、塞舌尔、马耳他、巴哈马、马尔代夫、塞浦路斯、贝宁、利比亚等。

斐济模式的主要特点：一是有着发展旅游业的优越条件。岛国大多风光秀丽，气候宜人，是比较典型的阳光、沙滩和海水型的目的地。由于它靠近旅游客源国或地处交通要塞，与西方发达国家政治、经济、文化等方面存在着长期、紧密的联系，有着比较充裕的客源市场。二是国际旅游业是国民经济的支柱产业，是外汇收入的主要来源和最主要的就业部门，通过发展旅游业带动了各个相关行业的发展。在这些国家，旅游收入一般占国家外汇收入的20%以上，塞舌尔的旅游外汇收入占国家外汇收入的比例高达70%。三是旅游行政管理机构地位高，权限较大。由于旅游业在国民经济中的重要地位，这些国家的旅游行政管理机构在政府中的地位一般较高，多由政府首脑或要员直接管辖。旅游管理机构的重点工作是颁布旅游法令、制定发展规划和对外促销等。四是在旅游业的经营中外国公司发挥着重要的作用。由于这些国家地域小，人才缺乏，其旅游设施建设以利用大批外资，引进外国管理为主，旅游业主要靠外国企业来经营。特别是旅馆业，外国的旅馆联号、旅馆管理公司或外籍人员起支配作用。

第三节　旅游经济发展理论

一、可持续发展理论

(一) 可持续发展理论的产生

可持续发展理论的形成经历了相当长的过程。20 世纪 50—60 年代，人们在经济增长、城市化、人口、资源等所形成的环境压力下，对"增长＝发展"的模式产生怀疑并进行思考。1962 年，美国女生物学家莱切尔·卡逊（Rachel Carson）发表了一部引起很大轰动的环境科普著作《寂静的春天》，作者描绘了一幅由于农药污染所造成的可怕景象，惊呼人们将会失去"阳光明媚的春天"，在世界范围内引发了人类关于发展观念上的争论。10 年后，两位著名美国学者巴巴拉·沃德（Barbara Ward）和雷内·杜博斯（Rene Dubos）的名著《只有一个地球》问世，把人类生存与环境的认识推向一个新境界即可持续发展的境界。同年，一个非正式国际著名学术团体罗马俱乐部发表了有名的研究报告《增长的极限》，明确提出"持续增长"和"合理的、持久的均衡发展"的概念。1987 年，联合国世界与环境发展委员会发表了一份报告《我们共同的未来》，正式提出可持续发展概念，并以此为主题对人类共同关心的环境与发展问题进行了全面论述，受到世界各国政府组织和舆论的极大重视，在 1992 年联合国环境与发展大会上，可持续发展的提法得到与会者的认可。

(二) 可持续发展理论的内涵

可持续发展是指"既满足当代人的需求，又不对后代人满足其自身需求的能力构成危害的发展"。这是 1987 年世界环境与发展委员会向联合国大会提交的研究报告——《我们共同的未来》中提出的概念，这个概念有三个特点：一是要满足当代人的需求，即无论富国、穷国，富人、穷人，都有生存权和发展权；二是要考虑后人的满足，即达到代际之间的公平；三是要考虑环境和资源的承受限度，以避免影响和破坏后代人需求能力的发挥。

可持续发展这个概念提出以后，人们对可持续发展的确切概念展开了热烈的讨论，并且从不同的角度为可持续发展下了定义，主要有以下几种：

(1) 从自然属性上阐述了可持续发展的概念。这个概念是由生态学家所提出，他们所关注的是生态持续性，即保持自然资源再生能力和开发利用程度之间的平衡。

(2) 从社会属性上阐述了可持续发展的概念。该概念是 1991 年世界自然保护同盟、联合国环境规划署和世界野生生物基金会共同提出的，它是以人类社会的进步、发展为目标，即强调人类的生活、生产方式与地球的承载力相协调，并最终落脚于促进人类生活质量和生活环境的改善。

(3) 从经济属性上阐述可持续发展的概念。经济学家理解可持续发展是将经济的发展作为其核心内容，从经济发展的资源支撑上理解可持续发展。他们认为可持续发展就

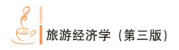

是不降低环境质量和不破坏世界自然资源基础的经济发展。

上述这些概念的提出均得到了部分学者的支持，但同时也有不少欠完备之处。迄今为止，为大家广泛认可的可持续发展的概念是由挪威首相布伦兰特夫人（Gro Harlen Brundtland）提出的。即可持续发展是指既满足当代人的需求，又不对后代人满足其自身需求的能力产生威胁的发展。

（三）可持续发展对旅游经济发展的意义

我国十分重视可持续发展问题，在环境与发展会议上，中国政府做出了履行《21世纪议程》的庄严承诺，并于1994年通过了世界第一部国家级可持续发展战略——《中国21世纪议程》，率先在旅游业发展中提出了旅游业可持续发展战略。为了推动旅游业的可持续发展，中国政府提出了旅游资源"开发与保护并举"及"保持旅游资源，实现永续利用"的方针，加强了对各地旅游区和周围环境的保护和管理。

旅游业可持续发展是指在维持文化完整、保护生态环境的同时，满足人们对经济、社会和审美的需求。旅游与国家在生态、社会文化、经济三方面实现可持续发展有着密切的关系，在国家可持续发展战略中占有重要的地位。旅游业所需资源相对较少，环境代价相对较小，是天然具有可持续发展的优势产业。旅游业应是实施可持续发展战略的先导产业，也是各个国家和地区实现资源环境与社会经济协调发展的最佳切合点。因此，旅游业的可持续发展对国家经济的发展有着十分重要的意义。但是长期以来旅游的开发模式是典型的粗放型模式，将旅游业的发展看成是一种数量型的增长和外延型扩大再生产，因而导致了旅游资源的盲目开发，缺乏深入调查研究和全面科学论证、评估与规划，旅游区的环境也遭到了严重的破坏。

所以，在旅游经济发展中，要以可持续发展理论作为工作的依据之一，保持人类享受资源的公平性，对于旅游资源的开发，应进行科学的论证。旅游规划开发人员应树立社会效益和生态环境效益的观念，切实保证旅游活动与生态环境的协调，实现旅游的有序发展，走可持续发展的道路。

二、增长极理论

（一）增长极理论的产生

增长极理论最初由法国经济学家佩鲁（Francois Perroux）提出，后来法国经济学家布代维尔（J. B. Boudeville）、美国经济学家弗里德曼（John Friedman）、瑞典经济学家缪尔达尔（Gunnar Myrdal）、美国经济学家赫希曼（A. O. Hischman）分别在不同程度上进一步丰富和发展了这一理论。增长极理论认为：一个国家要实现平衡发展只是一种理想，在现实中是不可能的，经济增长通常是从一个或数个"增长中心"逐渐向其他部门或地区传导。因此，应选择特定的地理空间作为增长极，以带动经济发展。

（二）增长极理论的内涵

增长极理论（Growing Polar）是区域经济和社会发展过程中出现的一种发展模式，在整个区域经济的发展历程中，人们对其发展模式有两种差异较大的主张。一个是区域平衡发展模式；另一个则是不平衡的发展模式。主张区域平衡发展的人们认为：所谓的区域平衡发展就是要在区域与区域之间、区域内部各产业部门之间以及产业内部各行业之间，基本保持同步与平衡的发展，特别是在区域内部各产业部门的发展上，要保持平衡。保持产业部门的全面发展，即第一、二、三产业部门要实现同步发展，而不能有所偏废，以实现各产业部门之间的合作与协调。主张非平衡发展的人们认为：增长极理论利用非均衡发展规律，把有限的资金、人力和物力投入到最能发挥效率的地方，形成积聚效应，依赖增长极取得区域产业的快速增长和大规模效益，具有能在短期内促进地区产业经济迅速增长的作用（杨阿莉，2006）。

增长极对经济增长产生的作用是巨大的，这种作用主要通过以下几种方式实现：

（1）区位经济。区位经济是由于从事某项经济活动的若干企业或联系紧密的某几项经济活动集中于同一区位而产生的。例如，某一专业化生产的多个生产部门集中在某一区域，可以共同培养与利用当地熟练劳动力，加强企业之间的技术交流和共同承担新产品开发的投资，可以形成较大的原材料等外购物资的市场需求和所生产产品的市场供给，从而使经济活动活跃，形成良性循环。区位经济的实质是通过地理位置的靠近而获得综合经济效益。

（2）规模经济。规模经济是由于经济活动范围的增大而获得内部的节约。如可以提高分工程度、降低管理成本、减少分摊广告费和非生产性支出的份额，使边际成本降低，从而获得劳动生产率的提高。

（3）外部经济。外部经济效果是增长极形成的重要原因，也是其重要结果。经济活动在某一区域内的集聚往往使一些厂商可以不花成本或少花成本获得某些产品和劳务，从而获得整体收益的增加。

（三）增长极理论对旅游经济发展的启示

增长极理论从理论上给旅游业优先发展提供了依据和支持，旅游业作为旅游地的经济增长点，可以通过其集聚和扩散作用将旅游业的关联作用扩展到一个较为广阔的地域空间。因此，在旅游开发时，当该地的旅游资源具备较大发展潜力时，对旅游业的产业定位应高标准要求，在规划中制定相关的政府主导扶持其发展的战略，将旅游业作为一个经济增长极来加以培植，促进当地社会进步和经济发展。

三、中心-外围理论

（一）中心-外围理论的产生

1949年5月，普雷维什向联合国拉丁美洲和加勒比经济委员会（简称拉美经委会）递交了一份题为《拉丁美洲的经济发展及其主要问题》的报告，系统和完整地阐述了他的"中心-外围"理论。在这份报告中，普雷维什指出：在拉丁美洲，现实正在削弱陈旧的国际分工格局，这种格局在19世纪获得了很大的重要性，而且作为一种理论概念，直到最近仍继续发挥着相当大的影响。在这种格局下，落到拉丁美洲这个世界经济体系外围部分的专门任务是为大的工业中心生产粮食和原材料。也就是说，在传统的国际劳动分工下，世界经济被分成了两个部分：一个部分是"大的工业中心"；另一个部分则是"为大的工业中心生产粮食和原材料"的"外围"。在这种"中心-外围"的关系中，"工业品"与"初级产品"之间的分工并不像古典或新古典主义经济学家所说的那样是互利的，恰恰相反，由于技术进步及其传播机制在"中心"和"外围"之间的不同表现和不同影响，这两个体系之间的关系是不对称的。对此，普雷维什进一步指出："从历史上说，技术进步的传播一直是不平等的，这有助于使世界经济因为收入增长结果的不同而被划分成中心和从事初级产品生产的外围。"

（二）中心-外围理论的内涵

中心-外围理论针对的是两个区域类型之间的关系，这是从空间上的解释。中心-外围还可以从非空间的意义上解释社会群体、经济阶层等。从空间上看，它是一种抽象的构思，不是通过人口密集程度、经济结构等方面来概念，而是从二者具有怎样的关系上来概念的。"中心"是指决定经济体系发展途径的局部空间，因此这也决定了被称为"外围"的局部空间的发展。也就是说，中心和外围共同构成了一个体系，它是以权威性和依附性关系为标志的。通过这样的概念，中心外围可以存在于不同的层面：一个区域的局部范围之间、区域之间、国家之间以及在全球层面上的第一世界和第三世界之间。例如第三世界发展中国家的大城市对发展起着重要影响，可以视为中心。但是与发达国家的关系上，又属于外围部分。这些城市区的双重功能与中心地等级序列中的一个处于中间位置的中心地类似，它受上一级中心地的支配和影响，但对下一级中心地而言却占据优势地位。

从区域经济学的角度探讨中心-外围理论，区域发展是通过一个不连续的，但又是逐步累积的创新过程实现的，而发展通常起源于区域内少数的"变革中心"，创新由这些中心向周围地区扩散，周边地区依附于"中心"而获得发展。因此，发展本身就包含计划过程，在这一点上同增长极理论是一致的。根本的革新只是在相对数量较小的城市地区形成的，这些地区决定了发展过程，可以称之为中心，剩下的所有地区就是依附性的外围。中心-外围理论中区域经济发展的主要形式是，通过中心的创新积聚或扩散资源要素，引导和支配外围区，最终走向区域经济一体化（陈秀山，2003）。

（三）中心-外围理论对旅游经济发展的启示

中心-外围理论对旅游产业的增长也有很大的指导作用，比如在旅游业方面，迈奥斯克（Miossec）和戈曼森（Gormsen）从空间结构和空间动力学角度观察了目的地旅游演变过程，将旅游者的行为和类型同旅游者的地理分布模型结合起来考虑。希尔斯（Hills）、朗德格仁（Lundgren）和布里敦（Britton）等人直接建立了关于中心-外围理论的模型，强调了外围地区对中心地区的依赖。韦佛（Weaver）利用中心-外围模型对加勒比海地区特立尼达和多巴哥、安提瓜和巴布达群岛进行了案例研究。可见，根据该理论，某地区在发展旅游业的时候，要依托自身城市的资源优势，努力发挥好资源城市的中心作用，带动和影响周边地区共同发展，从而使整个区域的旅游产业经济快速、健康、可持续发展。

【本章小结】

1. 旅游经济增长是指一个国家或地区旅游经济总产出数量上的增加和规模上的扩大，其反映了一个国家或地区旅游经济总量的变化状况。在增长方式上表现为粗放型和集约型增长。

2. 旅游经济发展模式是以旅游经济发展的主要内容为目标，在一定的社会经济条件下所形成的旅游经济运行方式和管理体制。其受到经济发展水平和模式、旅游业的形成期和管理机制的影响。

3. 国外有代表性的旅游经济发展模式有美国模式、西班牙模式、印度模式和斐济模式。

4. 推动旅游经济发展的理论主要有可持续发展、增长极理论和中心-外围理论，这些都为旅游经济的发展提供理论依据。

【复习思考题】

1. 旅游经济增长方式有哪些？
2. 影响旅游经济增长的因素有哪些？
3. 国外有哪几种有代表性的旅游发展模式？
4. 试述旅游业可持续发展战略的内容。

为什么是河南文旅一火再火？

河南卫视的奇妙夜系列又火了，这一次，舞者不在水里起舞，而是"飞天"了。这一次，河南卫视的"流量密码"是什么？

一、科技＋内容，叠加效果更佳

实景拍摄，科技辅助。"没钱做特效，含泪做实景"，网友调侃在洛阳龙门石窟的实景拍摄，节目组除了在拍摄场景和拍摄手法上花心思，还充分应用了新科技。以《七夕奇妙游》的重头戏《龙门金刚》为例，舞蹈演员与VR效果的融合，加上模拟变速特效的辅助，节目瞬间变"潮"了许多。

博古通今，解读另一种浪漫。《七夕奇妙游》对七夕内涵进行了深入的解读，不局限于爱情：追根溯源，七夕最初与爱情并无直接关系，而是源于星宿崇拜；七夕也被称为"乞巧节"，是祈福许愿、乞求巧艺等美好寄愿的传统民俗节日。

节目主题将其延展开来，不仅传递出自立、自信、自强的新时代女性价值观，还以古老飞天梦与当今航天梦的对话碰撞出另一种浪漫：人类不只向往爱情，也向往浩瀚的星河，渴望探寻未知的宇宙奥秘。

二、融媒体时代，格局打开

与年轻人对话。河南卫视的格局打开了，受众的范围也随着变大，认可度更是"蹭蹭蹭"地涨，"你永远可以相信河南卫视！"，奇妙游系列节目用年轻化的审美、年轻人熟悉的话语体系和媒介形式与年轻人对话，带来了一系列既有历史厚重感，又"活起来、潮起来"的传统文化。

河南卫视奇妙游系列节目是由不同导演工作室分别制作，将权力下放到总导演和团队手中，最大化地激发创意和动力。另外，在宣发上依靠单个电视平台早就无法"一招吃遍天下"了，"多个媒体平台＋短视频＋互动"才是时下的趋势，河南卫视已经摸索出一套相对成熟的宣发机制。

三、以创新，打开文旅新窗口

在所有线下宣传窗口被关闭等情况下，河南需要一个窗口传达信心给更多人，包括停摆的文旅业。河南卫视从一个传统媒体走到今日收获了各种称赞，中间一定经历了转型的阵痛，但创新就是如此，不仅要跟上时代的步伐，更要超越。

旅游业需要更多的创新，无论是科技的应用、还是创新的营销；不仅要看到当下的危机，更要看到长远的未来。

资料来源：格局打开，观众买单　为什么是河南文旅一火再火. 环球旅讯，2021－08－17，有删减.

案例思考：

1. 河南在促进旅游经济增长方面采取了哪种发展模式？
2. 请分析上述模式的亮点有哪些。

主要参考文献

1. 曾璐璐，陈珂琦，鞠秀莎. 旅游经济学. 北京：北京理工大学出版社，2020.
2. 陈道山，阮跃东. 旅游经济学. 大连：大连理工大学出版社，2016.
3. 陈燕. 旅游经济学. 2 版. 武汉：武汉理工大学出版社，2017.
4. 程瑞芳. 旅游经济学. 重庆：重庆大学出版社，2018.
5. 丁玉平. 旅游经济学. 北京：机械工业出版社，2019.
6. 范士陈. 旅游经济学. 北京：经济科学出版社，2018.
7. 关永娟，屈济群. 旅游经济学. 延吉：延边大学出版社，2017.
8. 郭峦，刘燕. 旅游经济学. 2 版. 北京：经济管理出版社，2017.
9. 郝俊卿. 旅游经济学. 北京：经济科学出版社，2020.
10. 何玉荣，卢剑鸿. 旅游经济学. 上海：上海交通大学出版社，2016.
11. 胡阳，金云，潘丽琴. 旅游经济学. 镇江：江苏大学出版社，2020.
12. 黄国良. 旅游经济学. 北京：中国旅游出版社，2020.
13. 金丹，符珍，吴晓亮. 旅游经济学. 青岛：中国海洋大学出版社，2018.
14. 厉新建，张辉，厉新权. 旅游经济学. 4 版. 北京：中国人民大学出版社，2020.
15. 厉新建，张辉. 旅游经济学原理. 北京：旅游教育出版社，2016.
16. 刘玉琴. 旅游经济学. 北京：清华大学出版社，2016.
17. 罗明义. 旅游经济学. 2 版. 北京：北京师范大学出版社，2017.
18. 吕宛青，李聪媛. 旅游经济学. 沈阳：东北财经大学出版社，2018.
19. 马海龙. 旅游经济学. 银川：宁夏人民教育出版社，2020.
20. 马勇. 旅游生态经济学. 武汉：华中科技大学出版社，2016.
21. 普国安，王静. 旅游经济学. 北京：中国旅游出版社，2016.
22. 芮田生，邓思胜. 旅游经济学. 北京：北京理工大学出版社，2018.
23. 谭为跃. 实用旅游经济学. 3 版. 北京：高等教育出版社，2018.
24. 田里. 旅游经济学. 4 版. 北京：高等教育出版社，2019.
25. 田卫民. 旅游经济学. 2 版. 北京：科学出版社，2021.
26. 温秀. 旅游经济学. 西安：西安交通大学出版社，2017.
27. 吴必虎. 区域旅游规划原理. 北京：中国旅游出版社，2001.
28. 谢彦君. 基础旅游学. 3 版. 北京：中国旅游出版社，2011.
29. 徐虹，秦达郅. 旅游经济学. 天津：南开大学出版社，2016.
30. 徐露，胡自勤. 旅游经济学. 郑州：郑州大学出版社，2018.
31. 杨勇. 高级旅游经济学进阶二十讲. 上海：上海交通大学出版社，2018.
32. 姚允柱，李炳义. 旅游经济学. 2 版. 北京：高等教育出版社，2016.

33. 张立生，樊新生. 旅游客源市场等级划分理论的应用及比较. 地理与地理信息科学，2007（2）.

34. 张立生. 城市 RBD 研究. 郑州：郑州大学出版社，2009.

35. 张立生. 旅游经济基础理论. 北京：经济管理出版社，2014.

36. 张立生. 旅游商品的概念与开发原则探析. 河南商业高等专科学校学报，2009（1）.

37. 张立生. 旅游消费系数影响规律研究. 信阳师范学院学报（哲社版），2009.

38. 张立生. 区域旅游产业结构演进规律及演进模式研究. 经济经纬，2005（2）.

39. 张立生等. 旅游经济学. 2 版. 北京：中国人民大学出版社，2016.

40. 周振东. 旅游经济学. 6 版. 大连：东北财经大学出版社，2017.

后　记

　　本书在编写的过程中，由张立生教授负责拟定框架、各章修改、统稿和定稿工作，上海师范大学旅游学院研究生钟传芬收集整理了前六章的案例及阅读资料，史惠丽收集整理了后六章的案例及阅读资料，上海旅游高等专科学校/上海师范大学旅游学院王海燕老师做了资料整理等辅助性工作。

　　本书在出版过程中，得到了中国人民大学出版社领导和编辑的大力帮助，在此一并对所有帮助过本书编写和出版的同志表示最衷心的感谢！

编者

图书在版编目（CIP）数据

旅游经济学/张立生等编著. --3 版. --北京：
中国人民大学出版社，2023.9
新编 21 世纪高等职业教育精品教材. 旅游大类
ISBN 978-7-300-31247-7

Ⅰ.①旅… Ⅱ.①张… Ⅲ.①旅游经济学-高等学校
-教材 Ⅳ.①F590

中国版本图书馆 CIP 数据核字（2022）第 220678 号

新编 21 世纪高等职业教育精品教材·旅游大类
旅游经济学（第三版）
张立生 等　编著
Lüyou Jingjixue

出版发行　中国人民大学出版社
社　　址　北京中关村大街 31 号　　　　　　　邮政编码　100080
电　　话　010－62511242（总编室）　　　　　010－62511770（质管部）
　　　　　010－82501766（邮购部）　　　　　010－62514148（门市部）
　　　　　010－62515195（发行公司）　　　　010－62515275（盗版举报）
网　　址　http://www.crup.com.cn
经　　销　新华书店
印　　刷　大厂回族自治县彩虹印刷有限公司　版　次　2010 年 6 月第 1 版
开　　本　787 mm×1092 mm　1/16　　　　　　　　　　　2023 年 9 月第 3 版
印　　张　16.25　　　　　　　　　　　　　　印　次　2023 年 9 月第 1 次印刷
字　　数　378 000　　　　　　　　　　　　　定　价　42.00 元